KB068850

언택트(untact) 마케팅 시대의

디자인 씽킹과
서비스 경영

김승욱

박영사

머리말

　언택트(untact) 마케팅이란 사람 간의 접촉, 즉 콘택트(contact)를 배제한 무인 서비스를 함축하는 개념이다. 금융권에서는 인터넷이나 앱을 이용한 비대면 거래가 보편화됐지만 2017년에는 드럭스토어나 패스트푸드점 등에서도 언택트 마케팅을 도입한 사례가 늘고 있다. '불편한 소통' 대신 '편한 단절'을 택하는 사람들이 늘어나면서 이러한 추세가 보편화될 전망이다. 그 예로 화장품 편집매장인 '올리브영'이 2017년 9월 서울 서초구에 문을 연 강남 본점에 기존 매장과 달리 가상 메이크업 앱, 스마트테이블, 키오스크(kiosk)● 등 디지털 체험공간을 마련하였다. 색조화장품을 얼굴에 직접 바르지 않고도 화면 속 거울에서 실시간으로 합성해 보여주는 식이다. 버거킹이나 맥도날드 등 패스트푸드점에서도 키오스크를 이용한 메뉴 주문 방식이 보편화되고 있다(다음 백과사전).

　한편 국내 패스트푸드 업계 상위 5개사 롯데리아, 맘스터치, 맥도날드 등과 같은 빅5 업계에서는 단기 아르바이트 건수가 2017년 6만 6천 건, 2018년 4만 3천 건, 2019년 2만 7천 건 등을 기록하였다. 2017년 대비 마이너스 58%, 2018년 대비 마이너스 30%를 기록한 것이다. 이러한 현상은 정부의 최저임금 도입 등의 영향도 있었다고 할 수 있지만, 최근에 주요 패스트푸드 매장에 가보면 무인 키오스크(주문기)의 대량도입으로 단기 아르바이트의 자리가 급격하게 줄어들고 있고 앞으로도 이러한 현상은 더욱 늘어날 전망이다. 그동안 서비스 산업은 사람이 어

● 터치스크린을 이용한 자동화 종합정보안내시스템

떤 내용을 어떻게 전달할 것인가의 감성을 동반한 서비스가 주요 핵심 내용이었다. 하지만 4차 산업혁명 시대를 맞이한 현재에는 모든 서비스 영역을 일반화 하여 이야기 할 수는 없지만 고객 접촉(contact)의 순간들이 사람에 의한 접촉에서 기계에 의한 접촉으로 변화하고 있다. 이로 인해 '언택트 마케팅'이라는 신조어가 등장하였다. 또한, 세계적인 소매점 트랜드 중 하나는 2016년 아마존 고(Amazon Go)가 시애틀에서 시도했던 대면거래가 없는 무인 식품매장의 도입 및 활성화가 이러한 현실을 더욱 잘 설명해 주고 있다.

하지만, 언택트 마케팅이 궁긍적으로는 인간 중심이 되어야 하며 언택트 마케팅은 언택트를 원하는 사람과 컨택트를 원하는 사람 모두를 위한 것이다. 언택트 기술로 더 많은 사람들에게 서비스를 제공할 수 있고, 반대로 컨택트를 원한다면 한층 맞춤화된 인적 서비스를 누릴 수 있다. 그러기 위해서 해야할 일은 기술과 인간의 적절한 조화이다. 사람과 사람 사이에서 언제, 어디서, 어떻게 언택트를 하고 컨택트를 할지 연구와 고민이 필요한 시점이다. 이러한 시각에서 보면 4차 산업혁명 시대의 디자인 씽킹은 인간과 인공지능(기계)의 조화로운 협업을 더욱 강력하게 요구하고 있다. 디자인 씽킹(design thinking) 또는 디자인 싱킹은 디자인 과정에서 디자이너가 활용하는 창의적인 전략이다. 디자인 씽킹은 또한 전문적인 디자인 관행보다 문제를 숙고하고, 문제를 더 폭넓게 해결할 수 있기 위하여 이용할 수 있는 접근법이며, 산업과 사회적 문제에 적용되어 왔다. 디자인 씽킹은 기술적으로 이용 가능하고, 사람들의 요구를 충족하기 위하여 실행 가능한 사업 전략이 고객 가치와 시장 기회로 바꿀 수 있는 것으로써 디자이너의 감각과 방법을 사용한다(Wikipedia, 2017).

왜 서비스 경영에서 디자인 씽킹이 중요한 부분으로 여겨지고 있을까?
최근 소비자로부터 각광받고 있는 마켓컬리는 밤 11시까지 주문하면 다음 날 아침 7시까지 상품을 배송해주는 '샛별배송' 서비스로 2015년 야심차게 등장했다. 당일 수확한 채소·과일 등 고급 신선식품의 초고속 배송은 소비자 호응을 얻기에 충분했다. 실제 마켓컬리 매출은 첫해 30억원에서 지난해 1,500억원으로 급증했다(파이낸셜투데이, 2019). 또한, "산지에서 모셔올 때도 마켓컬리는 풀콜드, 새벽같이 이동할 때도 마켓컬리는 풀콜드, 문 앞에서 기다릴 때도 마켓컬리는 풀콜드" 배우 전지현이 마켓컬리 광고에서 외치는 내용이다. 여기서 풀콜드(full-cold)라 불리는 콜드체인 시스템은 농수산물을 산지 선별·포장에서부터 수송, 저장, 집 앞 배송 등 전 유통과정 동안 저온상태로 지키는 온도관리 시스템을 일컫는다. 특히 마켓컬리 콜드체인의 핵심은 회사가 밝힌 대로 '풀(full)'에 있다(시사저널, 2019). 이러한 마켓컬리의 새벽배송은 앞서 이야기한 언택트 마케팅의 여러 가지 사례 중 하나라고 볼 수 있다. 밤 11시까지 주문하면 다음 날 아침 7시까지 상품을 배송해 주는 '샛별배송' 서비스로 비대면 신속 배송 서비스라고 볼 수 있으며 실질적으로 무인 리테일 샵의 서비스를 뛰어넘는 또 다른 언택트 마케팅의 효율성을 기반으로 한 비즈니스 모델이라고 할 수 있겠다.

디자인 씽킹은 크게 5단계로 이뤄진다. 'Empathy(공감)-Define(정의)-Ideate(상상)-Prototype(견본)-Test(시험)'가 선순환 단계로 이어지게 된다. IT, 제조뿐 아니라 다양한 산업 군에서 사용되는 개발 프로세스와 유사하다. 전체 단계 중 공감의 단계를 가장 핵심으로 꼽고 있는데 공감 단계는 문제를 찾아 정의하는 단계다. "가장 어려운 게 첫 단계인 공감이며, 핵심이다. 먼저 우리가 누구인가? 우리 팀은 누구인가를 파악하게 된다. 디자인 씽킹은 누군가를 우리가 돕고 싶다는 미음에서 시작되고, 누구를 어떻게 도와줄지 정확히 모르겠는데 마음은 있는, 그리고 그 마음을 에너지 삼아 타인을 관찰하고, 인터뷰하고, 많은 생각을 주고받으면서 공감이 생기게 된다. 여기서 인사이트가 생기는 것이며, '아! 이 사람이 이런 어려움이 있구나. 이걸 해결하면 그들의 삶이 더 좋아지겠구나.' 이게 바로 문제를 찾아낸 것, 문제를 정의한 것이다."라고 설명하고 있다(SAP Korea).

세계적인 명문 대학인 스탠퍼드에는 독특한 강의가 있다. 2010년 '디자인 씽킹' 강의를 들은 네 명의 젊은이들은 '디자인 씽킹 강의 노트'라는 책을 통해 스탠퍼드 대학의 디자인 씽킹 강의에 대해 소개한다.

 '1장. 디자인 씽킹: 문제를 해결하는 최고의 방법'은 디자이너가 생각하는 방식으로 문제를 해결하라. '2장. 사람에 집중하라'는 사용자 및 주변 사람과 활발하게 소통하면서 많은 자극을 받는 것이 무척 중요하다고 본다. '3장. 문제에 부딪히면서 해결방안을 찾아라'. '4장. 세상을 친구로 만들어라'는 사람들이 세상을 인식하는 방법이 다양하다고 본다. 그래서 낯선 세계를 탐험하듯 누군가와 교류하며, 경험을 쌓고 그 안에 존재하는 공통점과 차이점을 발견하는 일을 하라고 말한다. '5장. 당신의 창의성에 숨을 불어넣어라'는 이 세상에 정답이란 것은 없으며, 심지어 정답에 가까운 답도 없다는 것을 깨달아가며, 창조적 자신감을 가지는 것을 말한다. '6장. 부끄러울수록 창의적이다'는 상상을 실현하기 전에 만드는 시제품이나 테스트 단계에서 들려오는 비판의 목소리를 즐겨야 한다고 본다. '7장. 창업가적 마인드를 갖춰라'는 시간을 끌기보단 직접 행동하며, 제한된 시간을 부여해 수많은 테스트와 피드백을 받는 것을 목적으로 한다. '8장. 꿈꾸는 당신을 위한 몇 가지 제안'은 자신이 정말 좋아하는 일을 찾는 것이 중요하다는 것을 거듭 강조한다. '9장. 틀에 박힌 삶에서 벗어나라'는 자신의 내면에 귀 기울이는 것이 중요하다고 말한다('디자인 씽킹 강의노트'—창의적으로 생각을 디자인하라).

 언택트 마케팅 및 새벽배송과 같은 서비스 비즈니스 모델은 최근 다양한 기업으로 확산되어 가고 있는 추세이다. 롯데홈쇼핑은 지난해 12월 서울 3개구(송파구·강동구·강남구)를 대상으로 신선식품 새벽배송 테스트에 나섰다. 올해 안으로 지방·광역시까지 신선식품 당일배송 서비스를 제공할 예정이다. 오전 11시 이전 주문건은 당일 오후에 배송받을 수 있다. 궁극적으로 언택트 마케팅 시대의 디자인씽킹과 서비스 경영은 기존에 상상하지 못했던 아주 혁신적인 비즈니스 모델을 실생활에서 마주하게 될 것으로 본다. 이러한 차원에서 본 저자는 앞서 언급했던 디자인 씽킹 방법에서 중요하게 언급했던 5단계와 더불어서 본 책을 통하여 서비스 경영을 조금이나마 발전시킬 수 있는 '관계(relationship)'을 기반으로 서비스 산업 및 경영을 위한 디자인 씽킹의 아주 기초적인 방법론을 선보이려고 한다.

 먼저, 관계라는 단어는 공감이라는 단어와 비슷하지만 다음과 같이 우리 일상에서 흔하게 사용되는 단어로서 서비스 경영 및 비즈니스에서 활용가능한 방법론이라고 할 수 있다. 관계라는 단어는 홀로 단독적으로 쓰일 때에는 다소 어색해 보이지만 이미 우리 사회에서 너무 흔하게 보편적으로 사용하고 있는 단어이다. 예를 들어, '가족관계', '남녀관계', '혈연관계', '인간관계' 등 무수히 많은 일상 속에서 우리는 관계라는 단어를 아주 흔하게 사용하고 있음을 알 수 있으며 이들의 관계 속에는 좋은 또는 그렇지 않는 시간의 추억들이 축적되어 있는 것이다. 기업이 고객에게 서비스 제공에 실패해도 기업과 강력한 관계를 가진 고객은, 서비스 실패를 더 잘 용서하며, 좋은 추억을 회상하며 기업의 서비스 회복 노력에 좀 더 우호적이라는 사실이다.

따라서 서비스 기업은 고객의 마음을 이해하고 고객의 더 많은 정보를 획득하기 위해서 노력하며 기존의 남남이던 관계에서 발전하여 '우리'라는 관계발전의 단계에 이르러야 한다. 기업과 고객이 '우리'라는 단계에 이르러야만 서로에게 신뢰가 쌓이고 고객 만족의 수준과 충성도가 더 높아지기 마련이다. 작은 기업이건 큰 기업이건 간에 고객과 '우리'라는 좋은 감정적 관계를 맺기란 쉬운 것은 아니지만, 그만한 가치는 충분히 있다. 고객은 구매 과정상에 좋은 추억이 있어 좋은 관계를 형성한 기업의 상점에 더 많은 재방문의 의도를 가지고 있다는 것이 최근 연구의 결과이기도 하다. '우리'라는 좋은 감정적 추억을 맺게 된다면, 손님이 아니라 매일 가족을 만나게 되는 것이고, 가족과 거래하는 것이기 때문에 신뢰를 바탕으로 하는 거래가 고객과 기업 간에 장기적으로 이루어진다.

본 책에서는 디자인 씽킹 차원에서 기존의 관계마케팅에서 다루어져왔던 관계마케팅 이론을 기반으로 디자인 씽킹을 위한 중요한 하나의 방법을 제시하고자 하는데 이러한 방법의 제시와 관심을 통하여 서비스 경영 및 산업은 더욱 발전될 수 있을 것으로 판단된다. 먼저, 서비스 경영에서 '관계'를 바탕으로 한 디자인 씽킹의 접근방법을 제시하고자 하며 각 단계는 다음과 같다. '1단계: 관계의 탐색', '2단계: 관계의 유지', '3단계: 관계의 확장', '4단계: 관계의 평가', '5단계: 관계의 보상', '6단계: 관계의 갈등', '7단계: 관계의 결속', '8단계: 관계의 해지' 등 총

8단계를 거치는 기업과 고객 사이에서 생각할 수 있는 고객 경험의 여정(journey of customer experience)이라고 할 수 있다. 독자분들께서는 본 서비스 경영의 책을 단순한 환대산업 또는 마이스산업의 현황 및 발전내용의 핵심을 이해하는 것에서 넘어서서 '관계'라는 측면에서 서비스 관련 기업들이 만족스러운 고객 경험의 디자인을 위해서 생각하고 고민하기를 바란다.

끝으로 본 책을 접하게 되는 독자(일반인 또는 대학생)분들 및 출판사 관계자분들에게 진정한 감사의 말씀을 전한다. 또한 본 책을 완성하기까지 참조하였던, 도서 및 논문 그리고 간단한 뉴스기사 등이 매우 중요한 자원이 되었다. 가능하면 모든 참고자료들을 정확하게 표기하려고 하였지만 혹 누락된 부분이나 실수로 잘못된 부분이 있다면 너그러운 마음으로 잘 이해해 주시길 부탁드리며 다음 번의 개정작업을 통하여 본 책의 완성도를 더욱 높여 나가려 한다.

2019년 여름, 저자 드림

PART 1 서비스의 이해

CHAPTER 01 서비스의 특성

CHAPTER 02 서비스와 마케팅 믹스

CHAPTER 03 서비스 품질관리와 평가

PART 2 서비스 디자인

CHAPTER 04 서비스 경험관리

CHAPTER 05 서비스 디자인의 이해

PART 3 디자인 씽킹과 서비스 여정관리

CHAPTER 07 서비스 여정관리: 탐색여정에서 갈등여정까지

CHAPTER 08 서비스 여정관리: 해지여정에서 유지여정까지

PART 4 관계와 사용자 경험

CHAPTER 09 서비스 관계관리

PART 5 환대산업서비스

CHAPTER 11 외식산업서비스

CHAPTER 12 관광여행서비스

CHAPTER 13 의료관광서비스

CHAPTER 14 호텔항공서비스

CHAPTER 15 **전시컨벤션서비스**

PART 6 스포츠 마케팅과 SNS서비스

CHAPTER 16 스포츠와 서비스 경영

CHAPTER 17 **소셜 네트워킹 서비스 경영**

DESIGN THINKING & SERVICE MANAGEMENT

PART 1
서비스의 이해

DESIGN THINKING &
SERVICE MANAGEMENT

코리안 웨이브(한류: Korean Wave), 컬덕트(Culduct: Culture＋Product) 그리고 K－POP이 아시아를 넘어서 유럽을 강타하고 있는 상황에서 한국을 찾아오는 미국이나 유럽 관광객들뿐만 아니라 일본, 중국, 말레이시아, 태국, 인도네시아 등의 해외여행객들은 서울 도심에 호텔을 잡지 못해 수도권 외곽의 호텔 객실로 밀려나고 있는 상황이다.

더욱 심각한 문제는 많은 관광객이 한류를 보기 위해 찾아왔는데 정작 본인들이 머무르는 한국의 호텔에서는 한류와 관련된 콘텐츠나 스토리텔링이 필요 없다고 불만을 토로하고 있다.

현실적으로 한국을 찾는 대부분의 관광객들은 쇼핑(go for shopping)과 먹을거리 그리고 의료 서비스 등을 찾는 데에 열광하고 있다. 한국을 찾은 관광객들에게 한류와 관련된 내부적인 연결이 아쉬운 대목이다.

실제로 해외에서 한류의 영향은 프랑스 가정에서도 한국식 제육볶음을 요리해서 먹는 유럽 사람들이 늘어나고 있으며, 한국 K－POP 스타의 유럽 공연이 있을 때에는 더 좋은 자리를 잡기 위해서 바르셀로나, 마드리드에서 와서 공연 전날 노숙을 감행하는 젊은이들의 모습에서 찾아볼 수 있다.

또한 브라질 상파울로에 가면 슈퍼주니어의 쏘리 쏘리(sorry sorry)를 국민체조처럼 하고 있는 모습을 볼 수 있다. 이것이 한류, K－POP의 열풍이다. 하지만 국내의 호텔·관광 산업에서 한류와 관련된 콘텐츠와 직접적인 연결을 하지 못하고 있는 것은 매우 아쉬운 부분이다.

한편, 우리나라도 우리나라만의 호텔 브랜드를 만들려고 노력하고 있는 것 같다. 문화체육관광부와 한국관광공사가 출범시킨 베니키아(BENIKIA)는 국내 최초의 중저가 관광호텔 체인브랜드로서 최고의 휴식을 선사하는 한국의 대표 호텔이라는 의미로 '베스트 나이트 인 코리아(Best Night in Korea)'의 머리글자를 조합해 만들었다. 약간 어감이 좋진 않지만 그래도 한국적인 브랜드를 만들려고 한 노력은 좋은 점수를 줘도 무방할 것 같다. 베니키아가 첫 선을 보인 것은 2009년 9월, 직접 숙소를 예약하는 국내외 자유여행객이 증가하고 있지만 합리적인 가격대의 믿을 만한 관광호텔이 많지 않다는 고민에서 시작됐다. 한국관광공사는 국내외 관광객을 유치하고 숙박 인프라 개선을 통한 관광산업 경쟁력을 강화하기 위해 베니키아를 만들었다. 그리고 가맹호텔에는 현판 및 안내데스크 사인을 제공하는 등 다양한 지원책으로 가맹호텔을 늘려왔다.

중저가 관광호텔이 베니키아 호텔체인에 가입하려면 엄격한 심사를 통과해야 한다. 먼저 고객들이 믿고 선택할 수 있도록 전문인증기관을 통해 시설 및 서비스 전반에 걸쳐 객관적인 평가가 이루어진다. 객실요금도 비수기 평일 일반실 기준으로 하루 숙박에 최대 10만원 내외로 책정해야 한다. 아울러 가맹호텔은 서비스를 규격화하고 체계적으로 서비스 품질관리를 해야 한다. 베니키아 호텔 이용객은 내국인 70%, 외국인 30%이다. 현재 서울을 비롯한 전국의 특2급 호텔 이하 관광호텔 44개가 회원사로 가입해 영업 중이다.

다른 한편으로, 우리나라의 서비스 경영은 어떻게 발전하고 있는가? 에스프레소 원두커피 전문점에서 커피의 맛을 예술적으로 승화시키는 카페 바리스타에서부터 문화예술, 호스피탈리티, 관광, 컨벤션, 유통, 교육, 금융, 스포츠 등 우리나라의 무수히 많은 산업 중에서 서비스가 중요한 국가 및 기업의 미래 성장 동력으로서 자리 잡고 있다.

따라서 스마트 시대의 서비스 경영의 기본개념은 과거 단순 이론위주의 개념에서 벗어나 젊은 열정을 지닌 청년 대학생들과 미래의 아름다운 비전을 꿈꾸는 젊은이들에게 서비스 세상의 가치와 가능성 그리고 많은 기회가 기다리고 있다.

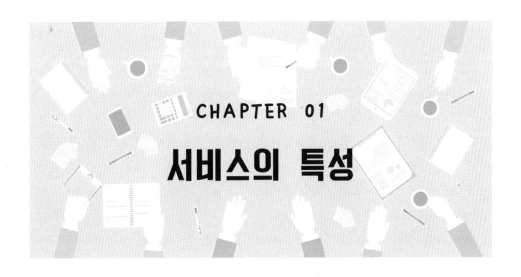

CHAPTER 01

서비스의 특성

1. 서비스의 정의

서비스는 사용자에게 성과에 대한 어느 정도의 만족을 제공하지만, 소유되거나 저장·수송될 수 없는 무형적 활동으로 정의할 수 있다. 즉 고객의 욕구충족을 목적으로 사람과 설비 또는 시설에 의해 제공되는 행위, 성과인 것이다. 일반적으로 경영은 특정형태를 가진 유형의 제품을 대상으로 해왔다. 그러나 기업이 소비자의 욕구를 충족시키기 위해 제공할 수 있는 제품에는 무형의 제품도 있는데 이러한 제품을 서비스라 한다.

이처럼 무형성은 서비스의 중요한 특성이다. 소비자는 감촉을 느낄 수 없는 어떤 것의 구매에 대해 불안하게 생각할 수 있다. 그러므로 서비스가 무형적인 특성을 갖는다는 것은 마케터가 극복해야 할 과제이다. 이는 서비스의 전달 촉진 가격의 결정방법에 영향을 끼친다. 서비스에 대한 이러한 정의에도 불구하고 엄격하게 무형과 유형으로 분류될 수 있는 상품은 별로 없다. 사실 상품은 유형성의 정도에 따라 재화와 서비스 간의 연속선상에 위치하는 것으로 볼 수 있다. 상품은 완전한 유형적인 것에서부터 완전한 무형적인 것까지의 연속선상에 위치한다.

서비스는 성과의 실현을 통해 고객에게 만족을 제공한다. 성과만족은 소비자가 서비스의 무형적 활동에 의해 제공된 성과를 경험하면서 얻는 것이다. 그러나 판매가 먼저 이루어진 다음 성과수행과 소비가 동시에 발생하므로 이를 물리적으로 소유할 수는 없다. 서비스는 어디서 제공하느냐에 따라서 크게 세 가지로 나누어지는데 설비기준서비스와 사람기준서비스 그리고 제품관련서비스 등이다. 나누어진다. 다시 설비기준서비스는 자동화에 의한 서비스, 비숙련자에 의한 서비스 및 숙련자에 의한 서비스로 나누며, 사람기준서비스는 숙련된 노동에 의한 서비스, 비숙련된 노동에 의한 서비스 및 전문가에 의한 서비스로 나누어진다.

기업은 일단 고객이 가장 만족스러운 조건으로 구매할 수 있도록 노력해야 하고, 더 나아가서 구매 후에도 계속 자신의 선택에 대해서 만족스러워 할 수 있도록 최선을 다해야 한다.

이 과정에서 고객도 타인에게 기업이나 제품에 대한 끊임없는 정보를 제공하게 되는데, 그것이 불만이든 만족이든 기업에겐 아주 가치 있는 정보임에 틀림없다. 기업이 충분히 만족할만한 서비스를 고객에게 제공하였다면, 그 고객은 적극적으로 기업정보를 잠재적 고객에게 제공할 것이다. 이는 기업에겐 최고의 마케팅이라 할 수 있다. 이것이 바로 기업이 소비자에게 해야 하는 최고의 실천이라고 볼 수 있다.

중요한 것은 서비스의 제공이 제품을 구매한 후부터 시작되는 것이 아니다. 고객이 제품을 구매하는 시점부터 충분히 만족을 느낄 수 있도록 해야 한다. 따라서 제품의 구매가 이루어지기 전부터 서비스는 시작되는 것이라 할 수 있다.

기업의 모든 종사자들은 제품이나 회사에 대한 긍정적인 이미지를 심어 주기 위한 노력을 해야 하고, 이것이 기존 고객에 대한 기업이 소비자에게 할 수 있는 최고의 덕목으로 볼 수가 있다.

2. 서비스의 특성

서비스는 4가지 특성을 갖는다. 서비스는 비유형적이고, 표준화가 어려우며, 즉시 소멸되고, 생산과 소비가 동시에 이루어지는 차별적 특성을 갖는다.

(1) 비유형성(Intangibility)

소비자는 특정제품의 맛을 본다거나 향을 맡을 수 있다. 이렇게 유형 제품의 경우 소비자는 구매 전에 경쟁제품들을 비교할 수 있으며, 구매 후에 자신이 지불한 대금을 증명할 어떤 것을 소유하게 된다. 그러나 서비스는 구매했음을 보여주는 구체적인 대상이 없다.

그러므로 이런 문제점은 기업들에게 서비스를 보다 유형적으로 보이게 하여 무형성을 극복한다.

첫째, 서비스 제공자는 소비자들로 하여금 가치 있는 무엇인가를 제공받고 있다는 느낌을 갖도록 노력한다.

둘째, 유명인을 광고 모델로 활용하여 제공되는 서비스를 유형화한다.

셋째, 서비스 제품을 문화콘텐츠화 한다. 서비스는 유형의 상품과는 달리 구매하기 전에 감각기관에 의해 감지될 수 없는 무형성 때문에 소비자가 제공받기 전까지는 서비스의 질에 대해 불확실하게 느껴진다. 소비자는 서비스 기업의 광고보다 구전에 의한 정보를 더욱 신뢰한다.

예를 들어 유학을 위한 학원을 알릴 때 그 학원을 거쳐 간 학원생들의 해외진학실적을 보여주어 신뢰를 더하게 한다든지 은행에서 서비스카운터를 낮춰 고객이 앉아서 업무를 보게 하거나 업무를 친절하고 신속하게 처리해 주어 고객에게 만족을 주는 일 등이다. 하지만 볼 수도 없고 만질 수도 없기 때문에 고객은 구매 전에 서비스의 효용을 정확히 알 수 없다. 단지 여러 가지 정황으로 미루어 효용을 추측할 수 있을 뿐이다. 이러한 무형성에 의한 문제점은 저장이 불가능하고 특허를 통한 서비스 보호가 불가능하며 진열 및 커뮤니케이션을 할 수 없다. 그리고 가격설정 기준이 모호하며 표본추출이 곤란한 것 등으로 볼 수 있다.

(2) 비표준화(Variability)

유형 제품을 구매하는 소비자는 매번 같은 품질의 제품을 구매할 것으로 기대한다. 하지만 서비스는 사람에 의존하므로, 일관되고 표준화된 서비스가 제공되기 어렵다고 보여 진다. 의사의 차이에 따라 의술이 달라질 수 있으며, 미용사 머리 손질이 방문 시마다 달라지듯이 말이다. 형편없는 서비스를 경험한 소비자는 그 서비스를 반복구매하지 않을 것이며 주위사람에게 부정적 의사를 표출할 것이다.

이런 문제점을 해결하기 위해서 서비스 표준의 설계 및 수행, 고객들이 사전에 알 수 있는 패키지 서비스 제공, 품질관리를 위해 서비스의 산업화를 강화해야 한다. 개별 고객에 맞는 서비스의 맞춤화를 시행한다. 보다 신뢰성 있는 서비스를 위해, 서비스 제공자의 선발과 교육에 많은 투자를 하며 서비스 제공자를 사람에서 기계로 대체함으로써 비일관적인 서비스가 제공될 가능성을 낮추게 된다. 일정하지 않은 서비스의 질을 보완한다는 걸 볼 수 있다.

(3) 소멸성(Perishability)

서비스는 판매될 때까지 저장될 수 없다. 소비자가 서비스가 제공되는 시점에 이를 소비하지 않으면, 그 서비스는 사라져 버린다. 예를 들어 비행기 좌석은 재고로 저장될 수 없으며, 채워지지 않는 좌석은 그대로 사라져 버리고 만다. 항공사는 어제의 비행에서 재고로 남은 빈 좌석을 내일의 초과 수요를 채우기 위한 재고로 유지할 수 없는 것이다.

의사들이 예약시간을 지키지 않는 고객들에게도 비용을 부과하는 것은 서비스의 이러한 소멸성 때문이다. 서비스 제공시점에 환자가 없으면 서비스 가치가 상실되기 때문이다. 수요가 지속적이고 안정적이면 서비스의 소멸성은 크게 문제가 되지 않는다.

그러나 수요의 변동이 심하면, 서비스 제공자는 효율적인 자원 활용을 위한 의사결정을 내리기 어렵게 된다. 그러므로 서비스 마케터는 최적의 자원 배분을 위해 수요·공급의 특성을 분석해야 한다. 안정적인 서비스 수요의 확보를 위한 방법을 찾아볼 수 있는데 크게 서비스 가격의 차별화, 비성수기 수요의 개발, 보완적 수요의 개발, 보완적 서비스 제공, 예약시스템의 도입을 볼 수 있다.

표 1-1   서비스 제공 방법

방법	내용
서비스 가격의 차별화	• 전화회사나 극장은 별로 없는 시간에 서비스를 이용하는 고객들에게 보다 낮은 요금을 적용 • 피크타임의 초과수요를 비피크타임으로 이전
비성수기 수요의 개발	• 스키리조트는 눈이 없는 기간 동안에 인공잔디 슬라이드를 설치 • 리프트를 이용하여 아름다운 경관을 볼 수 있게 함으로써 수요 창출
보완적 서비스의 제공	• 많은 은행들이 보통예금이나 저축예금과 같은 기본적인 서비스를 제공 • 주식중개 중심의 증권사 영업이 다양한 금융상품들의 도입으로 영역이 확대 • 수수료 자유화로 주식매매를 통해 얻는 수수료 폭이 크게 줄어들게 됨에 따라 증권회사들은 다양한 금융상품들을 개발·취급
예약시스템의 도입	• 예약판매는 수요의 사전확보에 유용한 방법으로 항공사, 철도, 호텔, 식당 등에서 이용

(4) 생산과 소비의 동시성

서비스는 흔히 생산과 소비가 동시에 이루어진다. 내과의사는 환자의 이야기를 듣고, 증상의 원인을 파악한 다음 처방을 내리면(생산), 환자는 증상을 설명하고 의사의 치료를 받는다(소비). 그러므로 유형 제품과는 달리 서비스의 경우에는 소비가 발생될 때 서비스 제공자가 그 자리에 존재해야 한다. 이러한 서비스 특성은 유통과 관련된 시사점을 제공한다. 유형 제품의 경우에는 소비자가 원하는 시간과 장소에 상품을 공급하기 위해서 수송·저장과 같은 유통기능이 중요하다. 그러나 무형적 특성의 서비스는 재고로 유지될 수 없으므로, 시간 및 장소효용을 창출하는 수단인 수송과 저장은 별로 중요하지 않다.

서비스의 유통에서 중요한 것은 고객의 면전에서 서비스 제공자가 직접 제공하는 서비스 질이며, 이는 고객의 반복구매에 큰 영향을 미친다. 생산과 소비의 동시성으로 인해 발생되는 문제를 해결하는 방법 중 하나는 기계의 도입으로 대인접촉에 의한 서비스 제공을 줄이는 것이지만, 대부분의 서비스가 사람에 의존해야 하므로 서비스 제공의 질을 향상시키는 다른 방법들도 강구되어야 한다.

3. 서비스의 분류

서비스의 특성에 의해 발생되는 시장기회와 위협은 서비스의 유형에 따라 차이가 있다. 그러므로 전략개발에 유용하도록 서비스를 분류할 필요가 있다. 크게 사람중심의 서비스, 설비중심의 서비스 그리고 제품관련 서비스로 나누어진다.

(1) 사람중심의 서비스

사람중심의 서비스는 약간의 설비가 필요하지만 주로 사람의 노력에 의해 제공되는 서비스로서 법률자문, 경비, 아파트관리서비스, 마사지 등을 예로 들 수 있다. 사람중심의 서비스는 다시 비숙련노동에 의한 서비스, 숙련노동에 의한 서비스, 전문직에 의한 서비스로 세분화 될 수 있다.

(2) 설비중심의 서비스

설비중심의 서비스는 사람의 노력도 어느 정도 필요하지만 상당한 설비의 지원이 필요한 서비스로서, 운수업, 숙박업, 레저서비스업 등이 이에 해당된다. 설비중심의 서비스는 다시 자동서비스, 반숙련노동을 필요로 하는 서비스, 숙련노동을 필요로 하는 서비스로 나누어 질 수 있다.

(3) 제품관련 서비스

제품관련 서비스는 제품이 본원적 제공물이고 서비스는 제품의 지원적 역할을 하는 경우이다. 예를 들어, 자동차나 가전제품의 구매자에게 제공되는 판매 후 서비스의 하나인 품질보증은 제품관련 서비스의 한 예이다. 이러한 지원적 역할로서의 서비스가 때로는 제품성공의 결정적인 요인이 되기도 한다.

4. 제품의 서비스화와 서비스의 제품화

(1) 제품의 서비스화(Product Servitization)

최근 서비스 부문의 성장과 더불어 서비스업에서의 가치창출 확대가 기대됨에 따라, 제조중심의 단순 제조업에서 서비스 중심 종합 기업으로의 전환에 대한 필요성이 강조되고 있다.

서비스화(Servitization)라는 용어는 Vandermerwe와 Rada에 의해 최초로 사용되었으며, '기업의 핵심 비즈니스에 가치를 부가하기 위한 제품, 서비스, 지원, 셀프 서비스 및 지식의 통합적 패키지의 제공'으로 정의된다. 또한 보다 구체화된 정의로서 Ren과 Gregory는 제품 서비스화를 다음과 같이 정의하고 있다.

"서비스화란 고객욕구의 만족, 경쟁우위 확보, 그리고 기업성과의 향상을 목적으로 하여 제조기업이 서비스 지향성을 채용하거나 또는 더 많고 더 양질의 서비스를 개발하도록 하는 전략 변화 과정이다."

제품 서비스화 프레임워크에 관한 연구에서 서용원, 김종배는 서비스화에 대한 정의에 내포된 네 가지 의미에 대해 설명하였다.

첫째는 서비스화는 단순한 지엽적인 변화가 아니라 기업의 전략 변화 과정(strategy change process)으로서, 기업 경영 전략 수준의 변화를 의미한다는 점이다.

둘째로 서비스 지향성(service orientation)이 전제되고 있으며, 이는 기업의 모든 활동이 서비스를 중심으로 운영되어야 함을 의미하고 있다.

셋째로 더 많은, 더 양질의 서비스를 제공해야 한다는 측면은 서비스화가 개념적으로 서비스를 중심으로 경영한다는 것을 뛰어넘어 구체적으로 서비스의 개발 또는 진출을 통한 매출확보 노력을 포함하고 있음을 시사한다.

마지막으로, 서비스화를 위한 노력들은 고객욕구 만족, 경쟁우위 확보, 그리고 기업성과 향상 등의 성과와 연결될 때 의미가 있음이 명시되고 있다.

표 1-2 제품의 서비스화의 개념

고객의 특정 문제를 풀기 위한 제품과 서비스의 조합						
제품(Product)			+	서비스(Service)		
하드웨어	소프트웨어	콘텐츠		인스톨레이션	오퍼레이션	서포트
• 판매를 위한 아이템이나 지적재산권 등으로, 그 결과는 곧바로 현실화됨 • 예: TV, 휴대폰, IT 시스템, SW 애플리케이션, DB 등				• 고객의 니즈(needs)를 지원하는 행위(Labor)로써 그 결과는 초기에는 잘 보이지 않으나 시간이 지남에 따라 현실화됨 • 예: SI 애플리케이션 개발, 유지보수, 교육 등		

자료: 권혁인, 「서비스 모델」, 한경사, 2010.

제품 서비스화에 관한 연구는 제조기업의 성공적인 서비스화를 위한 조직 전략 측면의 논의와 기존 제품으로부터 관련 서비스를 개발하여 통합 솔루션을 구성하기 위한 서비스 개발 방법론에 대한 논의로 나누어 볼 수 있다.

제조기업의 서비스 제공기업으로의 성공을 위해서는 다각적인 차원에서 전략적 변화가 요구되는데, 여기에는 마케팅, 제조, 배송, 제품설계, 의사소통 및 관계관리 등이 있다.

(2) 서비스의 제품화

한국 소프트웨어 진흥원에 의하면 서비스는 단순히 제품에 부가적으로 제공되는 차원을 넘어 기업이 고객에게 제공할 수 있는 모든 가치를 통합하여 수행하는 플랫폼의 역할로 진화되고 있는 것으로 판단된다.

즉 서비스가 복합융합형 상품이나 여러 가지 조건들과 결합하여 제공될 때 플

랫폼의 역할을 하게 되고, 기업은 고객의 욕구 변화에 대응하기 위해 여러 사업부
에서 제공하는 상품과 서비스를 조합한 패키지 형태의 상품을 주력 서비스로 개발
하여 출시한다. IT 기술이 서비스 기반의 통합 플랫폼 구현을 뒷받침할 수 있을
정도로 발전하게 됨으로써 가능하게 된 현상이며, 서비스가 플랫폼의 역할을 하게
될 때 제품중심의 생태계 구조는 서비스 중심으로 바뀌게 되는 것이다.

〈표 1-3〉은 서비스의 제품화를 보다 쉽게 이해할 수 있도록 가능한 유형과
예시를 정리한 것이다.

표 1-3 서비스의 제품화

유형	예시
독립적인 여러 제품이나 서비스가 결합되어 고객의 요구가 충족되는 경우	복합 금융산업
여러 제품이나 서비스가 합쳐진 패키지 형태의 제품인 경우	행정기관의 One-stop 서비스
하드웨어, 소프트웨어, 통신, 서비스, 정보가 함께 제공되어야 온전한 기능을 하는 경우	내비게이션
다른 제품이나 시설과 상호작용이 중요하다는 제품이나 서비스와의 연계통합에 의하여 가치를 제공하는 경우	스마트 홈에서의 정보가전기기
성능유지를 위하여 소모품 공급 등 유지보수 활동이 빈번히 요구되는 경우와 제품의 전 수명주기에 대한 관리가 요구되는 제품의 경우	복사기, 정수기, 부동산 개발
제품 간의 차별화 요소가 서비스여서 서비스가 주요 구매 결정 요인인 경우	온라인 교육
고가의 제품이나 기능이 복잡하여 제품과 관련된 정보 제공이 중요한 경우	오디오 세트
여러 가지 옵션의 조화로 비교 평가가 필요한 경우	자동차

자료: 서비스 연구회, 「서비스사이언스」, 매경출판, 2006.

(3) 서비스의 제품화 사례

제품 서비스화에 대한 기존의 정의가 제조업자 관점에서 서비스업종으로의 진
출을 위주로 하고 있음에 비해, 서비스 제공업체가 관련 유형 제품을 출시하거나
전략적 제휴를 수행함으로써 서비스를 더 강화하거나 풍부하게 하는 서비스의 제
품화 사례 또한 나타나고 있다.

한국IBM의 글로벌 테크놀로지 사업부는 자사의 IT서비스를 10개 제품라인으

로 정비하여 브랜딩을 강화하고, 서비스의 과학화, 글로벌화를 통해 시장 요구에 부응하겠다는 계획을 주요 내용으로 하는 IT서비스 사업 부문 전략을 발표했다. 특히 서비스도 하드웨어나 소프트웨어처럼 제품으로 제공하겠다는 전략은 글로벌하게 추진되는 서비스 제품화 전략으로서, IT서비스에 대한 새로운 접근 방식이다.

이는 IT 투자의 적절성과 효과에 대한 분석이 심화되고, IT가 비즈니스의 요구를 해결하는 솔루션이 되어야 한다는 시장의 인식 변화에 따른 것이다. 수백여 가지의 개별 서비스들을 10가지의 제품 라인으로 정리, 간소화한 이번 서비스 제품화 전략에 의해 IBM은 사용자들이 자사의 비즈니스 필요에 따른 솔루션을 쉽게 선택 구매할 수 있게 하였다.

즉 표준화되고 사전 검증된 솔루션 세트를 마련해 두고, 기업의 필요에 따라 쉽고 빠르게 구축, 이용할 수 있게 하겠다는 것이다.

이러한 형태의 서비스 강화는 결국 제품과 서비스의 통합을 통하여 고객에게 더 많은 가치를 전달하고 기업의 매출과 이익을 극대화하고자 한다는 점에서 앞서 언급한 제품의 서비스화와 동일한 지향점을 가지고 있다고 볼 수 있다. 즉 서비스 제품 포트폴리오를 고객이 이해하기 쉬운 언어로 재정비하는 서비스 제품화 전략 역시 고객 요구를 정확히 읽고 전략적인 대안을 제시하는 것이다.

CHAPTER 02
서비스와 마케팅 믹스

서비스 관리자는 경쟁우위를 확보할 수 있는 마케팅 전략을 수립해야 한다. 서비스의 마케팅 계획 수립과정은 유형 제품과 큰 차이가 없다. 즉 서비스 마케터는 표적세분시장을 선정하고, 표적고객의 욕구를 경쟁사보다 더 잘 충족시킬 수 있는 곳에 서비스를 포지셔닝하고, 이를 달성할 수 있도록 구체적인 마케팅 믹스를 개발하는 과정을 거친다. 마케팅 믹스는 제품, 가격, 유통, 촉진 4P로 나뉜다. 이러한 마케팅 믹스들도 서비스 위주의 산업에서는 다음과 같이 그 성격이 다소 확장되는 것을 알 수 있다.

1. 서비스 상품관리

서비스 경영은 서비스의 독특한 특성을 고려한 제품의사결정을 내려야 한다. 소비자는 구매 전에 서비스제품을 만져보고 눈으로 확인하기 어렵다. 소비자들이 이러한 서비스의 비유형적 특성에 대해 불편해할 수 있으므로, 서비스 제공자는 서비스 제공물을 보다 유형화하는데 있어 매우 유용한 차별적 수단이다. 이름난 기업은 서비스 마케팅에서 경쟁우위를 확보하는 데 중요한 역할을 한다.

고객은 흔히 서비스 질과 널리 알려진 서비스 제공자의 이름을 함께 연상하는 경향이 있다. 일반적으로 제공되는 서비스의 수준은 서비스 제공자에 따라 혹은 제공시점에 따라 달라지며, 이러한 서비스 특성은 서비스 기업으로 하여금 일관된 서비스제품을 공급하는 데 많은 주의를 기울이게 한다. 어떤 서비스 기업들은 서비스제품을 가능한 한 표준화하려고 노력한다.

모든 고객들에게 표준화된 서비스가 제공되도록 한다. 그러나 서비스의 표준화가 차별화된 서비스를 원하는 고객의 욕구를 충족시키지 못할 수 있다. 그러므로 변호사, 의사, 컨설턴트 등과 같은 서비스 제공자는 개별고객의 욕구에 따라 차별화된 서비스를 제공한다. 고객들이 서비스를 구입하여 얻는 것은 서비스가 주는 편익이므로, 서비스 업체들은 자사의 서비스를 구입함으로써 얻게 되는 구체적인 편익을 고객들에게 강조하게 된다.

서비스는 그 성질상 표준화시키기가 어려우므로, 어떤 특정 집단의 고객들에게 맞게 제품을 차별화시키기가 일반제품의 경우보다 상대적으로 더 쉽다고 할 수 있다. 서비스 산업에서는 상표명이 제품을 차별화시키는데 무척 중요하다.

2. 서비스 가격관리

서비스 경영에서도 가격은 매우 중요한 구실을 한다. 가격의 일반적인 중요성 외에 다른 이유들이 있기 때문으로 본다. 고객들은 서비스 업체를 고를 때 서비스의 질이 가격에 비례한다고 생각하는 경향이 있기 때문에 일반제품을 고를 때 보다 더 가격에 의존하는 경향이 있다. 서비스는 일반제품보다 비교적 가격 차별화를 하기 쉽기 때문에 가격 차별화를 통해 이익을 올릴 수 있는 가능성이 일반제품보다 크고 특히 서비스 부문에서는 시간에 따라서 가격을 달리하는 정책이 많이 행해진다.

　　시간에 따라서 서비스에 대한 수요는 크게 변하는데 서비스는 지정할 수가 없으므로 수요에 맞게 공급을 조정할 수가 없고, 수요가 많을 때는 값을 비싸게 하여 수요를 줄이고, 수요가 적을 때는 값을 싸게 하여 수요를 늘림으로써 수요와 공급의 균형을 맞추려고 한다. 서비스를 구입하는 시간이 다른 사람들은 또한 가격에 대한 민감도도 서로 다른 경우가 많다.

　　이런 때는 구입하는 시간에 따라 가격을 달리함으로써 가격에 대한 민감도의 차이를 이용한 가격 차별화의 효과를 달성할 수가 있다. 소비자들이 느끼는 이러한 가격과 품질의 관계 및 가격 차별화의 가능성 외에 경영자가 서비스의 가격을 정할 때 고려해야 할 요소는 서비스의 원가, 경쟁사의 가격, 수요 등이 있다.

3. 서비스 유통관리

　　서비스는 무형적이고 소멸성이 높기 때문에, 대체로 대부분의 서비스는 서비스 제공자로부터 소비자에서 직접 판매되는 유통경로를 갖는다. 그러나 때에 따라 서비스 제공을 이용하기도 한다. 예를 들어 호텔이나 항공사는 여행사를 중간상으로 이용하여 고객에게 서비스를 판매한다. 서비스 기업은 서비스 이용의 편의성을 높이는 유통전략을 통해 경쟁우위를 확보할 수 있다.

　　서비스 기업이 선택할 수 있는 유통경로전략은 고객에게 노출하려는 점포의 수를 기준으로 개방적 유통전략, 선택적 유통전략, 전속적 유통전략으로 나누어진다. 개방적 유통전략은 서비스 기업이 가능한 많은 점포들로 하여금 자신의 서비스를 취급하도록 하는 것으로, 사진현상, 은행서비스 등을 들 수 있다. 선택적 유통전략은 서비스 기업의 명성을 높일 수 있고 판매능력을 갖춘 중간상들만을 선별하여 자사의 서비스를 취급하도록 하는 전략으로서, 생명보험회사가 자사 전속대리점과 자격을 갖춘 독립 보험대리점을 통해 보험상품을 판매하는 경우가 해당된다.

　　전속적 유통전략은 일정 지역 내의 특정 중간상에서만 자사의 서비스를 독점적으로 판매할 수 있는 권한을 부여하는 것을 말한다. 서비스 마케터는 유형 제품에 비해 창고, 수송, 재고 관리 등의 물류기능에 대한 관심은 상대적으로 낮다. 이에 반해 서비스 마케터는 서비스 제공의 스케줄에 대해서는 보다 많은 관심을 기울인다. 서비스 기업은 소비자가 구매·소비하기를 원하는 시점에 서비스의 이용이 가능하도록 이를 저장할 수 있다. 그러므로 서비스 제공자는 소비자의 수요에 맞추어 서비스가 공급될 수 있도록 스케줄링을 수립하여야 한다. 또한, 인력을 투입하는 스케줄을 운영하기도 한다. 그리고 서비스의 유통에 있어 중요한 다른 요인은 입지이다. 모텔, 호텔, 병원, 헬스센터 등은 편리한 입지를 사용한다. 예를 들어 호텔과 모텔은 공항 근처에 밀집되어 있지만, 일부 서비스 분야에서는 자동화 설비를 갖춘 유통경로의 도입으로 인해 입지의 중요성이 낮아지고 있다.

위에 상술한 서비스의 여러 가지 특성들 때문에 많은 경우 서비스는 생산자로부터 직접 소비자들에게 전달되지만, 중간상이 서비스의 유통에 중요한 역할을 하기도 하고, 서비스 산업에서는 중간상이 아주 적극적으로 서비스의 판매를 촉진하는 경우가 있다. 서비스의 유통에서 또 하나의 중요한 문제는 서비스 업체의 위치이고, 이것은 많은 경우 서비스의 접근가능성이 그것의 판매에 큰 영향을 미치기 때문이다.

4. 서비스 촉진관리

서비스 기업은 자사의 서비스 상품을 알리고 구매하도록 하기 위해 광고, 판매촉진, 홍보, 인적판매 등의 촉진수단들을 이용한다. 유형 제품 마케팅의 핵심 성공요인의 하나는 광고를 통해 추상적인 브랜드이미지를 창출하는 것이다. 그러나 눈으로 보거나 손으로 만져 볼 수 없는 서비스제품의 경우에는 추상적 이미지를 창출하려는 촉진노력은 적절하지 않다. 그러므로 서비스 마케터는 광고활동을 통해 구체적 이미지와 증거를 제시함으로써 서비스를 보다 유형적으로 보이도록 만들어야 한다.

가령, 서비스 기업이 광고를 통해 사용자에게 제공되는 실제적인 혜택을 제시하는 것은 유형화 노력의 하나이다. 많은 보험회사들이 광고를 통해 보험으로부터 얻게 될 혜택들을 보여주는 것은 판매되는 서비스 활동을 시각화하는 데 도움이 된다. 의사, 변호사 같은 직업들이 지역사회활동에 대한 자원봉사를 통해 자신들의 서비스를 일반대중들에게 알리는 것도 간접적인 광고활동의 하나이다. 일반대중의 일부는 자원봉사를 통해 명망을 얻은 서비스 제공자의 고객이 될 것이다.

한편 서비스 기업은 신속한 소비자 반응과 구매를 유도하기 위해 판매촉진을 실시하는데, 가격할인, 할부, 쿠폰, 프리미엄 경연대회 등이 판매촉진 수단의 대표적인 예이다. 대부분의 판촉수단들이 단기적인 매출증대와 경쟁사 고객에 대한 상표전환 유도를 목적으로 하는 데 비해 단골고객 프로그램은 구매빈도가 높은 현 재 고객들에 대한 보상을 통해 재구매율의 증가와 상표충성도의 형성을 그 목적으로 한다. 서비스의 독특한 특성 때문에 서비스 업체들은 서비스의 결과를 눈에 보이는 형태로 만들어 보여 주거나 또는 자사의 서비스를 구매함으로써 고객들이 얻게 되는 구체적인 편익을 강조하게 된다. 생산과 소비가 동시에 행해지기 때문에 생산자와 고객이 직접 접촉하게 되는 때가 많고 서비스를 제공하는 사람은 서비스를 생산할 뿐만 아니라 인적판매도 하고 있다고 보아야 한다. 또 고객에게 있어서 서비스를 제공하는 사람은 바로 그 서비스의 일부인 것이다.

서비스 업체는 자사의 종업원들이 서비스의 생산과 인적판매라는 두 가지 역할을 다 잘할 수 있도록 그들을 철저하게 훈련시켜야 한다. 서비스를 구입할 때는 흔히 다른 사람의 추천이 매우 중요한 구실이 되므로 구전효과가 증폭되는 방향으로 커뮤니케이션 전략을 세우는 것이 좋다.

5. 서비스와 변화하는 마케팅 믹스

(1) 변화하는 마케팅 믹스와 전략

흔히 현대의 소비자들을 '켄타우로스(Kentauros)'라고 부른다. 온라인과 오프라인 시장을 마음대로 누비는 혼성 소비성향을 반인반마 켄타우로스에 비유하고 있다.

그러나 지금처럼 어느 분야에서나 최고의 서비스를 요구하고 있는 소비자들을 이러한 켄타우로스 고객으로 한정지어서 정의할 수 있을까? 고객의 서비스 수준이 점점 더 높아가면서 기업들도 변하고 있다.

즉 기업들은 기존의 전통적 '브릭엔모타(brick-and-mortar)' 방식에서 인터넷 기반 '클릭엔모뎀(click-and-modem)'의 기업 형태를 거쳐서 감성서비스 기반 '서비스엔이모션(service-and-emotion)' 기업으로 진화하고 있는 것이다.

표 2-1　마케팅 믹스 4P의 진화단계

	전통적 기업: 브릭엔모타 (brick-and-mortar)	온라인 기업: 클릭엔모뎀 (click-and-modem)	서비스 기업: 서비스엔이모션 (service-and-emotion)
제품 (product)	유형 제품, 물리적 제품	물리적 제품, 디지털 제품 위주로 MP3 등	서비스 제품, 감성 제품 콘텐츠 중시
가격 (price)	저가격 중가격 고가격	저~고가격 무가격 인터넷 전화 등	점심 값보다 비싼 커피 월급보다 많은 입장료 브랜드 이미지 팔기
유통 채널 (place)	시장 백화점 길고 복잡함	단순하고 간결 다수의 중간상 생성 오픈 마켓 등	서비스의 일관성 유지 프랜차이즈 기업화 스타 양성과 팔기
촉진 (promotion)	광고 인적판매 위주	체험 마케팅 커뮤니티 블로그 토론문화	감성 공간 만들기 우량 파트너와 제휴 좋은 관계 만들기

자료: 김승욱, 강기두, 「고객관계관리」, 무역경영사, 2016.

(2) 새로운 서비스 믹스

마케팅 믹스 4P 이외에도 서비스 경영 또는 마케팅에서는 인적자원(people), 프로세스(process), 물리적 환경(physical evidence) 등을 포함하여 7P로서 서비스 마케팅 믹스에 대해서 설명하고 있다.

먼저, 인적자원의 경우에는 고객을 우선시하고 강하게 동기부여가 된 종업원을 선정 및 투입하고 마케팅 목적을 효율적으로 달성할 수 있는 능력과 준비를 갖춘 인력을 확보하는 것이다. 이러한 측면에서 '서비스엔이모션' 기업들은 다른 기업들에 비해서 감정 노동자(emotional labor)로서의 직원들을 많이 확보하고 있다는 특징이 있다. 감정 노동자는 서비스라는 무형적 제품을 실어 나르는 그릇과도 같다. 따라서 음식이 아무리 맛있고 푸짐하다고 하더라고 그릇이 불결하거나 깨져 있다면 그 음식을 주문한 사람은 음식 내용에 대해서 만족할 수 없을 것이다.

또한, 프로세스라는 도구는 서비스의 복잡성과 다양성으로 결정할 수 있는데 멀티플렉스 영화관에 커플 좌석으로 영화를 보러간 고객들은 단순히 최종 결과물인 '영화의 관람'에만 관심을 두는 것이 아니라, 영화관에 도착하여 자리에 앉고 넓고 안락한 쇼파 같은 의자에 앉아서 음악과 분위기를 즐기며, 간단한 주문을 하고 음료수를 마시고 영화를 관람하는 전 과정(process)과 거기서 얻어지는 경험(experience)이 훨씬 더 중요한 것이다.

물리적 환경은 서비스케이프(servicescape)라고 표현하기도 하며 인간이 창조한 환경을 의미한다. 실제로 TGI Friday는 식욕을 자극하는 것으로 알려진 포도 향을 매장 전체에 은은하게 퍼지게 하고 있으며, 코코스의 경우에도 분홍색과 연녹색을 주조로 하는 단순한 실내 장식으로 밝고 따뜻한 분위기를 창출하고 있다. 이를 구축하는 다른 방법으로서는 기업의 철학이 담긴 로고와 광고를 건물, 실내 공간에 설치하거나 특정 색깔, 가구, 불빛, 화초들을 적절히 배치하여야 한다. 따라서 서비스의 유형과 목적에 따라 인테리어 색깔과 색감, 음악, 벽에 걸린 그림, 실내에 나는 향기, 화초 등에 세심하게 신경 쓰는 것이 중요하다.

이렇듯 마케팅 믹스 4P(또는 7P)의 패러다임이 변화하고 있다. 전통적인 기업에서 인터넷 기업 그리고 서비스와 감성을 중요시 여기는 기업으로 진화하고 있는 것이다. 마케팅 믹스가 중요한 이유는 다들 알고 있겠지만, 마케팅 전략 또는 서비스 전략 수립 시 가장 기본이 되는 원재료 중에 하나가 4P이기 때문이다. 기본 원재료의 성향이 서비스와 감성이 중요시 되는 측면에서 변화하고 진화하고 있기 때문에 이를 기초로 해서 음식을 버무리는 작업을 해야 한다.

(3) 서비스 기업의 활동전략

세계적 DVD 대여업체인 블록버스터의 파산신청과 함께 경쟁업체인 넷플릭스가 주목을 받고 있다. 넷플릭스는 최근 애플과 구글이 주도하고 있는 스마트폰, 태블릿 기기, 스마트TV 등 생태계 경쟁시장에서 미디어 콘텐츠 제공업체로서의 영향력을 확대하고 있다. 넷플릭스는 CEO인 리드 해스팅스(Reed Hastings)에 의해 1997년 설립되었으며, 우편을 통한 DVD 대여, 스트리밍 방식을 통한 영화와 TV 프로그램 제공을 주요 사업으로 하고 있다. 넷플릭스 사업은 기본적으로 영화 제작사, 방송사 등 주요 콘텐츠 기업을 상대로 미디어 콘텐츠를 확보하여 이를 가입자에게 우편과 온라인을 통해 제공함으로써 수익을 얻는 모델이다. 콘텐츠 유료 가입제(subscription model)로 제공되며, 가입자는 매달 정액으로 8.99달러에서 47.99달러를 내고 온라인과 우편을 통해 콘텐츠를 무제한 시청할 수 있다. 2009년 말 기준 가입자 수는 1,300만 명을 넘어 섰으며, 매출액은 16억 7천만 달러를 기록하였다. 넷플릭스의 종업원 수는 2,000명 수준이다.

넷플릭스 사업 모델은 세계 1위의 비디오 대여 체인이었던 블록버스터의 연체 수수료(late fee)로부터 출발했다. 블록버스터는 비디오를 대여해주고 정해진 기간 (3~4일) 내에 반납하지 않을 경우, 연체 수수료를 부과했는데 이러한 정책은 소비자들의 주요 불만사항 중 하나였다. 반면, 블록버스터에게 연체 수수료는 상당한 수익원으로 활용되었다.

1999년 리드 해스팅스(Reed Hastings)는 가입제의 도입을 통해 가입자가 PC로 DVD를 대여 신청하도록 하고 DVD를 우편으로 배송하고 수거하는 방식을 고안해 냄으로써 무(無) 연체 수수료를 실현하였다. 배송 과정을 좀 더 구체적으로 보면, 가입자가 PC를 통해 대여 목록을 체크하면, 넷플릭스는 우편을 통해 목록 첫 번째에 있는 DVD를 배송한다. 가입자는 기간에 상관없이 DVD를 이용하고 이를 DVD 배송 때 받은 반송용 봉투에 담아 우체통에 넣으면 된다. 반송된 DVD가 넷플릭스에 도착하면 대여 목록에 예약되어 있는 다음 DVD를 배송하게 된다. 소비자 입장에서는 연체 수수료의 부담 없이 DVD를 이용할 수 있으며, DVD 반납을 빨리하면 더 많은 DVD를 빌려볼 수 있기 때문에 신속한 반납 유인을 가지고 있는 셈이다. 넷플릭스 입장에서는 정액제이기 때문에 DVD가 늦게 들어오더라도 배송해야 할 DVD가 줄어들어 배송비를 절약할 수 있다.

당연히 넷플릭스의 이러한 수익 모델은 비디오 대여 고객에게 큰 호응을 얻었으며, 넷플릭스의 가입자는 매년 높은 증가율을 보였다. 다만, 가입제를 도입한 1999년부터 2002년까지는 가입자 규모에 비해 소요되는 우편 배송비가 커서 매년 순손실을 기록하였다. 그러나 2003년 가입자가 150만 명을 돌파하면서 넷플릭스는 흑자를 내기 시작하였으며, 이후 매년 가입자와 순이익에 있어 높은 성장을 보이면서 안정적인 사업 기반을 마련하였다. DVD의 우편 배송을 통한 오프라인 DVD 대여시장의 혁신을 가져온 넷플릭스는 2007년 온라인 DVD 대여 서비스 도입을 통해 다시 한 번 도약의 발판을 마련하였다. 넷플릭스가 가입자에게 추가적인 비용 없이 스트리밍 방식으로 영화와 TV프로그램을 시청할 수 있는 서비스를 제공하기 시작한 것이다.

넷플릭스의 성공 요인은 서비스 제공 전략, 경쟁 전략, 조직 문화 등 다양한 측면에서 조명될 수 있지만 다음과 같은 몇 가지 요인을 들 수 있다. 첫 번째로 수요자 관점의 서비스 제공을 위한 지속적인 혁신의 실행을 들 수 있다. 앞에서 언급한 우편 배송을 통한 연체료의 철폐, 스트리밍 방식을 통한 온라인 대여 서비스의 도입은 철저히 수요자 관점에서 개념화되었으며, 이러한 관점에서 배송 시스템과 온라인 대여 시스템이 구축되고 서비스가 제공되었다. 우편 배송의 경우, 기존 DVD 숍 방문 대여와 비교할 때 배송시간을 단축하는 것이 관건이라고 할 수 있다. 넷플릭스는 이용자들이 온라인으로 대여 리스트를 쉽게 작성할 수 있는 유저 인터페이스를 제공하였으며, 주문 후 영업일 하루 내에 DVD를 받아 볼 수 있도록 하기 위한 배송 시스템을 구축하였다. 또한 토요일 배송(Saturday shipping) 실시(2009년), 가입자들이 원하는 영화를 쉽게 찾을 수 있도록 하는 영화 추천 알고리즘(movie recommendation algorithms)의 개발 및 서비스 제공 등도 이용자의 편의를 제고하기 위한 혁신의 일환이라고 할 수 있으며, 이러한 노력은 이용자들로부터 높은 평가를 받고 있다. 온라인 대여 서비스를 광고도 붙이지 않고 무료로 제공한 것은 블록버스터를 비롯한 온라인 콘텐츠 서비스 경쟁자들이 모두가 유료로 서비스를 제공하고 있는 점을 고려해볼 때 소비자 입장에서는 매우 파격적인 조치였음을 알 수 있다.

둘째, 콘텐츠 활용 매체의 다양화를 들 수 있다. 넷플릭스는 2008년 7월 마이크로 소프트의 Xbox 360을 시작으로 소니의 플레이스테이션3, 닌텐도 Wii 등 게임기기를 이용하여 TV로 넷플릭스의 콘텐츠를 시청할 수 있도록 하는 협력을 이끌어 냈다. 이와 함께 인터넷 연결 블루레이 플레이어(Internet connected Blu-Ray Players), 인터넷 연결 HD TV(Internet connected HD Television)에서도 LG, 삼성, 소니, Insignia, Vizio 등 주요 사업자들과의 협력을 통해 넷플릭스 서비스를 제공하고 있다. 또한 Roku, TiVo의 인터넷 연결 셋탑박스에도 탑재되었으며, 아이패드, 아이폰, 아이팟에 애플리케이션 형태로 탑재되어 넷플릭스 콘텐츠를 이용할 수 있다. 특히, 아이패드, 아이폰, 4세대 아이팟 터치와 같은 이동형 단말기는 비디오 아웃(video out) 기능을 지원한다. 비디오 아웃은 TV를 연결하는 케이블만 있으면 이들 기기를 통해 넷플릭스 콘텐츠를 TV로 시청할 수 있도록 하는 기능이다. 소비자 입장에서는 매우 편리한 기능이 아닐 수 없다. 최근에는 애플TV와 구글TV에도 넷플릭스 애플리케이션이 주요 애플리케이션으로 탑재되었다. 이처럼 다양한 하드웨어 사업자와의 협력을 통해 넷플릭스는 미디어 콘텐츠 제공 사업자로서의 경쟁력을 강화해 왔으며, 현재로서는 N-Screen 전략을 가장 활발히, 가장 성공적으로 추진하고 있는 기업으로 평가된다. 또한 자신의 API(Application Programming Interface) 공개를 통해 소프트웨어 개발자와의 협력을 이끌어 낸 것도 주목할 만하다. 넷플릭스는 2008년 10월, API를 공개함으로써 소프트웨어 개발자와 함께 자신의 생태계를 구축해 오고 있다. 넷플릭스는 개발자들에게 자신이 가지고 있는 영화, TV프로그램에 대한 정보와 사용자의 대여 정보에 접근할 수 있도록 함으로써 이를 활용한 다양한 애플리케이션을 개발하여 판매할 수 있도록 하였다. 자신의 정보자원을 제3 개발자에게 개방함으로써 이용자에게 보다 다양한 양질의 서비스를 제공하고 있는 것이다.[1]

  넷플릭스는 2016년 1월에 한국에서 이미 사업을 시작했는데, 중국 온라인 플랫폼 기업들과 마찬가지로 주된 영역은 OTT 플랫폼 사업이지만, 유통에만 국한된 기업이 아니다. 넷플릭스는 이미 수년간 자체 제작한 드라마로 에미상을 수상하는 저력을 보이고 있다. 아마존도 이에 합류하여 드라마 제작을 통해 콘텐츠 제작과 유통기업으로서의 위상을 잡아가고 있다. 콘텐츠 유통 플랫폼이 제작에 진출하는 한편, 글로벌화해가는 중에 이들의 행보에 국내 미디어 기업들은 주목하지 않을 수 없다. 한편 2017년 봉준호 감독은 제70회 칸 국제영화제 경쟁부문에 초청받은 신작 '옥자'를 6월 29일(이하 한국시간) 선보이기에 앞서 영국과 미국 등 주요 국가를 돌며 프로모션을 펼쳤다. 봉준호 감독은 런던에서 시사회 및 언론 인터뷰 등을 갖고 자신의 작품을 적극적으로 알린다. 또 이후 미국 LA를 찾아 역시 홍보활동에 나설 예정이다. 이 같은 행보는 '옥자'가 미국 동영상 스트리밍 서비스인 넷플릭스의 플랫폼을 통해 전 세계에서 동시에 선보이는 데 따른 선택으로 보인다. '옥자'는 2017년 6월 29일 190개국에서 동시 공개된다. 특히 극장 개봉 및 상영이라는 일반적인 영화 유통이 아니라 넷플릭스의 플랫폼을 통한 공개라는 방식으로 숱한 논란과 화제를 불러 모으고 있는 시점이라는 점에서도 봉준호 감독의 이번 프로모션 행보에 관심이 쏠릴 수밖에 없다. 이는 향후 영화 유통방식에도 커

---

1 공영일. "넷플릭스(Netflix)의 부상(浮上)과 향후 전망, 정보통신정책연구원". 22(19), 통권 495호.

다란 변화를 몰고 올 것으로 전망되고 있어 '옥자' 프로모션에 대한 현지 반응 역시 궁금증을 불러일으키고 있다.[2]

---

2 윤여수, "'옥자' 봉준호 감독, 영국·미국 등 해외시장 본격 공략", 스포츠동아, 2017.05.24.

CHAPTER 03
서비스 품질관리와 평가

1. 서비스 품질관리의 특징

　서비스 품질에 관한 총체적 정의를 내리기 어렵기 때문에 각각 상황에 적합한 정의를 내리는 것이 적절하다. 또한 서비스 품질이란 개념이 존재하는 공간이 너무 넓고 너무 많은 구성요소를 포함하고 있기 때문에, 이것들을 모두 포함하는 모형을 설계하는 것은 매우 어려울 뿐만 아니라, 그 모형의 적용에 따른 효용성에도 의문이 있다.

　이는 서비스 품질측정, 일반화 가능성, 관리의 유용성, 고객 관련성, 개선 방안 제시 여부 등과 같은 의사결정기준의 관점에서 보면, 서비스 품질에 대한 정의와 차원 규명은 각각 장단점을 내포할 수 있기 때문이다.

　서비스 품질은 서비스 사용자가 서비스에 대해 느끼는 만족의 정도이다. 따라서 서비스 품질이 훌륭하다는 것은 고객이 기대하는 바를 충족시켜 주거나 기대 이상의 서비스를 제공하는 것으로써 고객이 지각하는 서비스 품질이란 고객의 기대나 욕구수준과 고객들이 지각한 것 사이에 존재하는 차이의 정도로 정의할 수 있다.

그림 3-1   품질과 고객만족, 고객충성도 간의 관계

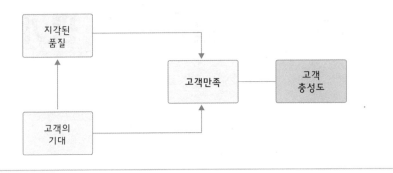

(1) 서비스 프로세스의 분석

일반적으로 경영컨설팅 회사에 근무하면서, 가장 많이 다루었던 용어가 프로세스이다. 프로세스는 어떤 가치 있는 산출물을 도출해 내기 위해서 처음과 끝이 존재하고 그 일에 포함되는 사람들의 활동(activity)을 정의하는 일련의 일에 대한 주요 단위라고 할 수 있다.

프로세스라고 하면 제일 먼저 떠오르는 사람이 누구인가? 아마도 조금이나마 회사 또는 자신의 업무 프로세스를 혁신시키기 위해서 고민했던 사람이라면 20년 전에 처음으로 프로세스 혁신이라는 주제를 가지고 우리나라 기업들의 혁신을 주도 했던 미국의 경영학자 마이클 헤머란 이름을 떠오를 것이다.

마이클 헤머는 왜 그토록 기업의 혁신과 변화를 위해서 무수히 많은 혁신의 도구 중에서 프로세스를 가지고 변화의 도구로서 활용해야겠다는 생각을 했을까? 20년이 지난 지금도 아무리 보아도 신기하고 감탄할 수밖에 없다. 그는 진정한 천재요, 진정한 경영학자이다. 왜냐하면 20년이 지난 지금이나 예전이나 가장 먼저 그 기업의 핵심 문제를 진단하고 접근하는 데에는 그 조직 또는 기업이 일하는 방식과 효율성을 측정하는 프로세스만큼 정확한 측정도구가 없다는 것을 깨닫게 되었다.

큰 불만은 몇 십 년이 지난 현재에도 이 프로세스란 도구를 모든 경영 컨설팅 부문과 정보시스템 구축 활동에서도 가장 기본적인 분석도구로서 활용되고 있다는 것이다. 현재도 일하는 방식을 분석하고 개선점을 도출하는 데에 프로세스를 분석하는 방법 이외의 더 우수한 방법을 찾을 수 없다는 것이 나의 결론이다.

그렇다면, 대형 가격파괴 점포와 백화점들의 상권 쟁탈전이 치열해지면서, 고객만족 작전도 그 범위와 차원을 달리해 가고 있다. 단순히 상품의 품질, 점포의 분위기, 판매원의 친절만을 강조하던 "내점만족" 차원에서 점포에 진입하고 귀가할 때까지의 "과정(process)만족"에 초점을 맞추어야 한다.

모든 유통점의 계절 세일이 한창일 때는 손님의 입장 및 퇴장의 속도와 입퇴장 시의 고객만족도에 따라 매출 실적이 들쭉날쭉 한다는 것을 눈치 챘기 때문이다. 더 많은 고객을 끌어들이기 위해 들어오는 손님을 빨리 입장시키고 나가는 손님을 빨리 퇴장시키는 "주차 및 배차시스템" 전쟁이 그 하나의 예인 것이다.

극단적인 예이긴 하지만 업체 관계자들은 "대목장사에서 가장 중요한 것은 주차담당 직원들과 셔틀버스 운전자들의 손발과 자세이며, 이에 따라 세일 매출액이 오르락내리락 하는 경우가 많다"고 설명한다. 주차장 관리가 서투르면 길게 늘어선 대기라인을 기다리지 못해 다른 곳으로 발길을 돌리는 손님이 많고, 셔틀버스가 불친절하거나 시간을 지키지 않으면 경쟁업체 버스에 손님을 빼앗기는 경우가 비일비재하다는 것이다. 그렇기 때문에 명품만 취급하는 주요 백화점에서는 주차요원에 대한 특별교육을 통해 몸짓 부드럽게 하기, 우렁차고 상쾌한 목소리 내기, 호각사용 줄이기 등의 서비스를 가르치고 있으며, 셔틀버스에는 친절응대운동, 시간지키기, 운전자실명제 등 쇼핑 프로세스의 첫 관문(portal)인 주차관리에 힘을 쏟고 있다. 또한 요즘에는 떡볶이 집에서도 주차를 대행해주는 발렛파킹 도우미가 있어야만 손님이 그 가게를 찾는다는 가게주인들의 푸념이 현실인 것이다.

(2) 서비스 전략의 혁신

서비스 업체의 경우에는 무형의 서비스 자체가 상품이므로 제조업체의 부가서비스와는 그 속성이 매우 다르다. 즉 서비스 혁신의 대상은 서비스를 제공하는 새로운 프로세스를 설계하는 경우와 기존 프로세스를 개선하는 경우로 크게 구분된다. 전자는 새로운 시장에서 고객의 니즈를 파악하여 새롭게 서비스 전달경로를 설계하는 것이 중요하다. 또한 소비자가 배송업체를 이용함에 있어서 불편함을 느꼈던 프로세스가 바로 배송현황을 확인하는 것이었는데, 이러한 기존의 프로세스를 개선하기 위해서 인터넷이나 휴대폰 문자 메시지로 배송현황을 알려주는 서비스는 후자에 속한다.

한편, 서비스 혁신의 유형별 전략은 1장에서 다루었지만, 조금 더 자세하게 설명하면 다음과 같다.

- 타입 1 : 서비스도 사업화 할 수 있다는 관점 전환, 즉 제품과 관련된 부가서비스 사업화, 기존 제품보다 서비스에서 주수익 발생(정수기임대 등), 아예 사업영역을 서비스업으로 전환하는 경우와 같이 그동안 전통적으로 메인 프레임 컴퓨터와 서버를 제작 판매하였던 IBM사는 프라이스워터하우스쿠퍼스(PRICEWATER HOUSE&COOPERS)란 세계적인 경영컨설팅사를 인수하여 제품 관련 새로운 사업에 뛰어들어서 현재는 컨설팅 비즈니스가 IBM의 주요 비즈니스로 자리 매김 되고 있다.

- 타입 2 : 제조업체가 제품과 관련된 서비스 프로젝트를 고객 관점에서 혁신하는 것으로 애프터서비스를 혁신하거나 제품 인도시간을 단축하는 것 등이다. 전형적인 업무 프로세스 개선이다. 자동차 구입 시에 대출을 도와주는 서비스라든가 신차 구입 시 사용하던 차를 처분하여 주는 중고차 매입 서비스가 대표적이다

- 타입 3 : 서비스 업체 & 신프로세스 설계로서 신사업기회를 창출하는 형태이다. 예를 들면 구글은 구글어스, 구글 맵 등 완전히 새로운 서비스 상품을 개발하고 있다. 국내에서는 이마트가 온라인 할인점을 개설했다. 하지만 이런 류의 신사업은 모방이 용이하다.

- 타입 4 : 서비스 상품 경쟁력 강화로서 서비스 상품 자체의 프로세스 혁신으로 서비스 품질에 대한 경쟁력을 높이는 방법이다. 기존의 서비스 수준에 대한 고객의 기대는 계속 높아지고 있으므로 지속적인 프로세스 혁신이 필

요하다. 예를 들어 프로세스를 고객중심으로 변화시키는 방법으로서 병무청의 징병검사 프로세스 단축이나 인터넷으로 병원예약을 하는 것 등이 여기에 속하는 혁신전략이라고 할 수 있다.

2. 서비스 품질에 대한 이해

(1) 서비스 품질의 이해

서비스의 품질은 사용자의 인식에 의해 결정된다. 서비스 속성의 집합이 사용자를 만족시키는 정도가 서비스의 품질이라고 말할 수 있다. 이것을 흔히 기대에 대한 인식의 일치라고 한다. 따라서 품질은 다음과 같은 두 가지로 구성된다.

① 사용자가 요구하는 서비스의 속성이 특정 서비스에 정의되어 있고 또 그것에 부합되는 정도
② 이러한 속성에 대한 요구수준이 성취되어 사용자에게 인식되어지는 정도

제조업에서 제품의 품질을 보통 ① 등급(grade), ② 사용적합성(fitness for use), ③ 일관성(consistency) 등으로 정의한다. 각각의 내용에 비추어 서비스 품질의 정의를 내려 보자.

첫째, 등급이란 제품을 상, 중, 하 또는 1, 2, 3, 4와 같은 집단으로 구분하는 중요한 특성에 따라 결정된다. 호텔의 예를 들어보자. 호텔객실의 등급을 나눌 때에는 방의 크기, 설치된 가구의 종류와 질, 카페트의 청결도 등을 기준으로 한다. 또한 은행의 경우에는 서비스의 다양성, 자산의 건전성, 서비스의 신속성 등으로 등급을 나눌 수 있다.

보다 구체적으로 은행, 백화점, 레스토랑 등 주요한 서비스 기업의 등급 산정 내지 검사에서 고려하는 몇 가지 요인을 정리하여 보면 〈표 3-1〉과 같다.

표 3-1 주요 서비스 기업의 서비스 등급 결정 요인의 예

서비스 기업	등급 결정 요인	주요 내용
은행	창구 직원	친절성, 신속성, 정확성, 접근성
	대출구좌	대화가능성, 적절한 신용조사, 이자율, 대출기간, 부실대출 비율, 예대율(예금 대비 대출 비율)
	예금구좌	정확성, 입출금의 속도, 무담보대출(마이너스 통장) 금액
백화점	제품 창고	청결, 조직적 관리, 충분한 상품 공급, 상품의 회전율
	진열 지역	매력성, 잘 정리된 진열, 고객의 의견 청취
	계산대	깔끔함, 친절, 지식 있는 판매원, 대기시간, 신용카드 신용조회 및 판매처리의 정확성
레스토랑	주방	청결, 적절한 재고, 위생적인 음식, 보건 규칙 이행
	계산대	신속성, 정확성, 외관성
	식사장소	청결, 편안함, 정기적인 조사

자료: Murdick, R. G., B. Render, R. S. Russell, Service Operations Management, Allyn and Bacon, 1994.

둘째, 사용적합성은 서비스가 사용자 또는 고객을 만족시켜주는 정도이다. 사용자의 만족도는 서비스 기대에 대한 상대적인 인식과 서비스 자체의 속성이나 특성에 의해 결정된다. 사용적합성을 측정하기 위해서는 고객에게 중요한 서비스의 속성과 특성에 대한 명확한 아이디어를 가지고 있어야 한다. 그 구체적인 내용은 서비스 품질의 차원에서 살펴본다.

셋째, 일관성은 제공되는 서비스에 변화가능성이 없는 것을 의미한다. 예를 들면 맥도날드의 경우에 서울에서 먹는 햄버거, 프렌치프라이, 그리고 콜라의 맛이 로스엔젤레스나 동경에서 먹었던 것과 같은 것이어야 한다. 이와 마찬가지로 홀리데이 인(Holiday Inn)의 객실은 전 세계 어느 곳의 체인점이나 동일하다. 고객들은 최상에서 최하까지 극과 극을 달리는 다른 호텔 체인의 서비스 품질보다 홀리데이 인의 예측 가능한 품질을 선호한다.

여기서는 서비스 품질의 정의를 제품의 품질을 정의하는 방식을 빌어 살펴보았다. 기본적으로 큰 차이는 없겠지만, 서비스의 속성과 특징에 비추어 보아 대개는 사용적합성을 확대한 모형을 기초로 해서 서비스 품질을 정의하고 측정한다. 즉 사용자의 만족도를 서비스 품질로 정의하고 있다.

(2) 서비스 품질의 접근방법

제품과 서비스를 소비자가 원하는 시기에 원하는 품질로 적량 공급할 수 있도록 조직을 관리하는 것이 생산조직의 목적이고 목표이다. 이 목적을 달성하기 위하여 연구되고 있는 제품과 서비스의 품질은 기업과 소비자 모두에게 중요한 관건이 되고 있다.

본래 품질이란 물품의 사용 목적을 달성하기 위해서 갖추어야 할 여러 가지 성질, 형상, 상태 및 조건, 즉 물품의 유용성을 결정하는 제반 물품의 구성요소를 말한다.

제품에 대한 품질을 정의함에 있어, 학자나 실무자들 사이에 다양한 의미로 사용되고 있으며, 각 학문의 영역에 따라 품질에 대한 관점이 다르다.

Gavin은 다양한 관점에서의 품질정의에 대한 접근방법을 ① 철학의 선험적 접근방법 ② 경제학의 제품 중심적 접근방법 ③ 생산관리의 제조중심적 접근방법 ④ 경제학, 마케팅, 생산관리의 사용자 중심적 접근방법 ⑤ 생산관리의 가치 중심적 접근방법 등 5가지로 구분하여 설명하고 있다.

3. 서비스 품질의 측정

(1) 서비스 품질의 측정이유

상품 판매 및 서비스 제공 등을 수행하는 기업 및 조직은 제공하는 서비스에 대해 이용자들이 그 상품 및 서비스 품질의 정도를 평가하고 이를 기초로 만족 및 이용·구매 의도를 형성하게 된다. 특히 전자정부의 경우 민원을 중심으로 한 대국민 서비스를 제공하는 것을 목적으로 한다.

따라서 어떤 상품을 제공할 것인가, 얼마나 좋은 상품을 준비할 것인가 등과 같은 상품 자체의 품질 우수성보다는 상품 혹은 서비스가 전달되는 과정과 관련된 서비스 품질의 문제가 매우 핵심적인 사항이기 때문에 서비스 품질에 대한 보다

체계적인 이해를 필요로 한다.

제공하는 제반 서비스에 대해 이용자들은 그 품질의 양호 정도를 평가하고, 이 결과를 바탕으로 서비스에 대한 만족 및 재이용 의도를 형성하게 된다. 서비스는 그 고유한 특성으로 말미암아 객관적으로 품질을 측정하기가 어렵다. 따라서 일반적으로 서비스 품질은 소비자에 의해 주관적으로 인지된다. 이때 주어진 서비스의 지각된 품질은 소비자가 제공받을 서비스에 대한 기대와 소비자가 제공받아 지각한 서비스, 즉 기대된 서비스와 지각된 서비스의 두 가지 변수에 달려 있으며(Gronroos, 1990), 고객과 접객요원 간의 접촉, 즉 서비스 전달과정에서 발생(Zeithaml, Berry & Parasuraman, 1988)하는 것으로 알려져 있다. 결국 서비스를 제공받는 입장인 이용자들이 전자정부가 제공하는 서비스에 대해 어떻게 지각하는가의 여부가 서비스 품질이라 볼 수 있다.

Lewis & Booms(1983)는 서비스 품질을 "인도된 서비스가 고객의 기대와 얼마나 일치하는가의 척도"라고 정의하고, 서비스 품질은 고객의 기대에 일치되도록 일관성 있게 서비스를 제공해야 한다고 주장하였다. Gronroos(1978, 1982, 1984)는 서비스 품질을 "고객의 지각된 서비스와 기대한 서비스의 비교 평가 결과"라고 정의하고, 서비스 품질은 고객의 기대, 기술적·기능적 특성, 이미지와 같은 제 변수와 함수관계에 있다고 하였다.

위와 같이 서비스 품질은 주로 고객의 서비스에 대한 지각(perception)과 서비스에 대한 기대(expectation)로서 결정되는 고객의 지각된 서비스 품질로 정의된다. 이러한 '기대 불일치 패러다임'에 토대를 두고 있는 서비스 품질에 대한 견해는 Cronin& Taylor(1992)에 의해 다시 반박 및 수정되어 오고 있다.

(2) 서비스 품질의 측정방법

서비스 품질의 정의에 있어 다양한 의견이 존재하는 것과 마찬가지로 서비스 품질의 분류에 대해서도 다양한 의견이 존재하는데, 이를 종합적으로 분석하여 보면 기술적 품질(technical quality), 기능적 품질(functional quality), 그리고 기타 요소로 구분할 수 있다. 기술적 품질은 서비스 수행의 결과물을 의미하며, 기능적 품질은 서비스 전달과정의 수준으로 대변된다. 그리고 기타 요소는 고객의 마음속에 자리 잡고 있는 전체적인 인상으로(Dowling, 1993), 기업 이미지, 제품 이미지, 브랜드 이미지로 구성된다(Barich & Kotler, 1991).

Parasuraman 등(1988)은 선행연구를 정리하여 서비스 품질 평가를 위한 SERVQUAL을 개발했다. 이는 소비자들의 서비스에 대한 기대와 성과에 대한 지각을 함께 측정하는 것으로, 고객만족 연구에서 주로 다루어지는 '기대불일치 패러다임'에 토대를 두고 있다고 할 수 있다. 이 방법은 최초로 개발된 서비스 품질 측정방법이며, 서비스 산업에 폭넓게 적용될 수 있는 일반적인 방법으로 서비스 마케팅 영역에서 매우 광범위하게 응용되고 있다. 특히 SERVQUAL은 신규 서비스의 도입과 퇴출이 잦은 서비스 업종의 특성을 반영할 수 있도록 서비스 분야나 특성에 따라 평가 항목을 새롭게 추가하거나 삭제, 수정을 할 수 있도록 해줌으로써 적용 범위를 넓힐 수 있는 가능성을 가지고 있다.

경영과학 및 정보시스템 분야에서 Pitt 등(1995)은 정보시스템에 있어서 서비스의 역할이 중요함을 주장하면서 정보시스템의 효율성 평가를 위해 SERVQUAL 측정도구를 이용하는 것이 타당한지에 대한 실증적 연구를 실시하였다. Dyke 등(1997)과 Kettinger 등(1997)은 서비스 관련 문헌에서 SERVQUAL의 타당성에 대해 문제제기가 있었음을 지적하면서 정보시스템 분야에서 보다 적합한 서비스 품질측정방법에 대한 대안을 제시하였다. Watson 등(1998)은 경영자문회사와 정보서비스 회사를 대상으로 SERVQUAL을 이용하여 정보시스템에서 제공하는 서비스 품질의 추적조사(Longitudinal Analysis)를 실시하였다.

PZB의 탐색적 고객연구 결과를 도식으로 요약하면 〈그림 3-2〉와 같다.

<u>그림 3-2 서비스 품질에 대한 고객의 평가</u>

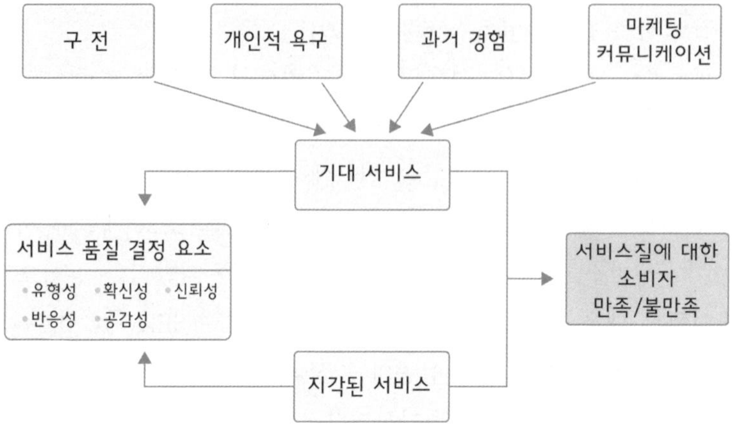

자료: 전인숙, 배일현, 「서비스 마케팅」, 맥그로우힐, 2006.

4. 서비스 품질의 평가

(1) 서비스 품질의 평가차원

탐색적 연구를 통해 서비스 품질의 개념적 정의를 내리고 10개의 평가차원을 확인한 후 서비스 품질에 대한 고객의 지각을 측정할 수 있는 도구 개발을 위해 정량적인 연구단계를 시작하였다. PZB는 서비스 품질을 주제로 하는 탐색적 연구와 일련의 반복적인 자료수집과 자료분석 단계를 통해 97개 문항으로 구성된 측정도구 시안을 점차 개선시키고 축약하여 신뢰성(reliability: R), 확신성(assurance: A), 유형성(tangibles: T), 공감성(empathy: E), 대응성(responsiveness: R) 등 5개 차원을 대표하는 22개 문항을 확정하였다.

5개 품질차원은 각 차원의 영문 첫 자를 모아 RATER라고 부르기도 한다. 이러한 서비스 품질의 차원은 PZB가 가전제품수리업, 은행, 장거리전화서비스, 증권중개업, 신용카드회사와 같은 몇 가지 다른 서비스 유형에 대하여 연구한 결과,

고객이 서비스 품질을 판단하는 데 활용하는 것을 찾아낸 것이며, 고객이 느끼는 상대적 중요도 순서대로 나열하면 신뢰성, 대응성, 확신성, 공감성, 유형성을 들 수 있다. 그 각각은 다음과 같다.

가. 신뢰성

약속한 서비스를 믿음직스럽고, 정확하게 수행할 수 있는 능력으로 신뢰할만한 서비스의 수행은 고객의 기대에 대하여 적시에 동일 방법으로 매번 실수 없이 성취할 수 있는 수단을 말한다. 예를 들어 우편물은 대부분의 사람들이 매일 같은 시간대에 받는 것을 중요하다고 생각한다. 또한 신뢰성은 청구서 작성과 기록 유지의 정확성을 기대하는 사무실 안쪽(back office)으로 연장된다.

나. 대응성

고객을 돕고 신속한 서비스를 제공하겠다는 의지로 뚜렷한 이유도 없이 고객을 기다리게 하는 것은 품질에 대한 불필요한 부정적 인식을 자아내게 한다. 만일 서비스 실패가 발생하게 되면 전문가적인 입장에서 신속하게 복구할 수 있는 능력이 품질에 대한 매우 긍정적 인식을 심어준다. 예컨대, 비행 지연에 대한 보상적 성격으로 음료수를 제공하는 것은 고객의 불편한 잠재적 기업을 호의적으로 바꿀 수 있다.

다. 확신성

믿음과 확신을 동반한 직원의 능력뿐만 아니라 그들의 지식과 호의, 확신성 차원에서 주요 특징은 서비스 수행능력, 고객에 대한 정중함과 존경, 고객과의 효과적 의사소통, 서비스 제공자가 진심으로 고객에게 최선의 관심을 쏟는 것을 포함하다.

라. 공감성

고객에 대한 배려와 개별적인 관심을 보일 준비로 공감성은 고객의 요구를 이해하기 위하여 접근 가능성, 민감성, 노력을 주요 특징으로 포함한다. 항공사 탑승구의 직원을 대상으로 공감성의 예를 들자면, 고객의 잘못으로 비행기 환승을 못했을 때 이를 해결해 줄 수 있는 능력이다.

마. 유형성

물적 시설, 장비, 인력, 통신사의 확보, 물적 환경(예: 청결도)의 상태는 서비스 제공자가 보여준 세심한 관심과 배려의 유형적 증거이다. 이것을 서비스 제공 시 다른 고객의 행동(예: 호텔에서 옆방의 소란한 투숙객)으로까지 확장될 수 있다.

표 3-2 SERVQUAL 5개 차원

서비스 품질 평가 10 차원	SERVQUAL 차원	SERVQUAL 차원 정의
유형성	유형성	물리적 시설, 장비, 직원, 커뮤니케이션 자료의 외양
신뢰성	신뢰성	약속한 서비스를 믿을 수 있고 정확하게 수행할 수 있는 능력
대응성	대응성	고객을 돕고 신속한 서비스를 제공하려는 자세
능 력	확신성	직원의 지식과 예절, 신뢰와 자신감을 전달하는 능력
예 절		
신빙성		
안전성		
가용성	공감성	회사가 고객에게 제공하는 개별적 배려와 관심
커뮤니케이션		
고객 이해		

자료: 전인숙, 배일현, 「서비스 마케팅」, 2006.

(2) 서비스 품질의 격차

PZB는 표적집단면접에 의한 탐색적 고객연구와 이에 대한 실증적·정량적 연구를 통해 고객의 서비스 품질 지각을 측정할 수 있는 도구인 SERVQUAL을 개발하였다. 이는 서비스 품질의 격차(gap)모형으로 〈그림 3-3〉과 같다.

그림 3-3 서비스 품질 격차모형

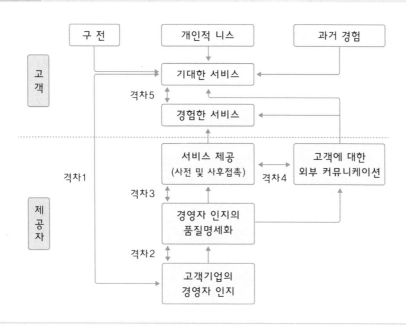

자료: 김연성 외 5인, 「서비스 경영」, 법문사 , 2009.

가. 격차 1 : 고객의 기대와 경영자 인지와의 차이

- 고객과의 커뮤니케이션이 없는 경우, 고객기대를 알아보고자 하는 의지가 없는 경우, 고객기대에 응할 준비가 되어 있지 못한 경우로 우선순위 부여에 대한 권한과 책임을 갖고 있는 경영자가 고객의 기대를 이해하지 못한다면 최적의 자원배분에 실패하여 저급한 서비스 품질을 낳게 하는 악순환이 우려된다.
- 신규고객을 유인하는데 치중하면 기존고객의 변화하는 욕구와 기대를 이해할 수 없다.
- 고객기대를 이해하는 기업도 고객과의 서비스 회복에 실패하는 경우가 있다. 이를 막기 위해서는 서비스 실패를 위한 서비스 회복전략을 어떻게 개발할 것이며, 어떤 점이 불만이고, 불만요인은 무엇인지 등에 대해 명확한 파악이 필요하다.

나. 격차 2 : 경영자 인지의 품질명세서와 경영자 인지의 차이

- 경영자 인지에 대한 이해를 서비스 "품질명세"로 전환시키는 것은 어려우며, 격차 2는 고객기대에 대한 기업 경영자의 이해와 경영자가 알고 있는 품질명세서와의 차이 때문에 생긴다.
- 서비스의 무형성 때문에 서비스를 서술하고 의사소통하기 어려워 적절한 서비스 품질명세서를 마련하지 못할 수도 있다. 하지만 직원 모두가 동일한 개념을 가지고 일한다면 표준마련은 어렵다고만 볼 수 없다.

다. 격차 3 : 서비스 표준을 제대로 제공하지 못함

- 실제로 제공되는 서비스가 품질명세서와 일치하지 않는 경우이다.
- 격차 3은 고객중심의 서비스 설계 및 표준과 접점직원이 실제로 제공한 서비스 성과 간의 차이를 말한다.
- 격차 3을 메우는 것은 바로 고객 갭을 메우는 것으로 이를 위해서 서비스 표준과 서비스 제공내용이 일치할 수 있도록 필요한 모든 자원을 적절히 지원해야 한다.

라. 격차 4 : 고객 커뮤니케이션과 제공 서비스의 차이

- 서비스 제공과 서비스 제공자의 외부 커뮤니케이션 간의 차이를 나타낸다. 매체광고, 판매원, 기타 커뮤니케이션을 통해 서비스 기업이 약속한 서비스 수준이 고객이 서비스 품질을 평가할 때 기준으로 사용하는 고객의 기대를 높일 수 있다. 이때 발생하는 서비스 간의 차이는 고객 갭에 악영향을 줄 수 있는 것이다.
- 사람의 역량이 절대적인 서비스는 일반재화를 생산하듯 통제할 수 없기 때문에 서비스 커뮤니케이션은 마케팅 부서 외에 기타 부서들과 밀접한 관련을 맺게 된다. 이를 상호작용 마케팅(interactive marketing)이라 부른다. 상호작용 마케팅은 직원과 고객 간의 접촉으로 이루어지는 것으로서, 전통적인 외부마케팅(external marketing)과 조화를 이루어야 한다.

- 또한 서비스의 가격은 일반 소비재와 달리 가격에 대한 내부준거가격을 고객들이 잘 알지 못한다. 최저가와 같은 할인정책과 쿠폰발행 같은 가격 전략은 가격에 대한 준거가격이 없는 서비스의 경우 명백히 달라질 필요가 있다. 즉 서비스에 대한 가격책정은 재화의 가격책정보다 복잡하다.

(3) 서비스 품질의 평가활용

SERVQUAL은 다양하게 응용될 수 있는데, 가장 중요한 기능은 정기적으로 고객조사를 통하여 서비스 품질의 추이를 추적하는 것이다. 다점포 서비스 업체에서는 SERVQUAL을 비교하여 고객 불만의 원천을 발견하는데 사용한다. 한편 마케팅 연구에서는 SERVQUAL을 이용하여 경쟁업체와의 서비스를 비교할 수 있으며, 서비스 품질의 우위와 부적절성의 차원을 확인할 수 있다.

SERVQUAL은 고객의 서비스 품질에 대한 기대와 지각 간의 격차를 항목과 서비스 차원별로 분석할 수 있게 함으로써 기업이 서비스 품질 개선을 이해하고 노력해야 할 핵심 차원이나 차원 내의 구체적인 항목을 명확히 하는 데 일차적으로 활용할 수 있으며, 그 밖에도 다음과 같이 여러 방면으로의 활용이 가능하다.

첫째, SERVQUAL 측정을 반복 시행함으로써 고객의 기대와 지각을 시계열적으로 비교해 볼 수 있다. 이를 통해 일정기간 동안 고객의 기대수준이나 기업의 서비스 수행에 대한 평가의 추이를 살필 수 있으며, 고객들의 만족도 변화에 미치는 기대와 평가의 영향이 어느 정도였는지를 확인할 수 있다.

둘째, SERVQUAL 조사를 경쟁기업에 대해서도 실시함으로써 자사와 경쟁사 간의 서비스 품질을 비교해 볼 수 있다.

셋째, 개인의 SERVQUAL 점수를 토대로 고객들의 서비스 품질 지각수준에 따라 고객세분화를 위한 자료로 활용할 수 있다.

넷째, SERVQUAL 설문의 내용을 수정하면 기업 내부의 부서 간 업무 협조도와 같은 내부 서비스 품질을 측정하는 데 활용할 수도 있다.

- 공영일, "넷플릭스(Netflix)의 부상(浮上)과 향후 전망", 정보통신정책연구원, 22(19), 통권 495호, 2010.
- 권혁인, 「서비스모델」, 한경사, 2010.
- 김승욱, 강기두, 「고객관계관리(CRM)」, 무역경영사, 2016.
- 김연성 외 5인, 「서비스 경영」, 법문사, 2009.
- 박오성, 「고객만족을 위한 서비스 경영론」, 한국학술정보, 2008.
- 산업자원부, 「2010년 산업발전 전망과 비전」, 2001.
- 서비스 경영연구회 편역, 「서비스 경영」, 한경사, 2002.
- 서비스 연구회, 「서비스 사이언스」, 매경출판, 2006.
- 유연성, 임호순, 김연성, "자동차 애프터서비스 업계의 서비스 품질 측정에 관한 연구", 한국품질경영학회지, 29(1), pp.173-183, 2000.
- 윤여수, "'옥자' 봉준호 감독, 영국·미국 등 해외시장 본격 공략", 스포츠동아, 2017. 05.24.
- 이순철, 「서비스 기업의 경영전략」, 삼성경제연구소, 2000.
- 전인숙, 배일현, 「서비스 마케팅」, 2006.
- 컨 셸턴 저, 정성묵 역, 「최고의 고객만들기」, 시아출판사, 2001.
- Berry, L. L. and A. Pararsuraman, "Listening to the Customer-The Concept of a Service-Quality Information System", Sloan Management Review, 39(3), 1997.
- Berry, L. L., On Great Service: A Framework for Action, Free Press, 1995.
- Bureau of the Census, Statistical Abstract of the U.S. Dept, 1997.
- Cronin, J. J. and T. S. Tatlor, "Measuring Service Quality: A Re-examination and

Ectension", Journal of Marketing, 56(3), 1992.

- Fitzsimmons, J. A. and M. J. Fitzsimmons, Service Management Operations, Strategy and Information Technology, 3rd., McGraw—Hill, 2001.

- Haksever, C., B. Render, R. S. Russell and R. G. Murdick, Service Management and Operations, 2nd ed., Prentice Hall, 2000.

- Lovelock, C. H. and L. Wright, Principles of Service Marketing and Management, 2nd ed., Prentice Hall, 2002.

- Murdick, R. G., B. Render, R. S. Russell, Service Operations Management, Allyn and Bacon, 1994.

- Robledo, M. A, "Measuring and Managing Service Quality: Integrating Customer Expectations", Managing Service Quality, 11(1), 2001.

- Schneider, B. and D. E. Bowen, Winning the Service Game, Harvard Business School Press, 1995.

- Stafford, M. R., "How Customers Perceive Service Quality", Journal of Retail Banking, 17(2), 1994.

- Tang, V. and R. Bauer, Competitive Dominance, Van Nostrand Reinhold, Chqp. 8, 1995.

PART 1

DESIGN THINKING & SERVICE MANAGEMENT

PART 2
서비스 디자인

DESIGN THINKING &
SERVICE MANAGEMENT

서울시, 서비스 디자인사업 추진

서울디자인재단과 서울시설공단은 도심공공시설을 이용하는 시민의 안전을 강화하고자 두 기관이 협력해 서비스 디자인사업을 추진한다고 8일 전했다.

서비스 디자인이란 정책을 필요로 하는 사람들이 문제를 겪으며 느낀 경험과 감성 등을 정밀하게 분석해서 그들이 실제 필요로 하는 맞춤형 서비스와 디자인 등을 개발하는 디자인 방법론이다. 즉 디자인으로 다양한 사회문제를 해결하는 것이다.

2015년 그 첫 번째 사업으로 서비스 디자인을 통해 서울시 자동차 전용도로 위해요소 및 진입출로 불편요소를 발굴하고 개선안을 10월 시범설치 운영할 계획이다.

올해는 기존의 안전장치 설치 외 위해요소를 잘 인지할 수 있도록 디자인을 적용하는 등 안전안심 서비스 디자인을 추진, 50개소를 발굴·개선하는 것을 목표로 하고 있다.

서울시설공단은 올림픽대로, 강변북로 등 12개 자동차전용도로를 관리하고 있다. 이번 사업을 통해 충돌, 시인성 불량, 낙하, 미끄럼, 침수구간 등 자동차 전용도로상 숨어있는 위해요소와 진출입로 불편요소를 사용자 중심의 서비스 디자인 방법론을 통해 개선하고자 한다.

특히 이번 사업에서 이용자 중심의 개선방안 도출을 위해 문제요소 발굴부터 아이디어, 검증 및 평가에 이르기까지 SNS, 워크숍 등을 통해 다양한 분야의 전문가 참여 뿐 아니라 시민들의 의견을 수렴·진행할 계획이다.

참여는 페이스북을 통해 누구나 할 수 있으며, 자동차 전용도로상 숨어있는 위해요소와 혼란이 예상되는 진입출로 등을 제보하고 아이디어를 제안하면 된다.

페이스북 팔로워 중 소수 인원을 선발해 시민참여 워크숍(co-creation work-shop)을 진행할 예정이고, 시민들이 제공한 아이디어를 선정 후 소정의 상품도 제공할 계획이다.

페이스북을 통한 시민참여는 8일부터 다음 링크를 통해 참여가능하다(www.facebook.com/SeoulMotorwayServiceDesign). 서울디자인재단과 서울시설공단은 "이번 서비스 디자인사업 추진을 시작으로 도심공공시설 이용시민의 안전을 강화할 뿐 사업을 지속적으로 추진해 나갈 것"이며 "문제해결방안 프로세스와 가이드라인을 공유해 확산, 적용할 수 있도록 보급할 예정"이라고 말했다.

자료: 최비라 기자, ANT 뉴스 통신, 2015. 4.

CHAPTER 04
서비스 경험관리

1. 서비스 접점과 진실의 순간

'서비스 접점'이란 용어는 지난 몇 년 동안 서비스 및 마케팅 연구에서 폭넓게 사용되어져 왔다.

Surprenant와 Solomon(1987)은 서비스 접점을 "고객과 서비스 제공자 사이의 이원일위적(dyadic) 상호작용"으로 정의를 내렸다. 이 정의는 "서비스 접점은 역할 실행"이며 고객과 서비스 제공자는 서로 간에 해야 할 역할을 가진다고 제시한 그들의 초기 연구에서 그 기원을 두고 있다.

몇몇 학자들은 Shostack(1985)의 이론을 받아들여 서비스 접점을 "일정 기간 동안 소비자가 직접적으로 서비스와 상호작용 하는 것"이라는 좀 더 폭넓은 정의를 내린다. 그녀의 정의는 서비스 요원과 물리적 설비 및 다른 가시적 요소들을 포함해 소비자가 관계하는 서비스 회사의 모든 면을 포괄한다.

Shostack의 정의는 그 만남을 소비자와 기업 사이의 인간 상호작용에 제한하지 않으며, 서비스 접점은 실제로 아무런 인간 상호작용의 요소 없이도 일어날 수 있음을 암시한다.

(1) 서비스 접점

서비스 산업은 '대인산업(people business)'으로 이는 경영상 인적요소와 인간 관계가 중요함을 의미하는 포괄적인 의미로 받아들여지고 있다. 이를 총체적인 측면에서 서비스라고 하며, 고객의 욕구를 충족시키기 위한 다양한 형태의 인적·물적·시스템적 서비스에 의해 완성되고 판매되는 일체의 영업적 활동이라고 할 수 있다.

그 중에서도 인적 서비스가 가장 대표적 구성요소라고 할 수 있는 이유는 고객과의 상호작용에 의한 주문의 비중이 크고 고객접촉의 빈도가 높아 서비스 제공자가 제공하는 서비스의 내용에 따라 서비스의 품질수준이 평가되기 때문이다.

서비스 제공자는 매일 고객과 상호작용을 하고 있고 외모와 제품 및 서비스에 관한 지식과 같은 요인들 만큼이나 그들의 행동을 통하여 고객 지각에 영향을 미친다. 예를 들면, 만약 간호사들이 그들의 직업에 불만을 가지고 있고 외모나 복장이 단정하지 못하다면, 환자들이나 기타 방문객들은 병원 전체에 대해 부정적인 이미지를 가질 것이다. 직무만족이 없고 동기부여가 거의 없는 종업원들은 언제라도 이직을 하려 하기 때문에 이러한 종업원들에게서 고객만족을 한다는 것은 불가능한 것이다.

서비스 경영에 있어서 서비스의 제공은 서비스 제공자 혹은 기업 소비자의 관계 서비스 기업과 기업 간의 관계측면으로 대별된다. 전자의 경우 단순한 전달이 아닌, 즉 서비스의 품질·소비자의 만족·가치평가에 중요한 영향을 미치며, 후자의 경우 거래 혹은 관계의 지속을 위한 중요시점이 서비스 접점이라는 것을 인식하였다.

이러한 인식은 서비스 시스템 내의 서비스 접점에서 소비자의 만족을 증대시킬 수 있는 서비스 제공의 여러 상황적 요인과 서비스 특성 및 소비자 특성별 요인은 무엇인가에 대한 관심을 유도하고 있다. 따라서 서비스 접점에 관련된 여러 연구자들의 요점을 살펴보면, 그 배경적인 연구로 서비스 접점의 중요성을 Gronroos는 서비스에 있어서 고객의 기대를 유지하거나 정기적인 욕망을 충족시키기 위한 고객 통제 및 공급원천의 선별을 위한 중요성을 관계 마케팅(relationship marketing)으로 제기했다.

앞서 이야기한 것처럼, 서비스의 개념으로 무형성(intengibility), 생산과 소비의 동시발생성(inseparability of production and consumption), 이질성(heterogeneity), 소멸성(perishability)의 특징을 볼 수 있는데, 특히 다른 산업에 비해 외식 서비스 산업은 상품의 무형성과 동시발생적인 양상에 기인하여 서비스 제공자의 인간적 기술에 크게 의존한다. 또한 서비스 사업의 성공은 대고객관계관리상 종업원의 유효성에 상당히 좌우된다. 서비스 접점에서 생기는 일련의 상황에서 고객과의 효과적인 커뮤니케이션을 위한 개인적 서비스 능력이 고객의 만족·불만족의 차이를 나타낸다.

바람직한 인적 서비스가 되기 위해서 우선 종업원의 밝은 얼굴, 신속한 자세, 진실된 성의, 단정한 태도, 연구하는 자세와 같은 기본적인 봉사정신을 갖추어야 한다. 경영자는 종사원이 직무에 만족할 수 있도록 최선의 분위기를 만들어 주고 교육·보상·권한부여 등을 통해서 직업관에 자부와 긍지를 가질 수 있도록 동기부여를 해 주어야 한다. 이에 따라 종사원들은 규정 이외의 자발적 봉사행위로서 보상을 바라지 않고 주인의식을 가지고 고객에게 직접적인 양질의 서비스를 베풀게 된다. 이것은 역할 외 성과라고 볼 수 있다.

서비스 경영 분야의 연구추이에서 마케팅 믹스체계가 기존의 4P's 전략으로는 효과적인 마케팅 전략을 세울 수 없다는 판단 아래 확장된 마케팅 믹스체계로서 인적자원이 강조되는 추세이다.

마케팅에서 4P's(Products, Price, Promotion, Physical Distribution)의 전통적 관심사에 사람(people), 물리적 환경(physical environment), 진행과정(processes)을 포함하여 마케팅 믹스를 확대시켰으며(Bitner, 1990), Cherisher 등(1991)은 물리적 환경 대신 고객 서비스 제공(provision of customer service)을 포함한 7P's를 주장했다.

이러한 부가적 요인으로 그들의 차별성은 인간을 위한 필요와 물리적 환경 및 서비스 제공문제가 외식산업에서 주요하게 고려되는 기업정책에 따라 다시금 강

PART 2

조된다. 그러나 사람에게 마케팅 믹스를 첨가할 때 자주 발생하는 문제점은 인간 행동이 다양하고 설명하기 어려우며 복잡하다는 것이다. 품질조절은 서비스 태도, 대인관계 기술, 조직에의 헌신, 훈련의 정도에서 종업원 간의 차이를 보이는 인간적 요소에 기인하는 어려움이 있다.

또한 서비스업의 효율적인 조직 관리에서 중요하게 다루어져야 할 과제는 종업원들이 서비스맨으로서 판매역할을 잘 수행하도록 판매관리교육을 강화하는 것 이상으로 서비스의 질적 수준을 높일 수 있는 종업원의 인사적인 조직 관리를 강화시키는 것이라고 할 수 있으며, 이러한 인력(manpower)의 양과 질은 경영성과에 중요한 영향을 미치게 된다.

(2) 고객 간의 상호작용

서비스 기업의 경영진 입장에서 주된 관심대상인 접점 서비스의 상호작용은 호텔기업의 서비스 제공자인 고객접점 서비스 종업원과 고객 간의 양자가 대면하는 순간에 호텔기업의 성공 여부가 좌우된다고 해도 과언이 아니다. Suprenant와 Solomon은 접점 서비스를 고객과 서비스 제공자 간의 상호작용으로 정의하고, 접점 서비스를 고객이 접점 서비스를 대면하는 동안의 시간임을 강조하였다. 즉 상호작용이란 의미에서의 접점 서비스는 서비스 제공자인 고객접점 서비스 종업원과 고객관계에서 서비스가 제공되는 상황이라고 말할 수 있다.

Shostack은 접점 서비스에 대해 소비자가 서비스와 직접적으로 관련한 기간이라는 광범위한 정의를 내렸다. 이러한 정의는 고객접점 서비스 종업원뿐만 아니라 소비자가 접하는 물리적 환경이나 기타 시각적 요소 등 기업의 모든 면을 포괄하는 것이다. 따라서 Shostack의 정의는 서비스 접점을 고객과 기업 간의 관계에서 대인적인 상호관계만으로 한정시키지 않고 접근성과 호텔시설물 및 호텔에 대한 시각적 요소도 서비스 접점에 포함된다고 볼 수 있겠다.

Bateson은 서비스 접점을 광범위한 시각에서 보았다. 즉 서비스 접점을 고객과 접점종업원의 관계뿐 아니라 서비스 조직이 포함된 3자의 삼각관계로 보았고, 삼각관계의 각자는 전체 서비스의 접점상황에 대해 자신의 영향력을 극대화하려한다고 하였다.

서비스의 독특한 특징들 중의 하나라고 할 수 있는 것은 고객이 서비스 생산에 적극적으로 참여한다는 것이다. 그러므로 서비스 접점은 호텔 서비스 조직이 마련한 환경에서 고객과 고객접점 서비스 종업원이 참여하여 각각 상호작용적 역할행동을 하는 것으로 볼 수 있다.

서비스 기업주는 고객접점 서비스 조직이 가격의 경쟁력을 유지하고 그 조직이 이익을 낼 수 있는 효율적인 서비스 전달체계이기를 바란다. 반면에 관리부서의 성격이 강한 비영리적 서비스 조직은 이익에 관심을 두는 것이 덜하고, 배정된 예산을 가지고 최대한 효율적으로 서비스 전달체계가 이루어지기를 바랄 수 있다.

따라서 이 조직의 관리자는 이 같은 기준을 제도적으로 확실하게 하고자 고객접점 서비스 조직의 서비스 재량행위를 제한하는 규칙과 절차를 부여함으로써 고객과 고객접점 서비스 종업원 간의 상호작용에 한계점이 도출되고 고객에 대한 수준 높은 서비스를 제공하는 데 문제가 유발되면 고객접점 서비스 종업원의 사기진작 저하를 가져올 수 있다.

이것은 접점 서비스 조직의 유효성에 문제를 가져와 경쟁력 저하로 이어질 것이다. 따라서 접점 서비스 조직에서의 고객접점 서비스 종업원에 의한 서비스 재량행위는 매우 중요하다. 서비스 접점은 어느 한 쪽이 접점에 대한 영향력을 특별히 강화함으로써 서비스 재량행위를 발휘하지 못하는 경우도 존재하겠지만, 제공되는 서비스의 성질상 어느 한 쪽이 주도적 역할을 담당함으로써 모두가 만족스러운 상생의 결과를 얻을 수도 있다. 하지만 이 같은 경우에는 예외적인 상황이고, 일반적으로 고객과 고객접점 서비스 종업원 그리고 서비스 조직이 모두 만족스러우면서 동시에 견제와 균형을 이룰 수 있는 접점 서비스일 때 제공되어진 접점 서비스가 효과적이라고 할 수 있다.

(3) 진실의 순간

서비스 접점차원에서 볼 때 고객 서비스 제공기간이란 고객 서비스 제공과 고객과의 관계에서 접점 서비스 종업원에 의해서 서비스가 작용하는 기간을 의미한다. 또한 고객접점 서비스 제공기간 동안에 고객 서비스 접점의 상호작용은 고객접점 서비스 종업원과 고객용 호텔시설물 및 기타 유형적인 요소들이 포함된 광의적 개념을 의미한다.

결정적 순간(moment of truth)은 고객과 호텔기업의 접점으로 해석할 수 있으며, 고객이 조직의 어떤 일면과 접촉하는 일로 조직의 서비스 품질에 관하여 어떤 인상을 얻을 수 있는 사건으로 정의될 수 있다. 결정적 순간은 고객접점 서비스 종업원이 고객에게 서비스 품질을 보여 줄 수 있는 기회로서 지극히 짧은 순간이지만 고객이 받은 서비스에 대한 인상을 좌우한다. 그러므로 결정적 순간은 호텔기업과 고객이 접촉하는 순간을 관리해야 한다는 개념이다. 서비스에서 결정적 순간을 도입해 성공적으로 사용한 사람들 중 하나는 스칸디나비아항공사의 Jan Carlson 사장이었다.

기업의 이미지를 좌우하는 순간이 언제라고 생각하는가. 매장에 들어서는 단계, 주문하는 단계, 서비스를 제공받는 단계, 계산하는 단계? 또는 기업의 서비스를 경험하는 모든 순간이 고객의 인식에 적용되는 것일까. 진실의 순간을 가장 잘 표현해주는 사례를 통해 알아보자.

> 지난해 1천만 명의 고객이 5명의 우리 스칸디나비아항공사의 직원과 접촉을 했다. 이 접촉은 매번 평균 15초 정도이지만 1년 동안 5천만 번의 접점을 통해 우리는 고객의 마음에 SAS항공사의 이미지를 창조해냈다. 궁극적으로 이러한 5천만 번의 진실의 순간을 통해서 우리 회사가 성공할 것인지 실패할 것인지가 결정될 것이다. 이러한 접점은 고객에게 SAS항공사가 최상의 대안이라는 것을 입증하는 순간일 것이다.
>
> — 얀칼슨

극장에 방문했을 때를 예로 들어보자. 극장에 가기 전 예매를 위해 전화를 했다면 콜 서비스 요원으로부터 첫 서비스를 경험하게 된다. 극장에 차를 타고 갔다면 도착했을 때 극장의 주차요원으로부터의 서비스를 인식하게 되며 극장에 들어가기 전 매표소 직원으로부터 표를 확인 받고 자리 안내를 받을 때, 영화가 끝나고 출입구 안내를 받을 때 등 극장에 있는 내내 고객은 극장 직원과의 서비스 상호교환을 지속할 것이다.

고객과의 접촉은 짧은 순간이지만 고객에게 긴 여운을 남긴다. 최초로 서비스를 경험했을 때 첫인상이 결정되는 것은 물론 이후 서비스 회사와 고객 간의 상호작용을 하는 시점 역시 중요하게 작용한다. 이는 고객만족과 재구매 의사에 영향을 미칠 것이며 기업은 이를 기회로 삼아 고객충성도를 증가시키도록 노력해야 한다.

그렇다면 어떻게 고객에게 진실의 순간을 만족시킬 수 있을까. 순간순간 최선의 서비스와 노력이 필요하다. 고객에게 다가가기 위해 고객의 소리에 귀를 기울여야 하고 고객의 평가에서 하나도 빠짐없이 모든 서비스가 긍정적인 인식을 쌓을 수 있도록 해야 한다.

2. 서비스 디자인과 감정노동

고객의 기분까지 고려하며 서비스를 제공하는 감정노동자들은, 자신의 기분과 감정을 억제하여 고객에게 일관성 있는 적절한 서비스를 제공할 수 있도록 자신의 감정능력을 훈련시켜야 한다.

사람들은 서로 원하는 것에 반(反)하는 행동을 했을 경우, 이성보다는 감정에 치우쳐 서로 다투게 된다. 싸움에서 시작된 좋지 않은 감정은 그곳에서 끝나지 않는다. 주로 싸우게 되면 그 곁을 떠나 쇼핑을 하러 가거나 문화생활을 즐기는 등의 문화적 서비스를 누리러 다니게 된다. 하지만 싸운 후 좋지 않은 감정을 가지고 있으므로, 서비스를 기분 좋게 즐기는 것이 아니라 고객의 기분에 따라 변형되어 받아들이게 된다.

같은 서비스가 제공되더라도 기분 좋은 감정을 가진 고객은 긍정적으로 서비스를 평가하게 된다. 하지만 기분 좋지 않은 감정을 가진 고객이라면, 부정적으로 서비스를 평가할 뿐만 아니라, 아무리 좋은 서비스를 제공해도 부정적인 태도부터 먼저 보이게 된다.

　　감정(emotion)과 기분(mood)은 경험에 대한 평가에 영향을 미치는 "느낌의 상태"이다. 감정은 깊이 있고 지속적이며 광대한 것에 반해, 기분은 일이 일어난 시각과 상황에 대한 순간적인 느낌의 상태라는 점에서 감정과는 구별된다. 따라서 기분과 감정은 서비스의 평가에 대한 느낌을 결정짓는 요소이다.

　　그렇다면 기분은 어떤 특별한 경로를 통해 서비스 고객의 행동에 영향을 미칠까?

　　첫째, 긍정적인 기분은 소비자를 보다 능동적으로 서비스에 참여하게 하여 서비스 제공을 성공하게 한다.

　　둘째, 기분과 감정이 서비스 시작부터 그 제공자에 대한 고객의 평가까지도 좌우하게 한다. 기분과 감정은 체험을 촉진시켜, 기분과 감정이 없을 때 보다 훨씬 더 긍정적이거나 더 부정적으로 만든다.

　　셋째, 기분과 감정은 서비스에 대한 정보를 기억하며, 그 기억을 회상하는데 영향을 미친다. 서비스에 대한 기억은 서비스 시작부터 회상하기 때문에 그 순간의 느낌이 기억과 분리되기는 어렵다.

　　감정과 기분은 서비스 체험에 영향을 주는 데 있어 중요한 역할을 수행한다. 따라서 조직은 제품과 서비스 기능성을 관리하듯이, 서비스를 체험하는 고객의 감정적인 요소도 엄격히 관리하여야 한다.

　　조직은 서비스를 체험한 고객의 감정적인 반응을 관찰하며 특정한 감정을 강화하기 위한 장소와 과정, 상호작용을 이끌어 낼 수 있도록 노력해야 한다.

　　많은 기업들 또한 이런 감정을 자각해 전통적인 측정치인 고객만족과 고객 행동 애호도 외에도 소비자의 감정과 반응까지 측정하고 있다. 이런 고객을 향한 공손함, 친근감 등은 조직을 대신해서 이러한 책임을 떠맡고 있는 서비스 직원들에게 엄청난 양의 감정노동을 요구한다.

　　감정노동(emotional labor)이란, 양질의 서비스를 제공하는 데 필요한 육체적 혹은 정신적 노동 이상의 노동을 말한다. 이 말은 알리 호취차일드(Arlie Hochschild)에 의해 처음으로 사용되었다. 이는 미소를 짓고, 눈을 마주치고, 진실한 관심을 보이고, 다시는 못 만나게 될지는 모르는 낯선 사람과 친절하게 대화를 나누는 것을 의미한다.

이렇듯, 고객의 감정과 기분까지 고려하며 서비스를 제공하는 사람이 감정노동자이다. 사람들의 기분과 감정을 잘 활용해야 하며, 자신의 느낌은 억제하며 서비스를 제공해야 감정노동자로서 효과적으로 감정노동을 수행할 수 있다. 감정노동자가 기분이 나쁜 날이거나 혹은 감정이 상하는 일이 있더라도 고객은 이들에게 회사의 얼굴을 기대하기 때문이다.

따라서 기업이 지속적으로 성장하기 위해서는 우수한 인적자원의 확보가 중요하다는 것은 두말 할 필요가 없을 것이다. 하지만 우수한 인재들만을 뽑아 그들이 원하는 일을 할 수 있도록 배치하고, 높은 보상을 해 준다고 해서 탁월한 경쟁력과 지속적인 성장을 보장받을 수 있을까?

대답은 "그렇지 않다"이다. 물리적 조건만 강조한다고 해서 기업이 지속적인 성장을 할 수 있는 것이 아니다. 직원이 진정한 가치를 발산하기 위해서는 사람의 마음을 얻는 것이 먼저 요구된다. '회사에 대한 구성원들의 자부심 제고'가 중요한 것이다. 회사가 먼저 구성원 개개인을 존중하고 배려해 주어야만 구성원들이 자발적이고 의욕적으로 고객에게 보다 나은 서비스를 제공하게 되고, 그 결과 기업의 성과가 높아지게 된다. 그렇다면 해외 일류기업들은 어떻게 직원들의 의욕을 고취시키고 있는가?

고객만족도 1위, 미국에서 가장 일해보고 싶은 100대 기업인 사우스웨스트 에어라인은 직원들의 의욕관리가 뛰어난 기업으로 알려져 있다. 그럼 지금부터 사우스웨스트 에어라인의 직원들의 의욕관리에 대하여 알아보도록 하자.

첫 번째는 직원들에 대한 배려와 깊은 신뢰에 있다. 사우스웨스트 에어라인의 직원들은 최고 경영자에게 이메일을 쓰는 것에 대해 전혀 거리낌이 없고, 최고경영자는 아주 사소해 보이는 문제라도 성의를 다해 답변을 해준다. 일회적인 것이 아니라 끊임없이 지속되는 일상적인 활동으로서, 직원 및 구성원들은 경영진의 배려와 감정적 활동에 신뢰를 갖고 일함으로써, 자신의 모든 업무가 회사에 중요한 의미를 갖고 있다는 것을 깨닫게 된다.

두 번째는 리더십을 강화하는 것이다. 많은 수의 관리자는 기존보다 적은 직원을 관리하기 때문에 직원 한 명 한 명과 치밀하고 돈독한 관계를 가질 수 있다. 이렇게 되면 팀원과의 보다 친밀하고 단단한 유대관계를 갖게 되고 과업을 수행하는데 있어 더욱 수월해 질 수 있다.

세 번째는 원만한 인간관계이다. 사우스웨스트 에어라인은 직원 채용 시에 원만한 대인관계를 가진 사람만을 채용하고, 그러한 역량을 계속 교육시키고 있다. 이러한 유대관계와 교육으로 인해 자신의 이익, 자기 조직의 이익을 위해 전체의 목표를 해치는 행위는 찾기 힘들다.

네 번째는 갈등 해결을 조직적으로 하는 것이다. 관련된 사람들이 모두 한 자리에 모여 갈등 해결에 필요한 정보를 수집하고, 공유하며, 그 갈등이 해결될 때까지 회의를 계속한다. 이런 방법은 구성원 간의 껄끄러움을 막아주고, 이로 인한 스트레스를 줄이며, 돈독한 유대관계를 갖게 한다.

다섯 번째는 기업이 가정생활을 평온하게 할 수 있도록 장려한다. 사우스웨스트 에어라인은 일터와 가정이 동 떨어진 것이 아니라 일은 가정생활의 연속이라고 생각하고 있다. 가정의 화목함은 일터에서의 즐거움으로 이어진다는 견해이다. 그렇기 때문에 기업 측에서 직원들의 경조사를 하나하나 챙김으로써 직원으로부터의 신뢰를 얻고, 일터와 가정의 조화를 꾀하는 것이다. 직원들에게 업무 이외에 다른 동료들의 가정생활에 신경 쓰도록 하면서 인간관계도 더욱 돈독해 질 수 있다.

마지막으로 유연성 있는 업무 방식이다. 직원들이 작업량이 너무 많거나 담당자가 부재중일 때에도 다른 직원들이 업무를 대체할 수 있도록 추가적으로 수행할 직무에 대해 구체적으로 설명한 업무 목록이 존재한다. 이러한 시스템은 공동의 목표를 명확히 인식하는데 도움을 주고, 전체 과업에서 자신이 해야 하는 일, 기업이 하고 있는 일이 무엇인지 명확하게 이해할 수 있도록 도와주며, 결과적으로 업무에 대한 만족도를 높여주게 되었다. 또한 다른 직원들의 업무를 대체하거나 도움으로써 동료들과의 유대관계를 형성하고, 그들을 더욱 잘 이해할 수 있게 함으로써 더욱 친근한 유대관계를 가질 수 있게 한다.

결론적으로, 사우스웨스트 에어라인의 경영방법은 직원들이 주인의식을 갖고 돈독한 유대관계에 있다고 할 수 있다. 돈독한 관계는 문제해결의 속도를 높이고, 의사소통과 업무조정에 필요한 비용을 획기적으로 줄여준다. 또한 직원들이 자발적이고 의욕적으로 일 할 수 있게 도와준다.

이처럼 기업은 공동의 목표를 달성하기 위해 사람들이 모인 조직이다. 다양한 생각과 삶의 방식을 갖고 있는 사람들이 모이기 때문에 갈등과 문제점들이 발생한다. 기업들은 갈등과 문제점을 최소화 하고 해결하는데 많은 돈과 시간을 지속적으로 투자한다. 사람들이 맺는 관계의 중요성을 성공에 가장 필요한 요소로 인식하고 있는 것이다.

3. 사용자 경험관리 전략

좋은 서비스란 종종 개별화된 서비스로 표현되며, 개별화된 서비스란 고객들의 요구에 맞는 원하는 서비스를 제공하는 것이다. 서비스 접점은 고객과 서비스 제공기업 또는 종업원 간의 상호작용이다. 일대일 서비스 상황에서는 서비스 제공자 자체가 고객에 대한 서비스이기 때문에 사용되는 개별화의 정도 및 형태에 따라서 서비스 만족에 다양한 영향을 미친다. 어떤 서비스는 상당히 표준화되어 있다.

개별화는 고객의 욕구에 맞추어 품질을 향상시키지만 비용이 증가될 수 있다. 개별화가 항상 좋은 것은 아니다. 하버드 경영대학원의 Levit 교수가 지적하듯이 서비스를 공업화 내지 표준화하면 대량생산으로 인한 규모의 경제를 얻을 수 있다. 때로는 신속성, 일관성, 낮은 가격의 제공 등이 개별화된 서비스보다 더 중요할 수 있다. 모든 고객들이 개별화된 서비스를 원하는지는 확실치 않으며, 고객들이 개별화된 서비스를 통해 어떤 혜택을 얻는지도 확실치 않다.

또한 서비스 접점의 개별화 전략으로서 좋은 사례로는 다음과 같은 기업이 있다. 호텔의 크기는 작지만 고객을 향한 가장 큰 규모의 서비스를 제공하고 있는 호텔이 있다. 전 세계에 체인점을 두고 있지만 서비스를 받고 나오는 고객들의 얼굴엔 국경을 넘어 언제나 미소가 가득하다. 작은 규모에도 불구하고 불경기 속에서도 대규모 호텔보다 수익률은 물론 객실점유율을 꾸준히 상승시키고 있는 리츠칼튼 호텔만의 비결은 과연 무엇일까.

고객이 서비스를 제공받는 동안 고객은 신사숙녀로 대우를 받는다. '신사숙녀를 대우하는 신사숙녀'가 바로 그들의 슬로건이다. 고객과 직원의 가치를 동시에 높여주는 이 슬로건은 고객에게는 최고급의 대우를 직원에게는 권한 이임을 제공해준다. 리츠칼튼 호텔 내에서 서비스만큼은 고객이 불만을 가질 이유가 없다. 고객에게 먼저 다가가는 것은 물론 고객의 행동 하나하나 세심하게 서비스 하기 위한 직원들의 은밀한 노력이 숨어있다. 직원들은 고객이 원하는 서비스, 고객의 취향에 대한 정보를 제공하고 이를 기록해둔다. 이 기록은 전 세계의 리츠칼튼 호텔에서 공유하게 되고 이후 말하지 않아도 눈빛만으로 고객에게 최고의 서비스를 제공하게 된다. 과연 어떤 의미를 지니고 있는 것일까.

직원은 낮은 직책에 있더라도 고객에게 어떠한 서비스든지 제공할 수 있는 권한을 이임 받는다. 고객이 원하는 서비스를 제공하는 데 있어서 낮은 직책에 있는 직원은 높은 직책의 직원에게 이에 대한 질문을 한 후 서비스를 제공하는 경우가 있다. 이러한 경우 고객은 직원보다 낮은 위치에 있다는 인식을 받게 된다. 이를 고려하여 고객의 가치를 높여주기 위한 제도가 바로 이것이다. 직원은 고객만족을 위한 것이면 뭐든 할 수 있다.

호텔의 객실료는 5성급의 비싼 객실료를 지불해야 하지만 이에 불만을 가지는 사람은 찾아보기 힘들 정도이다. 모든 샤워물품이 불가리 제품이며 노르웨이산 voss물을 제공하고 있다. 바로 최고급 제품을 사용하는 것이다. 최고급 서비스와 최고급 제품, 이 밖에도 고급스러운 인테리어, 아름다운 경치 등을 제공함으로써 고객에게 어느 것 하나 빠짐이 없는 완벽한 서비스를 제공하고 있다.

신사숙녀라는 마음가짐으로 고객들에게 신사숙녀급 대우를 해야 한다. 작은 규모라고 해도 상관이 없다. 규모를 뛰어넘는 큰 서비스로 고객들에게 먼저 다가간다면 고객의 마음속 가장 큰 부분에 자리할 수 있다. 한 번 마주친 고객의 모든 바람을 기억해낼 수 있을 정도의 관심을 가지고 고객을 접함으로써 고객에게 이 기업에서만은 자신이 특별한 존재라는 인식을 지니게 해야 한다. 전 세계 어디에서도 이 기업을 방문했을 때 고객을 가장 잘 이해해주는 익숙함을 느낄 수 있는 서비스를 제공한다면 어떠한 어려운 상황 속에서도 고객과 지속적인 관계를 유지할 수 있다.

CHAPTER 05
서비스 디자인의 이해

1. 서비스 디자인의 이해

(1) 서비스 디자인의 배경과 개념

1997년 토니 블레어 전 영국 총리는 위기에 처한 영국을 다시 부흥시키기 위해 '창의적 산업'에 대한 육성을 강조하면서 국가 차원에서 디자인과 디자인 산업을 육성하기 시작했다. 인본주의적인 사상이 강한 국가인 만큼 디자인은 사회, 복지, 환경을 아우르는 범위로까지 확장되면서 '범죄 대응 디자인(design against crime)', '유니버설 디자인(universal design)', '그린 디자인(green design)' 등이 등장했다.

이러한 정치·경제·사회적 배경 속에서 산업혁명으로 전 세계를 이끌었던 영국에서조차 서비스 산업 비중이 2008년 기준으로 영국 전체 GDP의 76.2%를 넘어서고, 고용 비중에서는 76.7%에 육박하면서 사회 전반적으로 서비스의 역할과 범위는 넓어지고 있다. 그 가운데 서비스 디자인은 국가와 사회가 요구하는 디자인의 또 다른 역할로 등장한 개념이다.

서비스 디자인은 '서비스'와 '디자인'이 합쳐진 합성어로서 서비스가 지닌 무형성, 이질성, 비분리성, 소멸성과 같은 특성을 디자인이 갖는 물리적·유형적·의미적·상징적인 특성과 결합해 서비스의 속성을 보다 자세하고 구체적으로 드러내기 위한 방법론이라고 할 수 있겠다.

서비스 디자인의 개념에 대한 해석이 더욱 포괄적이고 광범위해지면서 그 범위는, 보건, 의료, 행정, 국방, 치안, 복지와 같은 공공서비스 분야로까지 확산되고 있다. 또한 실제로 서비스 디자인 활동이 활발하게 진행되면서 국가와 사회에 이바지할 수 있는 디자인의 또 다른 역할과 임무로 자리를 잡아가고 있다. 서비스 디자인은 이제 이익추구를 위한 기업과 상품에 적용되면서 더욱 널리 알려지고 있다.

(2) 서비스 디자인의 다양한 정의

가. 학계가 정의하는 서비스 디자인

서비스 디자인은 유·무형 매개체를 사용하는 경험에 초점을 둔 새로운 분야이다. 특히 소매업, 금융업, 운수업, 의료업 등은 서비스 디자인으로 사용자 경험을 개선할 수 있는 분야이다. 서비스 디자인은 일반적으로 사용자에게 총체적인 서비스를 제공하기 위한 시스템과 프로세스를 디자인한다. 또한 이는 디자인과 경영, 공정 공학의 다양한 방법을 조합한 학제적 분야이다. 서비스는 이미 아주 오래전부터 존재했고 다양한 형태로 체계화되었다. 그러나 새로운 비즈니스 모델을 고려해 서비스를 디자인한다면 사용자의 요구를 바탕으로 새로운 사회·경제적 가치를 창출할 수 있다. 서비스 디자인은 지식기반 경제에서 필수적이다.

– The Copenhagen Institute of Interaction Design, 2008

서비스 디자인은 고객에게 더욱 유용하고 매력적인 서비스를 제공하고 조직이 효율적이고 효과적으로 서비스를 제공할 수 있도록 기존의 서비스를 개선하거나 서비스를 혁신하는 것이다. 서비스 디자인은 새로운 학제적 통합 분야이다.

– 스테판 모리츠(Stefan Moritz), 2005

서비스 디자인은 서비스를 유용하고 효율적이며 효과적이고 매력적으로 만드는 일이다.

> — 영국디자인카운슬(UK Design Council), 2010

서비스 디자인은 서비스 인터페이스가 고객 입장에서는 편리하고 매력적이도록, 공급자 입장에서는 효과적이고 효율적이며 차별화될 수 있도록 하는 것을 목표로 한다.

> — 비르기트 마게르(Birgit Mager), 2009

나. 업계가 정의하는 서비스 디자인

서비스 디자인은 훌륭한 서비스를 개발하고 제공하는 데 도움을 주기 위한 분야이다. 서비스 디자인 프로젝트는 서비스를 제공하는 사람을 함께 고려하면서 환경, 의사소통, 제품 등의 사용성과 만족도, 충성도, 효율성을 개선한다.

> — 엔진서비스 디자인(Engine Service Design), 2010

서비스 디자인은 기업이 고객의 요구를 종합적이고 깊이 있게 이해하기 위한 총체적 방법이다.

> — 프론티어서비스 디자인(Frontier Service Design), 2010

서비스 디자인은 직원들이 브랜드 메시지에 걸맞은 최상의 서비스를 제공할 수 있도록 업무 환경과 도구, 프로세스를 개발하는 일이다.

> — 컨티뉴(Continuum), 2010

서비스 디자인은 서비스 개발을 위한 디자인 프로세스와 역량이다. 서비스 디자인은 기존의 서비스를 개선하고 새롭게 혁신하기 위한 창조적이며 실질적인 방법이다.

> — 리브워크(Livework), 2010

같은 가격에 같은 커피를 파는 두 커피숍이 나란히 있을 때 서비스 디자인은 여러분이 첫 번째 커피숍 대신 두 번째 커피숍으로 들어가도록 만드는 것이다.

— 31볼트서비스 디자인(31 Volts Service Design), 2008

2. 서비스 디자인의 다섯 가지 주요 요소

(1) 시스템(Systems)

서비스는 사람, 사물, 프로세스로 이루어진 시스템을 통해 전달된다. 따라서 서비스 디자인은 이러한 시스템에서 요소들을 어떻게 조화시키고 개선할 지 탐색하고 이해해야 한다. 서비스 혁신은 이러한 시스템에서 고객이 일차적으로 인식하지 못하는 사이에 일어나는 욕구를 감지하고 이를 고객의 마음속으로 전달하는 과정에서 발생한다.

(2) 가치(Value)

성공적인 서비스 상품은 서비스 사용자뿐 아니라 제공자에 의해서도 평가되어야 한다. 이는 맥락에서 서비스의 핵심 성과 지표는 어느 한 쪽에 치우쳐 있는 것이 아니다. 다시 말해 서비스 사용자를 모두 만족시켜야 한다. 서비스 사용자를 위해 제공되는 서비스는 유용하고 편리하며 매력적이어야 하고, 서비스 제공자를 위해서는 제공하려는 서비스의 시스템이 효율적이고 효과적이어야 한다.

(3) 사람(People)

사람은 대상이 서비스 사용자이건 제공자이건 간에 서비스 경험에서 절대적인 요소이다. 서비스 디자인을 위한 조사와 개발에 관여한 사람들의 적극적인 참여는 서비스를 디자인할 때 필수적인 요소로 반드시 고려해야 한다.

(4) 여정(Journeys)

시간이 흐름에 따라 고객이 어떻게 서비스를 경험하는지 아는 것은 서비스 경험이 시작되기 전과 후를 비교할 수 있게 해 지속적인 서비스 혁신을 가능하게 한다. 이 방법을 통해 서비스 경험이 고객에게 일관적으로 제공되는지, 또 이를 고객이 혁신적인 것으로 받아들이는지 확인할 수 있다.

(5) 제안(Propositions)

시장에서 소비되고 차별화되는 상품으로서의 서비스와 이의 설비가 어떻게 설계 되는지와 이것이 현재 형태에서부터 과연 어떤 미래 비전을 가지고 변화해 갈 것인가에 대해 이해해야 한다.

이런 서비스 디자인의 다섯 가지 주요 요소에 대한 고려, 서비스 디자인에 관계하는 사람들의 높은 참여, 그리고 사용자 중심의 디자인 프로세스를 통해 서비스 디자이너는 고객을 행복하게 하는 디자인을 명확하게 제안하고 조화롭게 유지해 갈 것이다. 또한 서비스를 고객에게 잘 전달하기 위한 시스템과 프로세스, 그리고 고객들이 진정으로 원하는 것을 제공하기 위해 지속해서 노력할 것이다.

3. 고객의 마음을 움직이는 서비스 디자인

서비스 디자인은 기업이 전달하고자 하는 마케팅 메시지를 고객에게 효율적으로 전달하는 역할을 한다. 이는 서비스 구매자가 서비스 상품을 인지하고, 감응을 느끼고, 행동하는 단계를 밟으므로 보통 '배우고 느끼고 행동하는(learn-feel-do)' 과정을 거치게 된다. 자극으로서의 서비스 디자인이 작동하면 이때부터 고객과의 본격적인 커뮤니케이션이 시작된다. 먼저 서비스 디자인에 노출된 고객은 서비스 상품을 인지하고 판단해, 이를 바탕으로 어떤 형태로든 감정을 느끼며, 마지막으로는 서비스를 경험하거나 구매하게 된다. 이렇듯 고객 대부분은 인지(cognition), 감응(affect), 행동(behavior) 순으로 차례로 반응하지만, 비행기 좌석과 같이 그 서비스의 등급이 가격이나 품질에 따라 이미 나뉘어 있을 때에는 '행동하고 느끼고 배우는(do-feel-learn)' 순으로 반응하기도 한다.

(1) 고객 이해: 인지 유발(Cognition Response)

인지 유발의 목적은 고객이 정확하고 올바른 판단을 하도록 유도해 특정 기업이나 서비스를 긍정적으로 인식하게 만드는 것이다. 인지는 자극에 대한 해석과 이해, 사고를 포함하는 정신적 구조나 프로세스와 관련된다.

디자인은 정보 자극을 전달하는 일종의 매개체이다. 여기에서 디자인의 의미 전달 과정은 고객의 다양한 감각을 자극하고, 고객은 이를 통해 전달된 정보를 이해하는 일종의 커뮤니케이션 과정이다. 디자인을 접한 고객은 심미적, 의미적, 상징적 자극을 받게 되며 이를 통해 각종 정보와 지식을 얻을 수 있다.

일반적으로 누구에게나 보편적으로 다가가는 의미를 객관적 · 외연적 의미(denotative meaning), 각각 다르게 느껴지는 의미를 주관적 · 함축적 의미(connotative meaning)라 한다. 병원은 객관적 · 외연적 의미로 환자를 보호하고 치료하는 곳이지만, 병원에서 의료사고를 당한 사람이라면 병원에 대해 부정적인 주관적 · 함축적 의미가 있을 것이다.

다시 말해 개인마다 느끼는 자극이나 과거의 경험에 따라 해석과 판단이 달라진다. 고객은 서비스 디자인을 통해 전달받은 인지적 단서를 통해 서비스의 의미를 이해하거나 정보를 평가하며, 다른 서비스 상품과는 차별되는 정보를 받기도 한다. 따라서 기업은 자사 제품에 대한 포괄적인 정보, 정화한 메시지, 함축적인 아이덴티티를 디자인에 담아내고 이를 고객에게 효과적으로 전달해야 한다.

기존 고객과 잠재고객을 이해시키기 위한 디자인을 개발할 때에는 막연한 미적인 아름다움으로 고객의 충동구매를 유도하려는 의도가 아닌 이상 항상 이론적이고 논리적으로 접근해야 한다. 만일 기업이 서비스 디자인에 담은 상품에 대한 메시지에 별다른 내용이 없다고 해도 충동적 자극에 따라 소비로 연결될 수는 있다. 하지만 구매 단계에서 고객이 이론적 사고 과정을 통해 행동을 결정할 때에는 어려움에 부닥칠 수밖에 없다. 또한 디자인의 속성 가운데 감정적 매력에만 이끌려 서비스를 경험했을 때 타당한 정보나 의미 있는 구매단서를 받지 못한다면 소비와 연결되지 않기 때문에 결국 기업에서는 직접적 이득을 얻지 못하게 될 것이다.

따라서 디자이너는 디자인을 통해 고객이 서비스를 올바로 이해하고 정확한 판단을 할 수 있는 근거를 제공해 서비스를 구매하도록 유도해야 한다. 이 목적을 달성하기 위해서는 먼저 서비스의 전체적인 개념과 효용을 파악하고, 디자인을 통해 표현하고자 하는 핵심 속성을 나열해야 한다. 또한 이를 잘 표현하기 위해 제품, 공간, 정보, 아이덴티티, 디지털 미디어 등의 디자인 분야와 형태, 재료, 질감, 색 등의 표현 요소를 정해 원하는 서비스의 속성을 담을 수 있는 실체적인 형태를 디자인 프로세스를 통해 찾아야 한다.

지금까지 상업적으로 성공한 디자인을 살펴볼 때 그저 아름답기만 한 것은 없다. 철학과 마케팅 정보를 담고 있고, 그에 따른 콘셉트를 적절히 표현하고 있다. 무작정 아름다움으로 충동구매를 불러일으키는 디자인은 한시적으로 사용자의 눈길을 끌 수 있을지는 몰라도 금세 시장에서 사라지게 될 것이다. 따라서 서비스 디자이너에게는 창의성뿐 아니라 논리성까지 동시에 요구되는 것이다.

(2) 고객 기대: 감응 유발(Affect Response)

감응 유발은 기업이 서비스 디자인을 통해 고객에게 서비스에 대한 감성(emotions), 기분(moods), 느낌(feeling) 등의 긍정적인 감성을 이끌어내려는 자극이라고 할 수 있다. 디자인이라는 시각 언어는 말과 글보다 그 의미가 함축적이고 상징적인 비(非)시각 언어이기 때문에 사람에 따라 느끼는 것이 다르게 나타난다. 또한 논리적으로 정확히 이해할 수 있는 메시지보다는 불명확하지만 강렬한 느낌을 전달하기에 적합하다. '경험해보고 싶다.', '가보고 싶다.', '사용해보고 싶다.',

'가입하고 싶다.' 같은 느낌은 최종으로 구매를 결정하는 논리적 판단 상황에서도 매우 중요한 요소로 작용한다. 같은 디자인을 경험하고도 성향에 따라 어떤 사람은 즐거움을, 어떤 사람은 불쾌함을 느낄 수 있다. 이렇게 상반된 감정을 느끼는 것은 극단적인 예일 수 있지만 분명한 점은 개인이 디자인을 보고 느끼는 정도는 언제나 다르다는 것이다.

네덜란드 델프트공과대학교(Technische Universiteit Delft) 산업디자인과 교수인 피에테르 데스메트(Pieter Desmet)는 '제품 감성의 다층적 모델(a multilayed model of product emotions)'이라는 논문에서 다음과 같이 제품 디자인이 인간의 감정을 유발하는 다섯 가지 범주를 제시했다.

① **실용적 감정**: 디자인을 사용했을 때 그 디자인의 실용성에 만족하거나 실망하는 느낌
② **심미적 감정**: 디자인을 보았을 때 그 외적인 모습 때문에 끌리거나 회피하게 되는 느낌
③ **사회적 감정**: 사회적으로 합당한 기준에 의한 디자인인지에 따라 생기는 감탄이나 분노 등의 느낌
④ **경탄의 감정**: 디자인이 매우 특이하고 새로워 이에 대해 놀라고 경탄하는 느낌
⑤ **흥미적 감정**: 디자인에 더 새로운 것을 기대하게 하는 느낌

(3) 고객 반응: 행동 유발(Behavioral Response)

고객이 디자인을 접하고 느끼는 심리적인 반응은 고객의 행동 방식에도 깊은 영향을 미친다. 고객은 서비스 디자인에 대한 반응에 따라 크게 두 부류로 나눌 수 있다. 한 부류는 디자인에 흥미를 느끼는 고객이고, 다른 한 부류는 관심을 보이지 않는 고객이다. 그에 따른 각 행동 반응을 구분하기 위해 환경심리학자들은 '접근(approach)'과 '회피(avoid)'라는 용어를 사용한다.

접근은 눈으로 보거나 손으로 만지는 등 서비스 디자인을 경험할 때 고객이

호감을 느끼고 자신과 커뮤니케이션을 시도하려는 디자인에 끌려서 좀 더 근처에 머무르거나 작동시키려 하는 등 서비스 디자인에 가까이 다가가려는 행동을 말한다. 반대로 회피는 서비스 디자인을 접했을 때 느낀 반감이나 거부감 때문에 피하거나 무시하는 행동을 취하는 것을 말한다.

고객은 서비스를 경험하는 과정에서 서비스를 단순히 소비하는 데 그치지 않고 서비스를 생산하는 데에도 직접 참여한다. 따라서 고객을 순간순간 긍정적이거나 부정적으로 반응하게 하는 디자인과의 실시간 커뮤니케이션은 매우 중요하다. 긍정적인 감정이나 부정적인 감정은 접근 또는 회피라는 반응으로 돌아온다. 서비스에 끌리는 느낌을 받았다는 것은 서비스 공간에 더 오래 머물고 싶다는 것을 뜻하며, 제품, 패키지, 키오스크(kiosk) 등 시각·청각·촉각·미각 등으로 느낄 수 있는 것을 좀 더 경험하고 싶다는 것을 뜻한다. 그런 경험을 한 고객은 그 서비스를 지속해서 이용할 것이고, 이는 주위 사람들에게도 긍정적인 영향을 미칠 것이다. 그리고 결국에는 사람들이 그 서비스를 최종적으로 선택하게 하는 결과를 가져올 것이다.

4. 서비스 디자인 개발

서비스 디자인을 개발하기 위해서는 먼저 경쟁 전략에 따라 제공하려는 서비스의 본질적이고 전체적인 특성을 이해하고 파악해야 한다. 그렇기 때문에 서비스 디자인을 개발하려면 반드시 '서비스'에 대한 이해가 선행되어야 한다. 다시 말해 서비스의 목적과 목표는 무엇이고 타깃이 누구이며 무엇을 위함인지 명확히 이해해야 한다.

좀 더 구체적으로 고객이 차례로 경험하게 되는 고객 여정 속에서 서비스 조직이 고객에게 어떻게 대응하고, 고객과 어떤 인터랙션을 하게 되는지, 또 고객의 행동과 체험에 기반을 둔 것으로 어떤 물리적 증거가 필요하며 어떤 서비스 디자인을 개발해야 할지 그 단서를 제공한다. 서비스 디자인은 기업의 대응이 미흡하거나 너무 평범해서 이를 경험하는 고객이 불편함을 느끼거나 어떤 감응도 생기지 않는 상황을 극복해 서비스의 놀라움을 전달하는 것이 그 목적이며, 이 과정으로 그 원인을 개선할 수 있다.

① 서비스 이해: 서비스의 전략과 목적, 타깃을 명확히 한다.
② 고객 경험 관찰: 고객은 어떤 여정을 거치는가. 그 과정에서 어떤 장애와 문제가 발생하는가. 눈에 띄는 터치포인트는 무엇인가.
③ 서비스 디자인: 서비스 디자인을 통해 전달하고자 하는 메시지는 무엇인가. 어떤 물리적 증거와 인터페이스가 필요한가. 무엇으로 눈에 보이지 않는 서비스를 포장할 것인가.
④ 서비스 디자인 프로토타입(prototype) 제작
⑤ 서비스 디자인 테스트, 평가 및 피드백

앞서 언급한 서비스 디자인의 의미를 다시 풀어 서비스 디자인 개발을 설명하면, 서비스 콘셉트를 디자인에 적용해 구체적으로 만져지고 보이는 서비스 디자인 개발을 통해 서비스 과정에 참여하는 고객들이 경쟁 상품과 차별적으로 인식하게 하는 것을 말한다. 또한 서비스의 주목적을 보조해 서비스를 강렬하고 매력적인 것으로 인식할 수 있도록 하며 서비스를 이용하기 쉽고 편리하게 하는 것을 말한다. 그런데 서비스 디자인을 개발하는 데에서 특히 어려운 점 가운데 하나는 어떻게 서비스 콘셉트를 절묘하게 담아낸 디자인을 개발하고, 전체적인 서비스 디자인의 체계를 두루 이해하기 쉽게 전달할 수 있도록 설명하고 묘사할 것인가이다.

서비스 디자인은 단편적이지 않다. 서비스에는 고객, 직원 등 여러 이해관계자가 참여하고 상황에 따라 다양한 결과가 도출될 수 있으므로, 실제 환경과 유사한 가상의 서비스 디자인 모델을 만들어 시뮬레이션(simulation) 과정을 거쳐야 한다. 이렇게 만든 서비스 디자인 프로토타입은 이를 테스트하고 평가하는 단계를 거친다. 이를 통해 고객이 서비스를 긍정적으로 받아들이는지, 다른 문제가 발생하지는 않는지 확인해보는 것이다. 이후 피드백을 거쳐 문제점을 개선하고 보완해 서비스 디자인을 완성한다.

CHAPTER 06

서비스 디자인의 활용

1. 서비스 디자인 청사진

영국 웨스트민스터대학교(University of Westminster) 빌 홀린스(Bill Hollins) 교수의 연구 결과에 따르면 영국 기업의 약 20%만이 서비스를 개발할 때 명문화된 프로세스를 보유하고 있다고 한다. 이는 세계적으로 서비스 산업이 발달한 영국에서도 서비스 개발에서 취약성과 비효율성이 발견된다는 증거이다. 서비스를 개발할 때에는 앞에서도 밝혔듯이 네 가지 주요한 특성, 다시 말해 형태가 없어 이를 객관적으로 파악하거나 평가하기 어렵고(무형성), 생산되자마자 소비되어 한순간에 모든 것이 판단되며(동시성), 서비스를 만나는 순간순간 수많은 변수로 그 질을 일정하게 유지하기 어렵고(이질성), 제품과 달리 구매해서 사용하면 바로 편익이 사라져버리는(소멸성) 특성 때문에 유형의 제품을 개발할 때보다 오히려 체계적인 개발 방법이 필요하다. 그뿐 아니라 일반적인 제품 개발과 마찬가지로 서비스 디자인이 비즈니스에서 중요한 역할을 담당하는 요소로 기업 내에서 인정받기 위해서는 서비스 디자인을 개발할 때에도 명확한 근거와 체계적인 개발 방법을 제시해야 한다.

주택을 지을 때나 자그마한 장난감을 조립할 때에도 완성품을 구성하는 각종 부품과 조립 방법이 명시된 설계도나 설명서가 필요하듯 서비스 디자인을 개발할 때에도 그 서비스에 대한 구체적인 사항이 명시된 큰 그림이 필요하다. 이를 '청사진'이라 한다.

서비스 디자인 청사진에는 서비스 디자인을 개발, 실행, 유지하는 데 필요한 모든 유·무형적 자원과 프로세스가 누구나 알아볼 수 있는 객관적 용어로 가능한 자세히 나타내야 한다. 이는 서비스 디자인 개발에 참여하는 사람들, 주로 마케터, 디자이너, CS(customer satisfaction) 담당자 등의 배경이 다양하더라도 쉽게 이해할 수 있어야 한다. 또한 개발된 서비스 디자인이 효율적으로 실행되고, 지속해서 유지 및 수정, 보완하는 데 참여하는 모든 사람들이 이해할 수 있도록 보편타당한 기호와 용어를 사용해야 한다. 서비스 디자인 청사진은 구체적으로 자세하게 서비스 디자인을 설명하도록 만들어 진 마스터플랜(master plan)과 같다.

서비스 디자인 청사진은 이를 개발하는 시점과 개발하는 팀에만 필요한 것이 아니다. 은행, 학교, 병원, 통신, 금융 등 각종 서비스를 제공하는 조직의 전체적인 서비스와 밀접하기 때문이다. 그래서 서비스 디자인 청사진은 서비스를 개발 및 실행하고 종업원을 교육하는 모든 단계, 그리고 제공하려는 서비스와 연관된 모든 조직의 부서에 필요하다. 따라서 서비스 디자인 청사진은 서비스 디자인 개발의 시작이자 기준이 되어야 하며, 서비스를 개발한 뒤 그 서비스에 관련된 모든 사람이 서비스 디자인을 한눈에 파악하고 이해할 수 있도록 작성해야 한다.

모든 서비스 디자인 개발은 '청사진'에서 시작한다. 심지어 길거리에서 군것질 거리를 파는 노점상이라 해도 청사진은 노점상이 제공할 수 있는 훌륭한 서비스를 위해 반드시 필요한 요소이다. 따라서 서비스 디자이너의 첫 번째 임무는 모든 사람이 이해할 수 있는 청사진을 작성하는 것이다. 서비스 디자이너는 끊임없이 질문을 던지며 서비스를 제공하는 일련의 과정 속에서 일어날 수 있는 온갖 상황을 염두에 두고 청사진을 작성해야 한다. 또한 완벽한 청사진은 없다는 점을 명심하고 늘 업데이트에 신경 써야 한다. 서비스는 그 무형성만큼이나 변화무쌍한 모습으로 나타나기 때문에 서비스 전략 혹은 상황의 변화에 따라 청사진 역시 유동적이어야 한다.

2. 서비스 디자인 청사진의 주요 요소

(1) 서비스 스케이프(Servicescape)

서비스 스케이프는 고객이 서비스를 경험하게 되는 유·무형의 공간을 나타낸다. 이는 물리적 공간일 수도 있고, 시간적 공간일 수도 있으며, 단지 서비스를 느끼는 고객의 마음속 공간일 수도 있다. '서비스(service)'와 경치, 풍경 등을 의미하는 '스케이프(scape)'라는 접미사와 합성한 용어로 인위적으로 디자인된 물리적 서비스 공간을 말한다. 물리적 공간에서는 사람, 프로세스와 증거물의 연관관계를 나타내는 디자인이 가장 큰 이슈가 된다. 서비스 스케이프는 보통 외부 환경과 내부 환경으로 나눌 수 있다.

(2) 고객 여정(Customer Journey)

고객 여정은 서비스가 시작되는 시점부터 끝날 때까지 고객이 생각하고 판단하고 행동하는 경로를 의미한다. 만약 서비스가 일어나는 서비스 스케이프가 일정한 면적을 확보한 공간일 경우 고객은 일정하게 움직이므로 곡선으로 표현된다. 고객 여정은 고객이 서비스를 위해 행하는 모든 행동과 거치게 되는 행로를 말한다. 예를 들어 슈퍼마켓에 가서 우유를 산다고 가정해보자. 가장 먼저 슈퍼마켓으로 걸어 들어갈 것이고, 우유가 있는 냉장고를 찾을 것이며, 우유를 집어 들고, 주인에게 돈을 낸 다음 밖으로 나올 것이다. 이것이 보통 우리가 우유를 사기 위해 행하는 과정이다. 서비스 디자인에서는 이를 고객 여정이라고 하는데, 서비스를 디자인하기 위해 서비스 디자이너가 반드시 머릿속에 그려보아야 하는 과정이다. 만약 이 고객 행로가 보다 광범위하고 복잡하다면 우리는 무언가의 도움을 받아야 할 것이다.

(3) 터치포인트(Touchpoint)

터치포인트 고객의 서비스 경험을 구성하는 요소를 말한다. 터치포인트는 광고, 매장, 웹사이트, 청구서, 콜센터, 안내장, 종업원 등 셀 수 없이 많은 형태일 수 있다. 이 모든 것이 고객이 서비스를 이용할 때 감각적으로 경험할 수 있는 유형의 요소들이다. 서비스를 디자인할 때에는 서비스 프로세스의 모든 터치포인트를 예상하고, 명확하고 일관되게 통합된 고객 경험을 창조하기 위해 터치포인트를 그려야 한다. 이를 모두 그려낼 때 고객 서비스의 여정을 디자인할 수 있다.

(4) 물리적 증거(Physical Evidence)

서비스의 물리적 증거는 고객이 서비스의 터치포인트를 경험할 수 있게 하는 디자인된 유형의 것을 총체적으로 말한다. 서비스 디자이너는 증거물을 고객이 경험하게 될 서비스를 예상하고 이를 가장 효과적으로 경험할 수 있도록 디자인해야 한다. 기업은 서비스 디자인 청사진을 통해 고객이 어떤 터치포인트와 접촉하는지 알 수 있고, 이를 유형화한 물리적 증거로 눈에 보이지 않는 서비스의 한계를 극복할 수 있다. 또한 물리적 증거에 대한 고객의 반응을 예측하게 되므로, 어느 정도 서비스의 질에 관한 판단이 가능해 서비스 도중 맞닥뜨릴 수 있는 위험을 방지하는 효과도 있다. 궁극적으로 서비스의 물리적 증거는 고객과 협력자들의 추상적 평가가 아닌 구체적인 체험을 통해 그들의 가정을 점검해볼 기회를 제공한다. 터치포인트는 고객 여정에서 만나는 고객과 서비스의 모든 접점을 의미한다. 이 터치포인트를 기준으로 생성되는 유형적 증거물을 물리적 증거라 한다. 터치포인트와 물리적 증거는 거의 같은 의미로 사용하지만, 물리적 증거가 터치포인트보다 유형적 속성을 뚜렷이 나타낸다.

(5) 서비스에콜로지(Service Ecology)

서비스에콜로지는 서비스를 이루는 구성원의 상호관계와 그 시스템을 말한다.

서비스에콜로지 맵핑은 서비스가 작동하는 맥락과 서비스의 체계적인 관점을 구축하기 위해 사용하는 프로세스이다. 서비스 조직은 새로운 기회를 발견하고 아이디어를 얻어 전체적인 서비스 콘셉트를 구축하기 위해 서비스의 영향을 받는 주체와 그들이 서로 관계하는 양상을 그림으로 나타낸다. 이는 궁극적으로 보면 서비스 조직은 지속적인 서비스에콜로지를 창조하기 위해 노력하는 것이다.

(6) 프로토타이핑(Prototyping)

프로토타이핑은 서비스 디자인을 통해 제시된 모델을 실제적인 구현과 시뮬레이션을 통해 그 타당성이나 성능 등을 검토하기 위해 실제로 미리 초기 모형을 만들어 보는 방법론이다. 제품을 미리 실제 모형으로 만들어 여러 가지 실험을 거친 다음 양산에 들어가는 것처럼 서비스 프로토타입도 본격적인 적용에 앞서 다양한 서비스 터치포인트를 물리적 증거로 디자인하고, 서비스 경험을 위한 장면과 장소, 시간을 설정하고, 서비스에 참여하는 고객과 직원, 전문가를 실제로 참여시켜 가장 이상적인 서비스 환경을 실제로 구현해 시뮬레이션 해야 한다. 프로토타이핑은 한 가지 또는 몇 가지 조건을 갖추고 운영하는 것이 아닌 실제로 공간과 시간이 움직이는 상황에서 서비스와 함께 제공되는 각종 제품, 공간, 시스템, 프로세스가 동시에 서로 연관을 맺으며 진행되는 것을 경험하게 하는 프로세스적 접근 방식이다. 따라서 이는 실제 환경과 같이 조성한 경험 프로토타이핑을 통해 유·무형의 복합적인 서비스 디자인의 문제점을 찾아내 개선하는 데 매우 유용하다.

3. 통합적 서비스 디자인 커뮤니케이션 믹스

서비스는 무형의 상품이라는 특성 때문에 서비스를 소비하는 동안이나 소비한 뒤 그 서비스에 대해 가치 판단을 할 때 고객은 종종 유형의 단서나 물리적 증거에 의존하게 된다. 그러므로 서비스를 디자인으로 창조한다는 것은 무형의 서비스를 기업이 고객에게 전달하고자 하는 가치와 내용을 디자인으로 유형화해 전달한다는 데 그 의미가 있다. 또한 이러한 서비스 디자인 활동은 제품디자인과는 달리 물리적 유형물의 개발에 따른 판매나 전달이 아닌 서비스라는 무형의 정보를 전달하기 위한 커뮤니케이션을 목적으로 하는 활동이 주를 이루게 된다.

서비스 조직에서 주로 실행하는 디자인 커뮤니케이션은 크게 제품디자인, 공간디자인, 정보디자인, 아이덴티티디자인, 디지털미디어디자인으로 나눌 수 있다. 이는 전통적인 디자인의 영역에 따른 분류로, 최근에는 디자인 활동이 복합적으로 융합되어 이루어지는 경우가 많아 각 분야의 경계가 모호해지는 특성을 보인다. 이러한 특성을 반영해 서비스 디자인을 평면, 입체, 시간의 개념으로 확장시켜서 정보와 아이덴티티디자인을 2D디자인, 제품 및 공간디자인을 3D디자인, 디지털 미디어디자인을 4D디자인으로 분류할 수도 있다. 이러한 분류 방법으로 오른쪽 다이어그램과 같은 통합적 디자인 커뮤니케이션 믹스를 구성할 수 있다.

(1) 서비스제품디자인(Service-product Design)

제품디자인은 사람들에게 널리 알려진 디자인의 가장 오래된 형태이다. 아주 오래전 인간이 필요에 따라 단순한 도구를 고안해 사용하던 것에서 시작되어, 현재는 제품과 인간이 상호작용하는 여러 국면을 포괄하는 유용성과도 매우 밀접한 관계를 맺고 있다. 우리 주위에 있는 모든 것, 예를 들어 자동차와 가구, 가전제품 등이 모두 제품디자인에 속한다. 그밖에도 우리 주위에서 일정한 부피를 가지고 공간을 차지한 사물 모두가 디자인된 것이라는 점을 고려하면 그 범위는 훨씬 넓어질 것이다.

제품디자인은 물리적 제품을 생산해 판매하는 회사라면 어디든 관련된 분야이다. 상업적으로 디자인은 제품에 가치를 부여해 부가가치를 창출하는 활동이라고 할 수 있다. 기본적인 유형성을 지닌 형태가 있는 물체에 디자인으로 가치를 부여함으로써 소비자에게 최대한의 효용을 제공하는 일이다. 이러한 활동은 근본적으로 소비자를 위한 것이고 결국에는 비즈니스를 위한 것이다. 디자인이 좋은 제품은 잘 팔려서 시장점유율을 높이고 판매 수익을 올릴 것이며 더 좋은 제품을 생산할 수 있는 투자를 가능하게 할 것이다.

지금껏 혁신적이고 성공적인 제품으로 인정받은 물건들 뒤에는 하나같이 객관적으로 훌륭한 디자인이 있었다. 마케팅의 대가 대부분이 칭송한 애플의 아이폰과 닌텐도의 위가 그 가운데 하나이다. 아이폰과 위는 탁월하고 매력적인 디자인으로 너도나도 소유하기를 원했고 온갖 매체에서 기사로 다루어 막대한 홍보비용을 따로 들일 필요가 없었다. 소비자는 제품이 출시되자마자 웃돈을 주거나 한시라도 빨리 사기 위해 줄을 서서 기다렸을 정도이니 말이다. 포트폴리오에 이런 캐시카우(cash cow) 상품이 하나라도 있는 기업은 행복할 것이다.

서비스제품디자인은 이런 제품디자인의 특성을 이용해 소비자에게 서비스의 가치와 의미를 전달하려는 노력이기도 하다. 서비스를 제공하는 데에도 일정한 부피와 크기로 물리적 공간을 차지하는 '제품'의 디자인이 한몫을 담당하는 것이다. 제품은 형태와 기능을 지닌 하드웨어로서 고객과 상호작용하며 체험을 통해 서비스의 유형성을 강화한다.

(2) 서비스공간디자인(Service-space Design)

서비스공간디자인은 크게 세 가지로 나눌 수 있다. 사무실, 공장, 사옥같이 회사 직원들이 주로 활동하는 업무 공간과 고객과의 직접적인 만남이 이루어지는 소매점, 콘셉트스토어, 플래그십스토어 등의 상업 공간, 그리고 서비스의 홍보와 판매를 목적으로 전시나 이벤트를 개최하는 전시 공간이 그것이다.

서비스공간디자인은 경영학, 특히 서비스 마케팅 분야에서 인간이 창조한 서비스 공간의 의미로 '서비스 스케이프'라고 하며 그에 관한 연구가 활발히 진행되고 있다. 서비스공간디자인의 중요성은 특히 음식점이나 호텔 같은 숙박시설에서 두드러진다. 고객이 소비를 위해 어떤 장소를 방문할 때 상품 그 자체보다 물리적인 공간이 구매 결정에 더 큰 영향을 미치는 사례가 발견되기 때문이다. 예를 들어 패밀리레스토랑에 갈 때에도 무엇을 먹을 것인가의 문제보다 좋아하는 분위기나 음악, 인테리어, 향기 등이 장소 결정에 더 큰 영향을 미친다는 조사 결과가 발표되고 있다. 이런 사례는 비단 음식점이나 호텔뿐 아니라 병원, 우체국, 은행 같은 서비스 공간에도 파급되고 있다.

서비스를 위한 공간디자인은 한 장소에서 영속적으로 서비스를 펼치는 병원, 음식, 백화점 같은 상업시설에만 해당하는 것이 아니다. 일시적으로 공간을 점유했다가 해체되는 전시, 이벤트, 박람회 같은 공간에서도 그 효력을 발휘한다. 보통 전시회나 박람회는 많은 기업이 자사의 상품과 서비스를 홍보하고 선전하기 위해 모여드는 장소적 특성을 지닌다. 이런 공간에서 자사의 부스를 디자인할 때에는 특히 얼마나 많은 관람객의 시선과 관심을 끌어 모을 수 있느냐에 초점을 맞추어야 한다. 아무리 좋은 상품을 가져와서 전시를 한다고 해도 전시장에서 관람객이 관심을 보이지 않는다면 아무런 의미가 없다. 따라서 매력적인 전시 공간을 연출해서 관람객의 발걸음을 자사의 부스로 끌어들이고 효율적인 동선을 따라 이동하며 제품이나 서비스를 즐겁게 체험할 수 있도록 하는 등 전시 공간이 제품에 대한 인지도를 높이는 역할을 하도록 해야 한다.

(3) 서비스정보디자인(Service-information Design)

각 기업의 서비스 디자이너는 고객에게 유용한 서비스 정보를 전달하기 위해 각종 아이디어를 짜내느라 진통을 겪는다. 그렇게 오랜 산고 끝에 얻어낸 정보가 최종적으로 잘못 디자인 되어 전달된다면, 그동안 많은 사람이 참여해 노력한 결과가 한순간에 물거품으로 변하고 말 것이다.

정보디자인은 복잡한 정보를 고객이 이해하기 쉽고 이용하기 쉽게 디자인하는 것이다. 언어학, 심리학, 인간공학 같은 분야의 이론을 디자인 세계로 끌어들여 적용한 분야로 요즘처럼 다양한 정보가 급속히 생성되고 유통되는 환경에서 정확하고 신속하게 고객이 정보를 받아들일 수 있도록 도와주는 디자인이라고 할 수 있다. 다시 말해 다른 디지털 미디어나 제품의 작동 및 조립, 혹은 복잡한 동선 등 짧은 시간 내에 인지하기 어려운 커뮤니케이션이 필요할 때 디자인 요소를 통해 단순화해서 쉽게 이해할 수 있도록 도와준다.

사회가 복잡다단해지고 정보의 양이 하루가 멀다 하고 늘어나는 오늘날, 우리에게 많은 정보를 짧은 시간 내에 알기 쉽게 전달해주는 정보디자인의 역할이 중요하다. 다루는 정보의 양이 많고 정보 전달이 중요한 분야, 특히 디자인과는 별

개로 여겨졌던 정부기관이나 조직에서 그 수요가 점차 늘어나고 있다. 물론 잘못 디자인된 서비스 디자인은 불필요한 비용을 지출하게 하고, 내·외부 구성원의 시간을 빼앗아 전체적인 효율을 떨어뜨리기도 한다. 또한 제품의 조절 장치나 디지털 미디어를 사용할 때 잘못된 디자인으로 좌절감을 느끼게 하고, 심지어 잠재적인 위험 상황으로 이끌 수도 있다.

만일 그것이 교육 자료일 경우에는 학습자의 이해력을 떨어뜨리고, 과학 기술에 관한 자료일 경우에는 잘못된 이해와 해석을 일으킬 수 있다. 한편 웹사이트일 경우에는 원활한 정보 검색을 방해해 불쾌감을 느낄 수도 있다. 이러한 불편보다 더 중요한 것은, 결국 이런 결과는 서비스 제공자에 대한 부정적인 이미지로 이어진다는 사실이다. 잘된 정보디자인은 인간을 그 중심에 두고 사용자의 입장에서 디자인한 것이다. 따라서 효과적인 정보디자인은 서비스가 진행되는 동안 고객과 기업의 의사소통을 원활하게 해서 효율성을 높이고, 서비스에 대한 고객의 이해를 증진해 서비스 공급자와 소비자가 긍정적인 관계를 형성하는 데 긍정적인 역할을 한다.

(4) 서비스아이덴티티디자인(Service-identity Design)

서비스아이덴티티는 기업이 전하고자 하는 서비스의 모습이고, 서비스아이덴티티디자인은 이를 최종적으로 고객이 인식할 수 있도록 한 시각적인 표현물이다. 다시 말해 서비스아이덴티티에는 서비스의 본직적인 가치 체계와 목표 및 의미가 담겨 있고, 서비스아이덴티티디자인은 이를 심벌, 캐릭터, 로고타입 등을 통해 시각적인 이미지로 드러낸다. 가치 체계와 목표 및 의미, 그리고 시각적인 이미지를 각각 의미 요소와 표현 요소라 한다. 다시 말해 서비스아이덴티티를 확고히 하기 위해서는 서비스의 가치와 목표를 담고 있는 의미 요소, 비시각적 요소와 서비스의 심벌, 캐릭터, 로고타입을 포함하는 표현 요소 간의 연계성을 극대화해야 한다.

서비스아이덴티티디자인은 기업의 아이덴티티와 문화와도 연결된다. 그래서 심벌, 로고타입, 브랜드로 표현되는 아이덴티티디자인은 고객에게 객관적인 신뢰를 심어주는 서비스 기업의 상징이 된다. 그런 만큼 아이덴티티디자인은 서비스 기업의 특징, 이데올로기, 가치 등을 내포하며, 이를 올바른 이미지로 형성하기 위해서는 많은 비용과 노력이 뒤따른다. 서비스아이덴티티디자인의 중요성이 주목받는 이유는 소비자가 서비스 상품을 구매하기 전 시각적 커뮤니케이션으로 이미 각인된 브랜드에 대한 인상과 편견이 상품의 구매 여부에 영향을 미치기 때문이다. '저 서비스를 이용하면서 내가 자부심을 느낄 수 있을까?', '남들이 저 브랜드를 사용하는 나를 좋게 평가해줄까?' 같은 감정이 개입하는 것이다.

무형의 서비스 가치를 시각적인 아이덴티티디자인으로 창조해 전면에 내세우는 것은 무엇보다도 고객 스스로 차별화된 서비스를 받고 있다고 인식하게 해 서비스에 대한 가시성을 높이고 충성도를 향상시키는 데 그 목적이 있다.

(5) 서비스디지털미디어디자인(Service-digital Media Design)

오늘날 각종 정보와 서비스가 넘쳐나면서 인터넷과 디지털TV, 스마트폰과 PDA(Personal Digital Assistant) 같은 디지털 미디어를 통해 서비스를 제공받는 빈도가 높아지고 있다.

디지털 미디어는 기존의 전통적인 미디어와 달리 하루가 멀다고 새로운 커뮤니케이션의 가능성을 제시해왔다. 전통적인 미디어는 시간과 공간의 제약이 따르고 비용이 많이 드는 반면에 디지털 미디어는 시공의 제약을 받지 않는 전달 매체이면서 개발 및 유지비용이 저렴하다는 장점이 있다. 또 전통적인 미디어가 한정된 공간과 비용 등의 문제로 정보나 감성적인 측면 어느 한 쪽에 치우쳐서 광고를 할 수밖에 없는 데 비해, 디지털 미디어는 표현의 다양성과 공간의 무제한성을 토대로 광범위한 정보를 감성적으로 동시에 전달할 수 있다. 그뿐 아니라 디지털 미디어를 통한 커뮤니케이션은 상호작용적이다. 인쇄 매체나 TV 광고에서 고객은 일방적으로 정보를 받아들이는 데 그쳤지만, 디지털 미디어에서는 서로 의견을 교환하거나 제시하고 반영하는 것이 가능하다. 이러한 상호작용 커뮤니케이션이 가능한 것은 인쇄 광고가 시각적 자극에 호소할 수밖에 없는 반면 디지털 미디어는 청각, 시각, 촉각 등 다른 감각으로 그 전달 매체를 확장할 수 있기 때문이다. 또한 디지털 미디어는 전통적인 미디어와 비교해 기업에서 관리하기도 쉽다. 전통적인 미디어에서는 기사가 외부로 유출되거나 광고가 원치 않는 지면에 배치되었을 때 이를 통제하거나 번영하는 것이 어려웠지만 웹, 배너 및 팝업 광고 등은 웹마스터(web-master)의 통제로 얼마든지 자유롭게 수정할 수 있다.

4. 서비스 디자인 인력

기업에서 디자인을 전략적으로 활용하기로 마음먹었다면 가장 먼저 할 일은 디자인 업무를 담당할 인력을 채용하는 것이다. 무작정 디자이너를 고용하라는 말이 아니다. 디자이너를 활용하거나 디자이너와 함께 일하는 방법을 모른 채 무턱대고 디자이너를 채용한다면 서로에게 불행한 결과를 가져올지 모른다. 이제 좀더 구체적으로 디자이너가 어떤 사람인지 알아보기로 하자.

(1) 디자이너(Designer)

디자이너는 창조자이다. 창조자로서 가장 기본적인 활동은 그들의 손과 머리를 이용해 목적성이 있고 심미적인 것을 창조해내는 것이다. 이는 일반 대중이 흔히 생각하는 디자인의 범위 내에서 본 디자이너의 역할이지만 가장 기본적이면서 본질적인 디자이너의 역할이라고 할 수 있다. 디자이너가 하는 일은 본질적으로 창의력을 바탕으로 한다. 디자인과 창의력은 어떤 측면에서 '경영'과는 동떨어진 것처럼 보이기도 한다. 경영은 '관리'를 전제로 하고, 관리는 '예측이 가능하다'는 속성을 지니고 있다. 만일 그렇지 않으면 관리 영역을 벗어난, 예외적이고 있어서는 안 될 불량, 낭비, 제거 대상 등으로 여겨졌다. 따라서 지금까지 경영 프로세스와 의사결정은 정량적으로 측정할 수 있고 모든 것을 파악할 수 있는 상황에서 이루어졌다. 하지만 디자인은 개인적인 직관과 능력, 기술에 대한 의존도가 높아 기존의 경영 패러다임에 반대되는 측면이 많았고, 이를 설명하고 입증하기 어려워 오랫동안 간과했다. 따라서 디자인의 성공 사례는 그저 사례로만 남을 뿐, 이를 지속적으로 유지할 수 있는 정보를 축적하거나 관리하지 못한 것이 사실이다. 하지만 오늘날의 정보화 시대, 소비자를 중심으로 빠르게 시장이 형성되는 현실에서 창의력과 직관이 뛰어난 디자이너의 판단에 따른 프로젝트 추진은 많은 성공 사례를 낳고 있다.

가. 창조적 기술

창조성은 디자이너만이 지닌 독특한 능력은 결코 아니다. 프로젝트와 사업은 모두 창의를 바탕으로 시작해 개발되고 전개된다. 하지만 어느 분야에서나 창의는 본능적인 면과 지식적인 면을 요구한다. 지식은 후천적으로 경험과 학습을 통해 얻을 수 있지만, 본능은 단기간의 노력으로 얻을 수 있는 것이 아니다. 디자이너는 후천적으로 얻기 어려운 능력을 타고난 사람들로, 다시 말해 창조적인 기술을 바탕으로 디자인적 맥락에서 접근해 논리적인 관점으로 풀기 어려운 비즈니스 문제를 해결할 수 있는 유일한 가능성을 지닌 집단이다.

나. 예술적 기술

예술적 기술은 창조적 능력을 바탕으로 시각적인 해결책을 통해 문제를 해결하는 기술이다. 각종 비즈니스 문제를 형태, 색, 재질 등 디자인의 시각적 요소로 나타낸 문제 해결책을 보고 느낄 수 있게 하는 능력을 말한다.

다. 실용적 기술

디자인을 시각적으로 구현하기 위해서는 기술, 재료, 프로세스 등에 대한 이해와 지식이 반드시 전제되어야 한다. 디자이너가 디자인 콘셉트와 디자인을 잘 계획했다고 해도 물리적 증거로 나타내는 데 실패한다면 결국 불필요한 작업만 늘고 원활한 커뮤니케이션이 불가능해진다. 또한 대규모 프로젝트를 위한 프로세스 상에서 디자인을 시각화하는 일은 디자이너 혼자서 하는 것이 아니라 제작자, 협력 업체와 협업해야 하기 때문에 반드시 필요한 능력이다. 보통 디자이너는 이런 능력이 부족해 만약 이런 능력이 뛰어난 디자이너가 있다면 기업은 반드시 채용해 지원해야 한다.

라. 분석적 기술

분석 능력은 디자인 프로젝트에서 디자이너에게 경영의 범주로 들어오게 한다. 프로젝트의 목적은 무엇인지, 참여 인원과 예산은 얼마나 되는지, 프로젝트를 통해 얻을 수 있는 효용은 무엇인지, 프로젝트를 진행하는 데 어떤 제약 조건이 있는지 등 디자인 브리프(design brief, 프로젝트의 배경, 목적, 투입 인력, 예산, 기간 등 전반적인 개요를 서술해 놓은 것)를 작성하고, 이들이 경영 목적에 부합할 때 비로소 디자인 프로젝트를 수행할 수 있는 것이다.

(2) 디자인매니저(Design Manager)

각 디자인 프로젝트는 다양한 분야의 지식과 정보를 통합 및 조정하고 촉진하는 과정을 아우른다. 또한 시장과 트렌드의 흐름을 읽는 마케터, 인간적 효율을 담당하는 인간 공학자나 심리학자, 프로젝트의 재무를 담당하는 회계사, 기술적 적용과 개발을 담당하는 엔지니어, 아름답고 독창적인 형태를 개발하는 디자이너, 그리고 프로젝트를 총체적으로 이끌어가는 프로젝트 매니저 등 다양한 사람이 참여한다. 이들은 자신의 분야에 대해서는 누구 못지않은 전문 지식을 자랑하지만 다른 분야에 대해서는 잘 모르는 경우가 많다. 최근에는 엔지니어와 디자이너, 마케터 등 여러 분야의 사람이 긴밀하게 협업해야 하는 일이 늘어나 서로의 역할 규정이나 업무에 대한 이해의 폭이 넓어지고 있지만, 커뮤니케이션에서 문제가 발생할 여지는 여전히 남아 있다. 그 때문에 디자인매니저는 다양한 구성원의 목소리를 귀담아듣고 이를 잘 이해해 서로의 의견을 조율하거나 타협을 이끌어내는 중간자 역할을 충실히 수행해야 한다. 또한 기업의 디자인 프로젝트를 검토하고 추진해야 할 과제를 설정한 뒤 우선순위를 결정하거나 조정하는 코디네이터이며 기업의 임무와 비전에 부합하는 디자인 프로젝트를 추진하기 위해 방향을 제안하고 각종 전략적 디자인 사업을 이끄는 전략가이기도 하다.

(3) 디자인디렉터(Design Director)

디자인디렉터는 기업에서 디자인센터장이나 디자인소장과 같은 위치이다. 물론 각 분야의 디자인을 전담하는 인력도 디자인디렉터라고 할 수 있지만, 여기에서 말하는 디자인디렉터는 한 기업의 모든 디자인 분야를 통합해 모든 디자인 프로젝트에 투입되는 자원을 조율하고, 프로젝트를 이끄는 총괄 업무를 수행하는 사람을 말한다. 기업에서는 보통 디자인디렉터를 채용할 때 한 분야의 디자인 전문회사에서 오랜 기간 디자인 개발 업무를 수행한 경험자를 우선순위에 둔다. 하지만 디자인디렉터가 해야 할 일은 한 가지 분야의 디자인 개발 업무가 아니라 기업이 필요로 하는 전반의 디자인 영역에 대한 전략적 개발과 활용이다. 그런 측면에서 디자인 개발 업무를 오래 수행한 디자이너보다는 비록 경험이 조금 부족하더라도 디자인의 모든 분야에 대한 이해가 있고, 디자인과 인접한 마케팅, 경영, 공학 등 다른 분야와의 커뮤니케이션에 두려움이 없고, 디자인 개발뿐 아니라 인접한 분야의 지식을 습득하기 위해 끊임없이 노력하는 사람이 적합하다.

PART 2

- 구영덕, "대형할인점의 물리적 환경에 대한 지각이 고객만족과 의도에 미치는 영향", 유통과학연구, 3(2), 2005.
- 김귀련, 방정혜, "서비스 디자인 평가모델(SDES) 개발에 관한 연구", 한국디자인문화학회지, 2012.
- 김기홍, 조인환, 유도재, 정웅용, 「고객관계중심의 서비스 경영론」, 대왕사, 2005.
- 김성혁, 최승만, 권상미, "호텔레스토랑의 물리적 환경지각이 감정반응, 고객만족, 재구매의도 및 추천의도에 미치는 영향", 관광연구, 2009.
- 김승욱, 「섬기는 멘토 감성 서비스」, 필통, pp.153-170. 2007.
- 김윤배, 최기열, 「시각 이미지 읽고 쓰기」, 미담북스, 2005.
- 김현성, "차세대 이동통신 단말기의 감성디자인에 관한 연구", 한국디자인문화학회, 2012.
- 김혜찬 외, "서비스 디자인의 동향과 정책 방향", 한국디자인진흥원, 2010.
- 댄 힐 저, 이정명 역, 「감각 마케팅」, 비즈니스북스, 2003.
- 데이빗 크로우 저, 박영원 역, 「기호학으로 읽는 시각디자인」, 안그라픽스, 2006.
- 마가렛 브루스, 존 베상트 저, 김보영, 이원식 역, 「디자인 인 비즈니스」, 도서출판대웅, 2011.
- 마르크 스틱도른, 야코프 슈나이더 외 저, 이봉원, 정민주 역, 「서비스 디자인 교과서」, 안그라픽스, 2012.
- 마크 고베 저, 브랜드앤컴퍼니 역, 「감성디자인 감성브랜딩」, 김앤김북스, 2003.
- 마틴 린드스트롬 저, 최원식 역, 「세계 최고 브랜드에서 배우는 오감 브랜딩」, 랜덤하우스중앙, 2006.

- 박오성, "고객만족을 위한 서비스 경영론", KSI 한국학술정보(주), 2008.
- 번 슈미트, 알렉스 시몬슨 저, 인피니트 그룹 역, 「미학적 마케팅」, 김앤김북스, 2007.
- 브릿지 보르자 드 모조타 저, 김보영, 차경은 역, 「디자인 경영」, 디자인네트, 2008.
- 서비스 경영연구회 역, 「서비스 경영」, 석정, 1995.
- 안광호, 하영원, 박홍수, 「마케팅원론」, 3판, 학현사, 2004.
- 안드레아스 슈나이더 외 저, 김경균 역, 「정보 디자인」, 정보공학연구소, 2004.
- 이순철, 「서비스 기업의 경영전략」, 삼성경제연구소, 2000.
- 이유재, 「서비스 마케팅」, 학현사, 1995; 2005.
- 전인수 저, 배일현 역, 「서비스마케팅」, 한국맥그로힐, 2006.
- 정경원, 「디자인과 브랜드 그리고 경쟁력」, 웅진북스, 2003.
- 제임스 헤스켓, 「서비스수익모델」, 삼성경제연구소, 2000.
- 크리스티안 미쿤다 저, 최기철, 박성신 역, 「제3의 공간」, 미래의 창, 2005.
- 톰 피터스 저, 정성묵 역, 「톰 피터스 에션셜, 디자인」, 21세기북스, 2005.
- 표현명, 이원식, 「서비스 디자인 이노베이션」, 안그라픽스, pp.96-99, 2012.
- American Management Association, Blueprints for Service Quality: The Federal Express Approach, 2nd ed., 1994.
- Andrew, H., "Design for Service : Harmonising Product Design With a Services Strategy", Aircraft Engine; Ceramics; Coal, Biomass and Alternative Fuels; Controls, Diagnostics and Instrumentation; Environmental and Regulatory Affairs, Vol.2, pp.135-143, 2006.
- Arthru, V. H., A. C. David, M. F. Cragi, C. G. John, D. M. Richard, and V. Rohit, "Research Opportunities in service process design", Journal of Operation Management, 20(2), pp.189-202, 2002.
- Berry, L. L., On Great Service: A Framework for Action, Free Press, 1995.
- Chuang, P.-T., "Combining Service Blueprint and FMEA for service design", The Service Industries Journal, 2(2), pp.91-104, 2007.
- Haksever, C., B. Render, R. S. Russell and R. G. Murdick, Service Management and Operations, 2nd ed., Prentice Hall, 2000.
- Holdford, D. A. and D. T. Kennedy, "The service blueprint as a tool for designing

innovative pharmaceutica ervices", J. AM Pharm Assoc(Wash), 39(4), pp. 545–552, 1999.

- Lovelock, C. H. and L. Wright, Principles of Service Marketing and Management, 2nd ed., Prentice Hall, 2002.
- Lovelock, C. H., Product Plus, McGraw–Hill, 1994; Services Marketing, 3rd ed., Prentice Hall, 1996.
- Lynn, S. G., "How to Design a Service", European Journal of Marketing, 16(1), p.49, 1982.
- Meier, H., W. Massberg, "Life Cycle–Based Service Design for Innovative Business Models", CIRP Annals–Manufacturing Technology, 53(1), pp.393–396, 2004.
- Operations, 2nd ed., Prentice Hall, 2000.
- Palmer, A. and C. Cole, Service Marketing, Principles and Practice, Prentice Hall, 1995.
- Schneider, B. and D. E. Bowen, Winning the Service Game, Harvard Business School Press, 1995.
- Simon, H. A., "Rationality in Political Behavior", Political Psychology, 16(1), pp.45–61, 1995.
- William, O. B., K. M. Manoj, and H. U. Kelly, "Customer contact and the evaluation of service experiences: Propositions and implications for the design of services", Psychology and Marketing, 15(8), pp.793–809, 1999.

PART 2

DESIGN THINKING & SERVICE MANAGEMENT

PART 3
디자인 씽킹과
서비스 여정관리

DESIGN THINKING &
SERVICE MANAGEMENT

Cornish(1988)는 고객지향성의 기업 내 영향요인으로 첫째, 고객욕구에 신속히 반응하려는 최고경영자의 확고한 의지, 둘째, 부서 간 정보의 공유, 셋째, 산출 중적이 아닌 행위 중심적 보상 시스템, 넷째, 고객 지향적 조직구조를 들었다. 또한 Williams(1992)는 Saxe & Weitz(1982)의 6개 영향요인에 고객만족과 사후관리 활동, 양자승리 철학, 기업에 대한 대표성 요인을 추가하였다. 또한, 한상인(2009)은 선행연구 결과분석을 통해 고객지향성의 개념과 구성요소를 살펴본 결과 고객의 욕구를 충족시키고 고객의 이익을 우선으로 하여 고객만족을 이끌어 내고자 하는 생각과 행동이라는 공통점을 갖고 있으며 고객지향성 구성요인에는 고객 중심적 사고, 고객의 욕구 파악, 제품에 관한 지식과 정확한 전달, 장기적 관계 등의 공통적인 요소가 포함되어 있다고 하였다.

이러한 관점에서 서비스 경영에서 고객과 좋은 관계를 형성하고 평생토록 관계를 유지하는 것이 디자인 씽킹에서 여정 관리라고 할 수 있다. 기업은 이윤 창출을 위해서 고객과 관계를 맺고 자사의 목표 달성을 위한 프로세스를 진행시켜 나간다. 그 진행 단계는 크게 8단계로 이루어지는데, 각 단계는 다음과 같다. 먼저, 1단계는 탐색 여정 단계로 기업과 고객이 서로의 존재에 대해 탐색해 가는 과정을 말한다. 2단계는 확장 여정 단계로, 고객과 기업이 서로의 존재를 인식하고 관계를 확장시켜 나가는 과정을 말한다. 3단계는 평가 여정 단계로, 고객이 기업과 맺은 관계에 대해 평가하는 단계를 말하며, 4단계는 갈등 여정 단계로, 평가한 내용을 바탕으로 고객이 내적 갈등을 겪는 단계를 말한다. 5단계는 해지 여정 단계로 고객이 기업과의 관계를 해지하는 단계를 말하며, 6단계는 어떤 요인이나 계기를 바탕으로 고객이 기업에게 결속되는 여정을 지칭한다. 7단계는 보상 여정 단계로, 기업이 고객에게 보상을 제공하는 단계이며, 8단계는 고객과 기업이 계속해서 관계를 유지해 나가는 여정을 말한다.

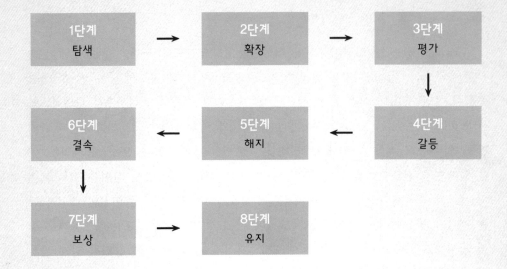

CHAPTER 07
서비스의 여정관리:
탐색여정에서 갈등여정까지

1. 디자인 씽킹: 탐색여정

디자인 씽킹의 서비스와 관련된 탐색단계에서는 기업은 주로, 불특정 다수 혹은 특정 다수에게 자사를 노출시킴으로써, 고객의 흥미를 유발하고 관심을 모은다. 또한 이 단계에서는 자사의 광고가 고객들에게 얼마나 효과적이었는지를 웹로그분석 등을 통해 파악하고 보다 추가적인 전략을 계획한다. 다음은 관계의 탐색단계에 들어가는 사례들을 정리해 본 것이다.

탐색단계는 시험적으로 혹은 탐색적으로 잠재적인 교환의 상대를 찾는 단계이다. 이때 고려하는 것은 고객의 관점에서 관계를 형성함으로써 얻게 되는 의무적인 서비스나 특별한 혜택, 비용 및 관계의 가능성이다. 그리고 시험적인 거래를 형성하기도 한다. 이 단계는 매우 짧은 것이 특성이고 후속단계인 평가와 연결될 수 있다. 광고나 상품의 진열에 의해 유도되어 구매하게 되는 경우가 그 사례이기도 하다.

(1) 관계탐색을 위한 매력(attraction)을 고객에게 전달

이 단계는 탐색관계의 시초이며, 최소수준의 비용과 보상의 결과를 유추하는 단계이다. 그리고 이 단계에서 고객은 자신의 신념, 가치, 개성과 같은 것에 의해서 개인간의 관심의 정도가 다르기 때문에 매순간마다 고객의 특성이 다르게 나타난다고 볼 수 있다.

(2) 밀당/협상(bargaining)을 통해 탐색과정에서 소비자 호기심 유발

협상은 고객과 종업원이 의무, 편익, 비용을 상호재조정하여 교환하는 과정이다. 잠재적인 고객은 협상을 시작함으로써 자신의 가치를 만족시키고자 한다. 그러나 기본적으로 고객의 선호도나 거부감의 정도 및 흥미의 정도를 벗어나지 않는 단계이다. 동시에 고객과 종업원간에 일종의 기초적인 커뮤니케이션이 시작되는 단계이기도 하다. 따라서 이 단계의 고객과 종업원은 서로 상대방을 이해가기 위해 그들의 욕구나 그들 자신의 특성에 대하여 보다 상세한 정보를 원하게 된다.

이 단계의 관계가 지속되기 위해서는 친숙한 구매단계가 상호연계되어야 하며, 미래에도 고객과 종업원의 관계를 유지하기 위해서는 고객들의 기대를 충족시킬 수 있는 충분한 기회를 가져야 한다. 예를 들어서 저가격전략이 처음에는 고객들과 많은 관계를 형성시킬 수 있을지 모르지만, 중요한 것은 고객이 구매하게 될 상품이나 서비스의 본질에 의해서 지속적인 관계를 형성할 수 있도록 유도해야만 한다는 것이다. 즉, 고객은 처음에 서비스의 양에 의해 구매하게 될지 모르지만 이것은 오랫동안 지속될 수 없다는 것이 특징이다. 이때 필요한 것이 고객과 종업원의 커뮤니케이션이며 서로가 상대방을 보다 잘 인지할 수 있게 하는 기회를 줄 뿐만 아니라 보다 지속적인 관계를 형성하는 데 필수적인 요인이기 때문이다.

(3) 관계의 능력/힘을 보여주어라

이는 구매단계와 불가분의 관계에 있는 것으로 만일 특정기업이 다른 기업과의 독립성을 유지하면서 능력을 갖고 있다면, 즉 타기업과의 관련성이 적다면 이러한 능력은 보다 적당한 구매력 또는 생산력을 갖게 된다. 또한 타기업과 비교되는 상품이나 전략 등을 사용하게 된다면, 즉 타기업과 구별이 된다면 이 또한 능력을 갖고 있는 기업으로 이러한 종업원이 고객에게 보다 많은 관계의 형성에 유리하게 작용하게 될 것이다.

(4) 주요 사례

가. 체험단 이벤트

제품의 질을 알 수 없는 상황에서 섣불리 구매할 수 없는 고가의 상품일 경우, 기업은 '체험단 이벤트'를 통해 잠재적 소비자들이 제품의 질을 경험할 수 있게 하며, 장기 고객이 되도록 유인한다.

그림 7-1 고가의 화장품 체험단 이벤트 사례

나. 소프트웨어 및 프로그램 체험판

Adobe사나 한글과 컴퓨터사를 비롯한 프로그램 회사의 경우, 프로그램 체험판을 제공함으로써, 고객이 일정 기간 동안 제품을 무료로 이용해 볼 수 있게끔 한다. 이는 잠재된 고객에게 자사를 효율적으로 노출시키고 알릴 수 있는 방법으로 관계의 탐색단계에 들어간다.

PART 3

그림 7-2　무료 체험단 이벤트 사례

Adobe사의 포토샵　　　　　　　　한글과 컴퓨터사

2. 디자인 씽킹: 확장여정

　　디자인 씽킹에서 서비스와 관련된 확장단계에서 기업은 고객을 기업의 이벤트에 참여시키거나, 네트워크 인맥을 바탕으로 또 다른 고객을 창출한다. 그리고 고객과의 친밀함을 위한 서비스 디자인 차원에서 확장여정으로 접어든다. 기업은 고객의 탐색에서 더 나아가 기업과 고객과의 관계를 더욱 확장하여 관계의 친밀함을 확장시키는 전략을 수립해야 한다.

(1) SNS 이용을 통한 확장전략

　　기업은 전 세계인이 이용하고 있는 여러 가지 SNS를 통해 고객과 새로운 관계를 형성할 수 있으며, 고객은 게시물에 '좋아요(페이스북의 경우)'를 누르거나 댓글을 남겨서 기업과의 관계를 확장시킬 수 있다. 기업은 SNS를 이용하여 잠재고객들에게 자사를 알리고(관계의 탐색), 고객들은 기업이 개설한 페이지를 통하여 기업에 대한 정보를 더 획득해 나가는 과정을 통해 관계를 확장할 수 있다.

(2) 기업의 멘토링 프로그램 및 대외활동 프로그램을 통한 확장전략

기업은 대중과 소통하고 관계를 확장하기 위해서 여러 가지 프로그램을 운영하고 있다. 삼성의 경우, 대학생 서포터즈나 멘토링 프로그램을 통해서 대중들과 소통하고(관계를 확장하고) 자사의 사회공헌 이미지를 부각시킨다. KT&G의 경우 상상 마케팅 스쿨을 운영하고 있으며, 기업은 이러한 프로그램을 통해서 자사에 유용한 정보를 얻을 뿐만 아니라, 프로그램 참여자들과 더욱 확장된 관계를 형성한다.

그림 7-3 삼성멘토링

3. 디자인 씽킹: 평가여정

디자인 씽킹에서 서비스와 관련된 평가여정에서 고객은 기업의 제품과 서비스에 직접 평가함으로써, 피드백을 요구할 수 있고, 기업은 고객의 의견을 바탕으로 관계 개선을 위한 방법을 모색하거나, 고객의 불만을 해소하려는 시도를 할 수 있다. 고객충성 프로그램을 통해 우량고객을 양산하는 것을 목적으로 하지만, 우량 고객이라고 하더라도 우량성이 똑같은 것만은 아니다. 이 때문에 우량고객들이 기업 성과에 미치는 영향과 거래의 지속성을 기준으로 고객을 세분화하고, 세분화된 그룹별로 차별화된 고객충성전략을 구사할 필요성이 있다.

특히, NCSI(National Customer Satisfaction index)는 고객이 평가한 제품 및 서비스 만족지수로 국내 최종소비자에게 판매되고 있는 제품 및 서비스 품질을 고객이 직접 사용해보고 평가한 만족수준의 정도를 모델링에 근거하여 측정, 계량한 지표이다. 한국생산성본부와 미시간대학(University of Michigan)이 공동으로 개발하였다. NCSI의 최소측정단위는 개별기업이 생산하는 제품 또는 제품군(Product Line)이며, 측정결과는 개별기업별(Company level), 산업별(Industry level), 경제부문별(Economic sector level) 그리고 국가별(National level)로 발표된다.

그림 7-4 고객 평가 방법

Reserch Service

웹서비스 만족도 (E-NCSI)

웹서비스를 통해 서비스 수준을 평가 진단하는 객관적인 평가기준과 과학적인 조사방법입니다.

웹서비스만족도(E-NCSI)조사의 필요성

정보산업의 발달과 함께 인터넷은 사회 전반에서 필수 요소로 자리잡았고 기업들은 웹사이트를 통해 기업 이미지 제고 및 자사 제품 등의 전략적인 홍보를 위해 그 활용도를 높여가고 있습니다. 기업의 홈페이지는 고객에게 해당기업의 첫 인상을 심어줄 수 있는 중요한 관문이며 대 고객 커뮤니케이션 창구로서 역할을 하고 있습니다. 또한 신상품에 대한 소개 및 주요정보전달 채널로서 역할을 하고 있으며 주요 마케팅 수단으로서 위상을 강화해 가고 있습니다.

웹서비스 만족도 조사는 웹사이트 중요성 강화와 더불어 정확한 이용고객의 만족도 조사 및 불만요인 파악, 주요 마케팅 요소의 실시간 Tracking, 이를 활용한 개선점을 도출함으로써 기업 웹사이트 활용도 증대 및 마케팅요소 관리를 통한 재무적 성과 향상에 기여를 하게 됩니다.

E-NCSI에서 NCSI의 역할

- NCSI평가의 전문성과 공신력을 웹사이트 만족도 평가에 접목하여 사용함
- 웹사이트의 만족도 수준의 진단과 개선을 위한 제언을 통하여 궁극적으로 재무적 향상을 추구함
- NCSI는 e-NCSI구성의 근원적인 방법론을 제공함

웹서비스만족도(E-NCSI)조사의 특징

- NCSI와 동일한 방법론을 사용하여 웹사이트 만족도 평가 지수를 산출하게 됩니다.
- 자동화된 ON-LINE REPORTING 보고방식을 통하여 고객사로 하여금 웹사이트 만족도 변화를 주기적으로 편리하게 파악할 수 있도록 합니다.
- 주요 마케팅 ISSUE에 대한 실시간 TRACKIING 정보를 확인할 수 있습니다.

그림 7-5 E-NCSI 과정

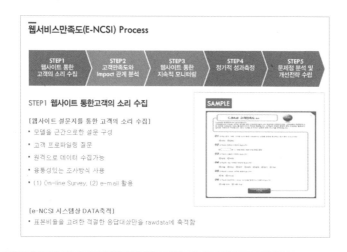

그림 7-6 옥션 상품평 쓰기 사례

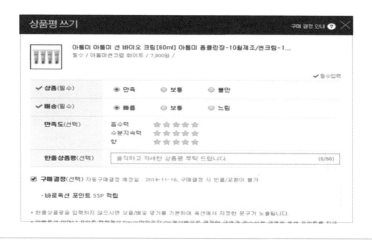

그밖에 쇼핑몰의 상품평, 영화 별점 주기 및 후기 작성, 배달 도착 여부 및 구매 후기 등 기업이 고객의 평가를 확인하는 사례에는 여러 가지가 있으며, 기업은 고객들의 평가를 실시간으로 받아볼 수 있다.

PART 3

4. 디자인 씽킹: 갈등여정

디자인 씽킹에서 서비스와 관련된 기업과 고객은 관계의 갈등여정으로 진입할 수 있다. 고객이 기업에 대해 소비자로서 내적 갈등을 느끼는 단계를 말한다. 기업이 이 단계를 잘 극복하지 못할 경우, 고객은 다른 기업으로 눈을 돌리게 된다.

(1) 기업사례 1: 유해성분 검출

식품의약품안전처가 국내·외 인터넷 사이트에서 다이어트 등의 효과를 광고하며 판매 중인 22개 제품을 수거하여 검사한 결과, 3개 제품에서 식품에 사용할 수 없는 유해성분의 검출되었다고 한다.[1]

시사저널은 지난 8월 30일 인터넷판을 통해 '치명적 독성물질이 든 아기 물티슈가 팔리고 있다'고 단독 보도했다. 본지는 영·유아용 아기 물티슈에 방부제 성분으로 쓰이고 있는 '세트리모늄 브로마이드(CTAB)'가 가습기 살균제 성분 4종(PHG·PHMG·CMIT·MIT)을 대체하는 방부제로 지난해 8월부터 쓰이기 시작했으며 가습기 살균제 성분보다 독성이 더 심한 유해화학물질이라고 보도했다.[2]

이러한 유해성분의 검출은 기업에 대한 고객의 실망을 유발하며, 기업은 소비자에게 신뢰를 잃게 되고, 소비자와 기업은 갈등관계에 이르게 된다. 기업은 이러한 갈등관계가 형성되지 않도록 제품개발에 신중해야 한다.

(2) 기업사례 2: 카드사 개인정보 유출

올해 초에 카드사의 대규모 개인정보 유출 사건이 발생하였다.

---

1 "유해성분 검출 '다이어트 표방 식품' 회수·폐기 조치", 월간암, 2013.8.30.
  (http://www.cancerline.co.kr/html/9365.html)
2 조현주, "아기 물티슈 유해성 검사 '소걸음'", 시사저널, 2014.10.28.
  (http://www.sisapress.com/news/articleView.html?idxno=63436)

지난 1월 개인정보 유출대란으로 물의를 빚었던 카드 3사 중 국민카드와 농협카드에서 17만 5천여명의 고객정보가 추가로 빠져나간 것으로 드러났다.[3]

(3) 기업사례 3: 다양성 부족

천편일률적이기만 한 기업의 서비스 또는 마케팅이 문제일 수 있다. 직접적인 연관성은 다소 있지만, 우리 사회에서 찾아볼 수 있는 우리나라만의 작명체계인, 이름 짓는 작업에서도 쉽게 찾아볼 수 있다. 가까운 일본이나 중국 사람들의 이름은 매우 길고 다양한 반면, 우리나라 사람들의 이름은 매우 단순하다. 물론 이름이 길다고 해서 사회적 다양성이 충만하다고 할 수는 없지만, 어쨌든 우리 사회는 과거부터 지금까지 세 글자의 이름에서 벗어나지 못하고 있다. 특히 김, 이, 박 등의 성씨가 다수를 차지하고 있는 상황이다 보니 비슷비슷한 이름이 많은 것은 물론이고 동명이인도 많다. 이렇게 다양성이 부족한 작명 시스템에서 글자 수, 한자의 의미, 항렬 등의 규칙들을 지켜 이름을 지으니 다양성은커녕 일관된 이름밖에 나오지 않는 것은 당연하다. 이렇게 이름만 가지고 얘기하자면 우리 사회의 다양성은 매우 협소한 실정이다. 개인이나 문화의 다양성보다는 획일주의에 익숙한 이 사회의 문제는 어제 오늘의 일이 아니다.

기업의 마케팅 및 서비스도 다시 한 번 돌아보아야 한다. 현재의 서비스 과정 및 콘텐츠가 실질적으로 고객의 마음을 붙잡아 둘 수 있는 상태인가? 아닌가? 이러한 측면에서 스마트폰의 프레임을 깬 사람이 바로 스티브 잡스이고 카카오톡이다. 스마트적인 기능을 통하여 기존의 휴대폰이 갖고 있던 무수히 많은 프레임을 깨준 인물들인 것이다. 물론 스마트폰이 출시된 현재의 이동통신요금도 적지 않게 나오고 있지만, 기존의 이동통신회사들이 너무 한심하고 얄밉다. 문자메시지 몇 통으로 많은 비용을 징수하고 멀티미디어 데이터통신요금으로 수많은 통신요금을 징수한 통신회사들이 받아 챙기던 수많은 통신요금들은 소비자들이 꼭 지불해야

---

3 박주희, "국민·농협카드 17만여명, 고객 개인정보 추가 유출", 영남일보, 2014.04.02.
  (http://www.yeongnam.com/mnews/newsview.do?mode=newsView&newskey=20140402.010150738430001)

PART 3

만 했었던 비용이었을까? 많은 의구심을 가지게 된다.

CHAPTER 08

서비스 여정관리:
해지여정에서 유지여정까지

1. 디자인 씽킹: 해지여정

디자인 씽킹에서 서비스와 관련된 기업과 고객이 갈등상황을 잘 극복하지 못할 경우, 관계는 해지라는 상황에 이르게 되며, 기업은 고객과의 관계를 유지하기 위하여, 고객에게 혜택 제공이나 가격 할인 등의 노력을 하게 된다. 이러한 기업의 노력은 타기업의 기존 고객을 확보하는 유인책이 되기도 한다. 해지란 상호간의 관계가 단절되는 것을 뜻한다.

서비스 관계 해지는 한쪽이 다른 편에 해하여 불만을 평가하는 내부의 심적인 상태가 중요한 원천이 된다. 관계발전의 구조를 통하여 묵시적으로 철회나 불일치의 가능성이 있다. 즉, 종업원과 고객 간에는 다시 탐색단계로 연결될 가능성이 항상 내재하는 특성을 가지고 있다. 그러나 모든 관계가 탐색단계에서부터 다시 관계를 발전시키는 것은 아니지만, 결속단계에서부터 이러한 경향을 찾을 수 있다. 이러한 관점에서 가장 기초적인 교환이론의 구조를 살펴볼 수 있다. 교환구조이론은 모든 관계의 소멸을 설명해주지는 못하지만 유용한 도구로 사용된다. 이 이론은 단계가 결속단계에 있게 되면 개인간의 관계는 심리적·감정적·육체적 스트레스의 관계로 발전하게 된다는 것을 전제로 하고 있다. 따라서 관계의 지속적 유지에 보다 많은 요인이 작용하게 됨에 따라 관계의 소멸을 가져올 수 있게 된다.

(1) 좋은 관계 유지를 위한 방법: 할인기간 연장

기업은 고객과의 관계를 유지하기 위해, 고객에게 특별한 혜택을 제공하기도 한다. 음원 서비스 업체의 경우, 해지하려는 고객에게 할인기간을 연장해 주는 혜택을 제공하고 있다. 다음은 기사 내용의 일부이다.

> #O뮤직 유료가입자 박씨(30)는 해지 신청을 하려다 황당한 경험을 했다. 자동결제해지를 신청하자, 가입시점부터 3개월간 적용되고 끝났던 프로모션 할인을 다시 준다는 것이다. 해지신청을 하지 않았더라면 정상 요금을 계속 낼 뻔했던 것이다. 박씨는 해지신청의사를 거뒀다.[1]

'자동결제해지를 신청할 경우, 가입시점부터 3개월간 적용되고 끝났던 프로모션 할인 제공'이라는 혜택은 해지하려는 고객을 잡아둘 수는 있지만, 장기적으로 이용 중인 기존의 충성고객들에게는 오히려 해가 되는 전략이므로 보다 효율적이고 형평성 있는 다른 전략을 취하는 것이 기업에게 보다 나은 결과를 가져올 것이다.

(2) 타기업의 회유로 인한 고객 유출(관계 해지)

기업과 고객 사이의 관계 해지는, 자사의 부족함 때문에 발생하기도 하지만, 타사의 효과적인 유인책으로 인해 발생하기도 한다. 예를 들어, 휴대폰의 경우, 새로 구매하거나 바꿀 경우에 통신사도 같이 바꾸는 경우가 빈번한데, 그 까닭은 통

---

1 정미하, "해지할 때만 할인 '충성고객'은 봉?", 아이뉴스, 2014.08.08.

신사를 이동해서 휴대폰을 바꿀 경우 더 많은 혜택이 있는 것처럼 느껴지기 때문이다. 통신사는 보조금 제공 및 요금제 할인 등의 다양한 혜택으로 타통신사의 고객을 자사의 고객으로 유인해 데려온다.

그림 8-1 타기업의 효과적인 유인책이 관계 해지의 원인

번호이동 요금제표		T끼리 35	T끼리 45	T끼리 55	전국민 69	전국민 75	전국민 85	전국민 100
구분		SKT 고객끼리 무제한 무료			모든통신사 무제한무료			
출고가		990,000	990,000	990,000	990,000	990,000	990,000	990,000
고릴라 할인		-450,000	-450,000	-450,000	-450,000	-450,000	-450,000	-450,000
실제 할부원금		540,000	540,000	540,000	540,000	540,000	540,000	540,000
LTE플러스할인(24개월)		-190,080	-297,000	-376,200	-462,000	-495,000	-528,000	-633,600
고객 실기기부담금		349,920	243,000	163,800	78,000	45,000	12,000	-93,600
기본요금(A)		35,000	45,000	55,000	69,000	75,000	85,000	100,000
24개월	월할부금	22,500	22,500	22,500	22,500	22,500	22,500	22,500
	LTE+ 할인	-7,920	-12,375	-15,675	-19,250	-20,625	-22,000	-26,400
	월 기기대금(B)	14,580	10,125	6,825	3,250	1,875	500	-3,900
	월청구액 (A+B)	49,580	55,125	61,825	72,250	76,875	85,500	96,100
30개월	월할부금	18,000	18,000	18,000	18,000	18,000	18,000	18,000
	LTE+ 할인	-7,920	-12,375	-15,675	-19,250	-20,625	-22,000	-26,400
	월 기기대금(B)	10,080	5,625	2,325	-1,250	-2,625	-4,000	-8,400
	월청구액 (A+B)	45,080	50,625	57,325	67,750	72,375	81,000	91,600

KT / LGT에서 쓰시던 번호그대로 SKT로 옮기고자 하는 고객님께서 보시는 요금제표

2. 디자인 씽킹: 결속여정

디자인 씽킹에서 서비스와 관련된 결속여정에서 기업은, 고객과의 관계를 더욱 단단히 하기 위해 여러 가지의 방법을 사용하며, 그 주된 목적은 고객과의 신뢰를 더욱 굳건히 하는 것이다. 결속단계는 교환과 상호간의 임시적이고, 암시적이든, 묵시적이든 관계의 계속성이 있는 단계로 잠재적인 대안을 배제하는 단계이고, 고객과 종업원의 충성도가 형성되는 단계이다.

이 단계는 응집력과 함께 고독감이 형성되어 있으나 동질성은 모호해진다. 결속단계에서는 비용의 증가, 장애를 제거하기 위한 노력, 보상을 충족시키기 위한 기업과 고객의 계속적인 변화 등이 요구된다. 반대로 결속을 방해하기 위해서는 보다 많은 이익이 제공되어야 가능하나 결속을 강화시키는 것이 보다 더 용이하다

고 한다. 이때의 혜택은 기대된 역할과 목표로부터 확신과 효율성이 전제되어야 하고, 신뢰로부터 유추되는 상호교환에 대한 확신이 있어야 한다.

(1) SNS 이용한 고객과의 결속

소비자들이 아이폰 출시와 관련한 불만사항을 KT 트위터 계정에 직접 토로했고, KT는 이를 적극 반영하였다. KT의 이러한 대응으로 소비자의 신뢰성을 구축할 수 있었고, 고객과의 관계 결속을 강화할 수 있었다. 또한, 현대차의 경우 고객과의 원활한 소통을 위해, '마이 카 스토리(My Car Story)'라는 어플리케이션을 운영하고 있다. 이러한 어플리케이션은 현대차와 고객의 편리한 소통을 가능하게 할 뿐만 아니라, 고객과의 관계를 결속시킨다. 카카오톡 플러스 친구 시스템은 기업이 고객에게 보다 친근하게 다가갈 수 있게 할 뿐만 아니라, 더욱 결속된 관계를 형성하는데 도움을 준다.

(2) 자본 투자를 통한 고객과의 결속 강화

메이저리그의 경우, 자본 투자를 통한 품질 개선을 바탕으로, 고객 유출을 막고 충성고객을 오랫동안 유지해 오고 있다. 보스턴 레드삭스의 홈구장 펜웨이 파크 경우 100년의 역사를 간직하고 있으며, 홈구장이 오랫동안 많은 이들의 사랑을 받을 수 있는 까닭은 단순히 경기만 관람하는 구장이 아닌, 온 가족이 즐길 수 있는 특별한 구장으로 관리하며 팬심을 확보(자본 투자)하고, 관객에게 감동을 주는 스토리가 있는 구장(스토리 마케팅)을 만들어 감동과 즐거움을 선사하였기 때문이다.

(3) 관계 결속을 위한 주요 프로그램

관계마케팅 프로그램을 실시하는데 있어서 기본적으로 달성해야만 하는 다음과 같은 여러 가지 기능이 있다. 그런데 이러한 기능들은 모두 고객을 위해 부가

가치된 서비스를 제공할 수 있는 것이어야 한다.

- 사회적 강화(social reinforcement) 제공: 사회적 강화란 고객의 존경(esteem)과 친화(affiliation)욕구를 가리키는 것으로 예를 들어 고객의 생일에 맞춰 생일 축하카드를 보내줌으로써 사회적 강화를 제공할 수 있다.
- 재확신(reassurance)유도: 확신이란 믿음직함(trustworthiness), 신뢰성(reliability), 약속(commitment), 그리고 관심(concern) 등을 가리키는 것으로, 고객에게 물리적으로나 정신적으로 가까이 있음으로써 확신을 줄 수 있다.
- 편익강화(benefit reinforcement): 이는 고객에게 서비스가 편익을 제공한다는 사실을 알려주는 것으로, 이를 통해 고객들로 하여금 서비스 경험에서 발생할 수 있는 인지부조화를 감소시키는데 도움을 줄 수 있다.
- 고객문제 해결: 데이터베이스 마케팅이 고객에게 제품이나 서비스를 판매하는 것을 위주로 한다면, 관계마케팅은 고객의 문제를 해결하는데 도움을 주는 것을 위주로 한다. 이때 판매는 그 다음 문제가 된다.
- 맞춤형 서비스(customization) 제공: 고객의 욕구에 맞춰 서비스를 제공해주는 것을 가리킨다.
- 서비스 향상(enhancement): 고객들이 기업에 보여준 충성에 보답하는 의미에서 '여분(extra)'의 서비스를 제공하거나 해당 고객을 매우 특별하게 대우하는 것을 가리킨다.

3. 디자인 씽킹: 보상여정

(1) 회원제도(포인트 마케팅 및 할인)

기업은 고객에게 보상 제공과 관계 확장 및 결속을 위해서 회원제도를 이용하고 있다. 기업은 회원제도를 통해, 고객을 차별화함으로써 고객에게 특별한 보상을 제공해 준다. 보상은 포인트 지급이나 가격 할인 등의 방식으로 전개된다.

그림 8-2   보상 사례

(2) 기업사례: LGU+

가. 보상 1: 멤버십 강화

데이터 무제한 요금제(LTE8) 이상 이용 고객의 경우 CGV와 메가박스에서 월 2회, 연간 24회의 무료 영화 관람 혜택이 제공된다. 69요금제 이상은 연간 6회 무료로 영화 관람이 가능하다.

나. 보상 2: 중고 보상금 先지급

새로 구입한 휴대폰 지원금과 기존에 갖고 있는 중고폰 가격 보상에 구입한 신규 단말의 중고가격을 추가로 미리 할인(18개월 뒤 휴대폰 반납 조건)받을 수 있는 프로그램이다. 만약 이 프로그램에 가입했으나 18개월 뒤 단말기를 반납하지 않고 지속 사용을 원할 경우, 가입시 보상받은 금액에 대해 12개월간 분할 납부하면 된다.

다. 보상 3: 휴대폰 교체 프로그램

12개월 이상 LG유플러스를 이용한 고객이 누적 기본료 70만원 이상을 납부하고, 쓰던 단말기를 반납하면 잔여 할부금과 단말 지원 위약금을 면제한다.[2]

---

2 이철, "LGU+ 중고 보상금 先지급 등 고객혜택 강화", 서울파이낸스, 2014.10.23.

(3) 스탬프제도

스탬프제도란, 일정한 금액 이상 구입시 스탬프를 받을 수 있고, 일정 개수 이상의 스탬프를 모으면 혜택을 받을 수 있는 제도를 말한다. 카페나 식당, 쇼핑몰 등에서 스탬프제도를 도입하면 고객의 재방문 확률을 높일 수 있다.

(4) 고객감사이벤트

'고객감사이벤트' 행사를 진행하는 것은 고객에게 일종의 보상을 제공하는 것이며, 이벤트의 주 대상은 기업의 고객들이다. 이벤트에서 제공하는 혜택을 받을 수 있는 대상은 기업에 회원등록이 된 고객으로 제한되는 경우가 많으며, 기업은 회원이라는 관계를 형성한 고객에게 관계 측면의 보상을 제공하는 것이 된다.

4. 디자인 씽킹: 유지여정

서비스에서 기업이 고객과의 관계를 유지하기 위해서 실행하고 있는 장치에는 다음과 같은 것들이 있다.

(1) A/S제도

애프터 서비스가 제대로 구축되어 있지 않으면 기업은 고객에게 신뢰를 얻기 어렵다. 웹사이트나 전화로 편하게 문의할 수 있는 상담서비스와 반품, 교환, 수리 등 기타 발생하는 문제에 대응·해결할 수 있는 서비스가 구축되어야 기업과 소비자의 관계가 유지될 수 있다.

(http://www.seoulfn.com/news/articleView.html?idxno=206873)

그림 8-3 A/S 사례

삼성 서비스센터

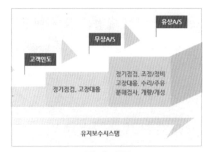

롯데기공

그림 8-4 A/S 예시: XN systems

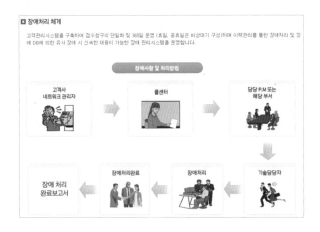

A/S 실제 사례

SOUP(여성 패션 브랜드)의 한 고객이 카디건(cardigan)의 올이 나가 수선을 맡겼다. (대부분의 브랜드에서는 카디건의 올이 나간 것은 수선 가능한 항목이 아니라며, 수선을 거부한다.) SOUP은 수선이 불가능한 문제의 카디건을 그냥 돌려보내지 않고 장미로 수를 놓아 올이 나간 부분을 가려주었다. 카디건을 돌려받은 고객은 세상에 단 하나밖에 없는 카디건이 된 그 옷에 감동하여 SOUP의 충성고객이 되었다.

(2) 고객 리스트 관리

기업은 고객 리스트를 관리함으로써, 고객과의 관계를 유지해 나간다. 기업의 회원이 된지 얼마 되지 않은 고객부터, 이미 충성고객이 된 고객에게까지 필요한 정보를 제공함으로써, 기업은 고객과의 관계를 긍정적으로 유지해 나갈 수 있다. 2001아울렛이나 뉴코아아울렛은 정기적으로 할인행사를 한다. 아울렛 안에 있는 각 브랜드들은 단골 고객 리스트를 관리하며, 고객들에게 할인행사 일정을 문자로 알려준다. 할인정보는 저렴한 가격을 원해서 아울렛을 찾는 소비자들에게 매우 유용하고, 아울렛을 다시 찾게 하는 요인이 된다.

5. 디자인 씽킹에서 여정관리의 시사점

현재 많은 기업들이 관계마케팅의 중요성을 인식하여 고객과의 좋은 유대관계를 유지하고 고객 지향적 서비스 제공을 목표로 하고 있다. 사람과 사람 사이의 관계만이 중요한 것이 아니라 기업과 고객과의 관계도 기업의 입장에서나 고객의 입장에서도 중요하며 모두에게 이득이 될 수 있다. 기업들은 수익 확대를 위해 관계마케팅을 하는 것이므로 장기적으로 관계를 맺어서 충성도가 높은 고객들을 확보해야 하고 관계의 지속에만 치중할 것이 아니라 관계의 질에도 관심을 기울여야 한다.

또한 장기적인 서비스 관계를 맺기 위해 고객에 대한 지속적인 관심과 효율적인 의사소통을 통해 고객의 요구를 만족시킬 수 있도록 노력해야 한다. 관계마케팅은 앞에 설명한 예들과 같이 소셜미디어와 SNS 활용이나 이벤트, 캠페인 등을 이용한 마케팅만을 의미하는 것이 아니고 직원, 판매원들의 친절한 태도와 특별한 대우 등과 같은 감정적인 요소들도 관계마케팅의 범위에 포함된다. 단순히 물질적인 서비스를 제공하는 것보다 직원 또는 판매원들이 고객과 친밀감을 쌓고 신뢰를 얻는 것도 관계마케팅에서 중요한 부분이다. 기업은 좀 더 다양한 방법으로 관계마케팅을 활용하여 고객과의 장기적인 관계를 유지해야 하고 단골 고객들과 정보, 감정 등을 공유하여 이를 기반으로 고객이 원하고 필요로 하는 서비스를 제공해야 한다.

PART 3

지금까지 기업과 고객의 관계에 관한 기법과 사례를 단계별로 살펴보았다. 관계의 중요성이 커지고 있는 시대인 만큼, 기업은 고객과 친밀한 관계를 형성하기 위해 여러 가지 방법으로 노력하고 있다. 기업과 고객의 관계는 사람과 사람 사이의 관계와 매우 비슷한데, 이는 고객과 기업 또한 사람들로 이루어진 집단명이기 때문이다. 관계라는 것의 정의는 어떠한 사물이 다른 사물에 미치는 영향 또는 교섭이다. 기업과 고객이 서로 상호작용하면서, 사회에 긍정적인 활력을 불어넣기 바란다.

특히, 웹로그분석 등을 통하여 고객과의 간단하지만 디자인 씽킹에서 여정관리의 유효성을 유추할 수 있다. 웹로그분석이란 웹사이트의 방문객이 남긴 자료를 근거로 웹의 운영 및 방문 행태에 대한 정보를 분석하는 것을 말한다. 방문객이 웹사이트에 방문하게 되면 웹서버에는 액세스 로그, 에러 로그, 리퍼럴 로그, 에이전트 로그 등의 자료가 파일 형태로 기록된다. 액세스 로그는 누가 어떤 것을 읽었는지, 에러 로그는 오류가 있었는지의 여부, 리퍼럴 로그는 경유지 사이트와 검색 엔진 키워드 등의 단서, 에이전트 로그는 웹브라우저의 이름, 버전, 운영 체계(OS), 화면 해상도 등의 정보를 제공한다. 이러한 기본적 분석 외에도 실시간 분석을 위해 분석 태그를 웹사이트에 삽입하여 분석하는 방법도 있다. 웹로그분석에 의해 얻은 방문자 수, 방문유형, 각 웹페이지별 방문횟수, 시간·요일·월·계절별 접속 통계 등의 자료는 웹의 운영 및 마케팅 자료로 유용하게 이용된다.[3] 기업은 실시간 웹로그분석을 통해 현재 접속자뿐만 아니라, 실제 고객 대상을 파악할 수 있으며, 광고 효과 비용을 계산할 수 있다. 기업은 웹로그분석을 통하여 다음의 정보를 얻을 수 있으며, 이를 바탕으로 잠재고객을 탐색하고 전략을 계획할 수 있다.

- 회사가 광고한 검색어의 조회 수
- 회사가 작성한 글의 조회 수
- 웹사이트에 올려진 배너를 본 사람들의 수
- 신문이나 매거진을 통해 회사의 지면광고를 보는 사람의 수

---

3 IT용어사전, "웹 로그분석", 한국정보통신기술협회, 2014.11.14,
 (http://terms.naver.com/entry.nhn?docId=864235&cid=42346&categoryId=42346)

PART 3

• 이용기, 패밀리 레스토랑의 브랜드개성이 감정, 고객만족, 그리고 충성도에 미치는 영향
: Outback과 VIPS의 비교, 한국외식경영학회, 2008.
• 이철, "LGU+ 중고 보상금 先지급 등 고객혜택 강화", 서울파이낸스, 2014.
• 장영은, "현대차 노조 사흘째 연쇄파어버 이어가", 연합뉴스, 2014.
• 정미하, "해지할 때만 할인 '충성고객'은 봉?", 아이뉴스, 2014.
• IT용어사전, "웹 로그분석", 한국정보통신기술협회, 2014.11.
• 매일경제, "NCSI", 2014.11.

DESIGN THINKING & SERVICE MANAGEMENT

PART 4
관계와 사용자 경험

DESIGN THINKING &
SERVICE MANAGEMENT

CHAPTER 09
서비스 관계관리

관계라는 단어는 홀로 단독적으로 쓰일 때에는 다소 어색해 보이지만 이미 우리 사회에서 너무 흔히 보편적으로 사용하고 있는 단어이다. 예를 들어, '가족관계', '남녀관계', '혈연관계', '인간관계' 등 무수히 많은 일상 속에서 우리는 관계라는 단어를 아주 흔하게 사용하고 있음을 알 수 있다. 따라서 상대방의 주요 정보를 기억해야 상대방을 즐겁게 할 수 있으며 서로 이해할 수 있는 폭이 넓어진다. 기업이 고객을 상대할 때도 마찬가지이다. 고객에 대한 정보를 알고 이해할수 있어야 한다.

서비스 경영에서 승리하기 위해서는 모든 고객을 '우리(we)'라는 관계(relationship) 속을 끌어들여야 한다. '우리'란, 기업과 고객을 한 가족이라고 묶어 감성을 자극하는 것이다. 기존의 기업형태는 그저 상품을 판매하고 서비스를 제공하는 것이 최선이라고 생각한다. 하지만 고객을 제대로 알고 '우리'라는 관계 속으로 끌어들이기 위한 노력은 부족하였다. '우리'라는 관계 속으로 끌어들이고 좋은 관계를 지속하기 위해서는, 더 많은 정보들을 알고 있어야 하며, 더 나아가서 고객이 무엇을 원하는지 먼저 알아야 한다.

이런 면에서 고객의 관계를 관리할 필요가 생긴 것이다. 고객관계관리는 고객의 일반적인 정보를 획득하고 저장하는 것이 아니라, 내면의 깊숙한 곳까지 이해하고, 동병상련의 심정으로 고객을 이해해야 한다. 예전에 '고객이 왕이다'라고 형식적으로 외쳤던 '남'이 아니라, 고객과의 관계를 진정한 '우리'라는 관계로 만들어가는 과정이라고 할 수 있겠다.

만약 기업이 서비스 제공에 실패해도 기업과 강력한 관계를 가진 고객은 서비스 실패를 더 잘 용서하며, 기업의 서비스 회복 노력에 좀 더 개방적이라는 것이다. 이렇듯, 고객과 기업 간의 강력한 관계는 고객만족에 대한 실패의 부정적 영향으로부터 기업을 보호하는데 도움을 줄 수 있다. 실패 후라도 만족의 증가, 애호도의 증대, 부정적 구전 커뮤니케이션의 감소 등의 편익을 제공한다. 관계를 지속할 것을 기대하는 고객은 장기적 관점에서 공정성의 균형을 고려한다.

그래서 서비스 회복 기대가 낮은 경향이 있고, 실패에 대한 즉각적인 보상으로 덜 요구할 수도 있다. 그러므로 실패가 발생했을 때, 강력한 고객관계의 구축은 서비스 기업에게 중요한 완충장치를 제공할 수 있다.

고객과 '우리'라는 감정적 관계를 맺기란 쉬운 것은 아니지만, 그만한 가치는 충분히 있다. 친분이 있는 사람의 가게에 발이 한 번 더 가기 마련이다. '우리'라는 감정적 관계를 맺게 된다면, 손님이 아니라 매일 가족을 만나게 되는 것이고, 가족과 거래를 하는 것이다. 그러면 보다 더 큰 신용과 신뢰가 높이 쌓여 가게 되고, 좀 더 단단하고 든든한 고객층이 확보되는 것이다. 재래시장이 대형마트보다 더 친숙한 이유는 이렇듯 상인과 고객의 따뜻한 감성교류에 있지 않을까?

서비스 관계관리(SRM: Service Relationship Management)는 각 학문 분야 및 접근방법에 따라서 그 내용 및 관심 분야가 달라질 수 있다. 그동안에 우리는 CRM 차원에서 다루었는데 실제로 서비스 분야가 광대하고 다양한 차원의 CRM을 추진할 수 있기 때문에 본 장에서는 SRM으로 확장하여서 설명하고자 한다.

본 장에서는 크게 3가지 영역으로 가장 일반적인 구분 방법인 마케팅, 서비스, 세일즈(영업)로 구분하여 서비스 관계관리를 설명하고자 한다.

1. 서비스 관계관리와 마케팅

(1) 마케팅 기획 및 캠페인 관리(Marketing Planner)

마케팅 기획을 계층 구조로 수립한다. 계층 구조의 수에는 제한이 없으며, 마케팅이나 캠페인의 구조(structure)에 대해서는 브랜드나 지역과 같은 특성들에 따라서 정의한다. 수립된 마케팅 계획은 예를 들어 ERP PS(Project System)모듈의 WBS(Work Breakdown Structure)와 연계되어 비용을 관리할 수 있다.

또한 생성된 마케팅 계획과 캠페인은 새로운 마케팅 계획과 캠페인 생성 시 템플릿(template)으로 사용될 수 있으며 마케팅 계획에 관한 자세한 설명은 긴 문장으로 입력이 가능하며, 여러 언어를 사용할 수 있다. 또한 마케팅 계획 담당자와 같은 각각의 책임을 정의한다.

한편 마케팅 계획 생성 시, 실제 수행된 날짜와 계획한 날짜를 관리하게 되며 수립된 캠페인 구조에서 하부 단계의 마케팅 요소는 상위 단계의 마케팅 요소의 계획된 기간을 벗어나서 실행될 수 없으며, 마케팅 달력(calendar)을 이용하여 마케팅 계획의 수행기간을 모니터하고 수정·관리한다.

(2) 타켓 그룹 생성(Segment Builder)

고객 데이터(Customer Data)를 통해 제품 특성별 프로파일을 생성·수정할 수 있으며 프로파일의 각 속성들은 다양한 기준에 의해 자유롭게 정의하여 사용한다. 세그먼트 빌더(Segment Builder)툴을 이용하여 다양한 세그멘테이션을 분류하거나 조건에 맞는 샘플 비즈니스 파트너(Sample Business Partner)를 추출한다.

(3) 캠페인 실행관리

고객의 구매행위를 유발하거나 고객의 충성도를 높이는 행위를 캠페인이라고 하는데 대개 모든 고객에게 동일하게 행해지는 것이 아니고 고객을 여러 계층으로 분할하여 각 계층별 캠페인을 달리하는 방법으로 이루어지게 된다. 따라서 이러한 캠페인을 관리하는 도구는 메일, 콜 센터, 인터넷 등 다양한 고객접점을 활용하여 캠페인을 실시하였을 경우에 캠페인에 대한 목적, 형태, 전략을 제시하여 대상 고객에 대한 캠페인을 실시한 이후 고객의 반응까지 확인할 수 있는 전 과정을 한눈에 볼 수 있는 프로세스로 제공하는 관리도구라고 할 수 있다.

분류된 고객 개개인에 대한 특성을 바탕으로 해당 고객에 대한 적절한 캠페인 전략을 지원·관리하는 이런 도구는 다양한 형식으로 관련 부서 및 사용자의 목적에 따라 이용될 수 있다.

또한 추출된 타켓 그룹을 대상으로 캠페인을 실행한다. 캠페인 실행은 전화, 웹, 모바일, 이메일, Fax, SMS 등을 통하여 처리될 수 있으며 그 중에 인터넷 마케팅을 위한 고객중심의 개인화된 메일 양식을 개인화된 이메일로 구성할 수 있다.

마케팅/캠페인에 의거하여 콜 리스트(call list)를 생성하고 콜 센터 에이전트는 이 콜 리스트를 실행한다. 에이전트는 콜을 실행할 때 마케팅팀이 제공한 인터렉티브(상호작용적) 스크립트를 활용한다. 또한 마케팅 계획에 대량 메일발송 기능을 사용하여 타켓 그룹(target group)에 속한 고객들에게 이메일을 발송할 수 있는데, 다이렉트 메일(Direct Mail)이나 이메일을 보내는 경우 다양한 폼(html, plain, text, fax, white mail)을 지원하는 폼 빌더(builder)를 제공하여 고객정보(주소, 이름 등)를 기반으로 한 다양한 메일 형식(mail form)으로 개인화(personalized)할 수 있다.

또한 실행하는 채널에 맞게 폼을 선택한다(팩스, 이메일, SMS 등). 이메일 형식의 경우 고객 개개인에게 맞추어진 주제라인(Suject Line)과 첨부 콘텐츠를 조건(즉 여자면 A, 남자면 B)에 맞추어 함께 보낼 수 있다.

(4) 리드관리(Lead Management)

리드관리는 SRM 마케팅 내용 중에서 새로운 고객을 찾아내고 향후 자사의 실제 고객화를 위한 고객의 특성 및 마케팅 기획 관리를 수행하는 부분이다.

리드관리는 영업부서가 보다 가치 있는 기대고객(prospects)이나 기회(opportunities)에 역량을 집중할 수 있도록 초기 사전영업(pre-sales) 단계를 자동화할 수 있으며, 리드 평가(lead qualification), 즉 일정 기간 동안 반복적으로 인터랙티브(interactive)하게 리드를 평가한다.

(5) 마케팅 분석

시장 및 경쟁사 분석은 새로운 기회와 잠재성을 평가하고 새로운 전략 수립을 지원한다. 또한 마케팅 계획 및 최적화는 기간별, 지역별, 유통채널별 등 마케팅 효과에 대한 사전 계획 및 분석을 지원하며 시뮬레이션 결과 및 모니터링을 기반으로 캠페인 및 프로모션 계획을 효과적으로 수행할 수 있도록 한다. 또한 캠페인의 성공요인으로서 고객응답률, 기여도, ROI 등을 쉽게 분석할 수 있도록 한다. 상품 및 브랜드 분석은 개별상품 또는 상품 그룹별로 가능하다. 효율적 분석을 통해 알맞은 고객 그룹을 대상으로 적합한 캠페인을 수행할 수 있도록 지원한다.

PART 4

2. 서비스 관계관리와 영업

(1) 인터넷 세일즈

콜 센터의 기능을 활용하여 다양한 세일즈 활동을 수행할 수 있으며 인터넷 세일즈와의 통합적인 제품 카탈로그(product catalog) 관리 및 기능(예: cross selling) 공유가 가능하다. 또한 실시간 재고 및 생산 가능성(real-time ATP) 체크도 실행할 수 있다. cross/up/down/−selling 기능을 지원하여 고객이 필요한 물품을 제시하고 효과적인 매출 증대를 기대할 수 있도록 관리한다.

인터넷 세일즈에서는 고객이 제품을 구입했을 경우, 세 가지 방안의 지급 방법을 지원한다(신용카드 판매, 현금 판매, 후불제 판매). 비즈니스 프로세스상 새로운 지급방법이 필요하다면 새롭게 지급방법을 구축한다.

(2) 영업계획 수립

생성된 영업계획에 따라 영업기회에 대한 계획(opportunity plan)을 수립하고 기회계획(opportunity plan)은 여러 가지 현재 상황을 참고로 작성할 수 있는데, 특히 경쟁사에 대한 정보, 주된 판매 제품, 추진팀의 설정, 파트너 및 접촉 고객 등에 대한 전반적인 내역을 주된 내역으로 하여 계획을 수립할 수 있다. 계획을 공유하는 추진팀들은 변화되는 내역을 함께 공유할 수 있으며, 특별히 알아야 할 사항에 대해서는 관리자나 이슈를 관리하는 영업사원이 문서(파워포인트, 엑셀, 워드 등 모든 문서 가능)형태로 저장하여 공유시킬 수 있다.

(3) 고객정보관리

고객과의 계약 체결, 견적, 주문 등의 활동을 수행하기 위해서는 기본 전제가 되는 것이 고객과의 관계를 어떻게 유지할 수 있는가 하는 부분이다. 특히 SRM에서는 기본적으로 고객과 관련된 데이터를 온라인상에서 관리·지시할 수 있도록 지원한다.

또한 모바일 세일즈나 인터넷 세일즈 기능을 이용하여 현장에서 바로 새로운 고객을 입력하고 데이터 전송을 통해 신규고객으로 등록할 수도 있으며 모바일 세일즈를 사용하는 경우 영업사원들은 자신이 관리하고 있는 고객에 대한 정보를 자신의 노트북에 저장하여 관리한다.

또한 그러한 내용은 SRM 온라인으로 전송되고, 관련 있는 동료(팀 멤버)나 관리자와 함께 공유할 수 있다. 만약 영업사원이 이직이나 부서 이동 등으로 인해 교체되더라도 예전 영업사원이 사용하던 정보는 시스템과 노트북에 남게 되므로 효과적인 인수 작업이 수행될 수 있다.

3. 서비스 관계관리와 서비스

(1) 모바일 서비스

콜 센터 또는 인터넷을 통해 요청된 서비스 내역은 모바일 서비스 기능을 탑재한 노트북을 이용하여 현장 서비스 요원에게 할당되어 신속하게 처리 가능하다. 특히 제품과 관련된 서비스 요청은 기존 고객이 구입한 상품에 대한 서비스 요청이므로 과거 주문내역을 확인하여 어떠한 고객에게 어떠한 제품이 어느 시기에 판매되었다는 정보를 조회하여 신속하게 처리가 가능하다.

현장 서비스 요원들은 워크 센터(work center)에 등록되어 제품별, 지역별로 서비스를 수행할 수 있도록 구성할 수 있으며, 서비스와 관련된 내용은 모바일 서비스 클라이언트에 저장되어 서비스 요원이 서비스 처리 후 SRM 온라인으로 그 내역을 전송할 수 있다. 또한, 모바일 디바이스(PDA ,WAP Phone 등)를 이용하여, 워크플레이스(workplace)를 구축해 서비스와 관련된 내역을 현장에서 접수, 신속하게 처리할 수 있다.

(2) 고객 셀프 서비스

고객은 인터넷에서 상품 정보 또는 문제 해결을 위해서 SRM이 제공하는 콘텐츠 관리 기능과 검색 기능을 사용하여 원하는 정보를 얻을 수 있다. 인터넷 셀프 서비스 기능은 고객이 원하는 때에 언제든지 사용할 수 있으며 인터넷에서 원하는 답을 찾지 못했을 경우에는 VOIP, 이메일, 채팅, 콜 백(call me back)기능을 사용하여 상담원과 접촉할 수 있다. 또한 고객과 연결된 후 코-브라우징(co-browsing) 기능을 사용하여 고객의 이해를 쉽게 하며 문제를 해결할 수 있다.

고객의 불만사항은 서비스 센터로 직접 전화를 한 경우와 인터넷을 통한 인터넷 고객 셀프 서비스(ICSS: Internet Customer Self Service)를 통해 접수할 수 있으며, 마스터에 등록된 제품 및 서비스 항목에 대하여 모두 처리가 가능하다. 접수된 불만사항은 무상 반품, 제품 교환, 환불 등 고객이 원하는 프로세스를 정의하여 처리가 가능하고, 불만사항에 대한 내용을 저장하고 분석하여 향후 불만사항에 대해 예측 및 관리를 가능하게 한다.

SRM의 고객응대센터(CIC: Customer Interaction Center)[1] 컴포넌트는 기존의 컴퓨터 전화통신(CTI: Computer Telephony Integration)과의 용이한 통합성을 지원하며, 고객 전화에 대한 통계적 분석 기능 및 인바운드(inbound), 아웃바운드(outbound) 전화관리 기능을 지원한다.

---

1 일반적인 용어인 콜 센터를 고객과의 상호작용에 중점을 더 강화한 의미로서 고객상호작용센터(CIC: Customer Interaction Center)라는 용어로 사용하고 있다.

CHAPTER 10
서비스 스케이프

1. 물리적 환경의 개념

　물리적 환경이란 '서비스가 창출되는 환경으로 기업과 소비자 사이에 상호작용이 발생하는 환경'을 지칭하는 말이다. 이는 서비스의 수행과 의사소통을 용이하게 해주는 유형적인 것으로 고객이 경험하게 되는 자원이다. 서비스는 무형적이고 보통 구매 전에 사용이 불가능하므로 소비자는 서비스 구매 시 자신이 받을 서비스가 무엇인지에 대해 알 수 있는 유형적 단서를 찾게 되는데 이 중 소비자가 자신이 받을 서비스 수준에 대해 그 내용을 추론함에 있어 아주 중요한 역할을 수행하는 것이 바로 물리적 환경이다.

　Bitner(1992)는 물리적 분위기 혹은 물리적 증거 개념을 확대하여 이를 서비스 기업에서의 물리적 환경, 즉 서비스 스케이프(servicescape)라고 표현하였으며 그것은 자연적·사회적 환경과 대비되는 개념으로서 인간이 만든 물리적 환경이라고 정의하였다. 또한 Bitner는 물리적 환경을 주변요소, 공간적 배치와 기능성 그리고 표지판, 상징물과 조형물의 세 가지 범주로 분류하였다.

주변요소(ambient condition)는 실내온도, 조명, 소음, 냄새, 색상, 전망 등과 같은 환경의 배경들을 말한다. 일반적으로 주변요소는 인간의 오감에 영향을 미치고 있다. 특히 주변요소가 극단적이거나 오랫동안 접하고 있는 경우에는 그 영향이 쉽게 인식된다. 그러나 때로는 사람들이 인식하지 못하는 경우에도 주변요소들은 무의식적으로 영향을 미친다. 이러한 유형적이지 않은 주변요소는 특정한 환경에서 오랫동안 일을 하는 종업원들에게 중요한 영향을 미치며 소비자의 반응에도 영향을 주고 있다. 예를 들어 슈퍼마켓이나 식당 등에서 음악의 템포가 소비자의 체류시간, 쇼핑속도에 영향을 미칠 수 있다. 그리고 백화점에서 들려주는 음악의 친숙성은 고객 자신들의 쇼핑시간이 얼마나 오래 걸렸는가에 영향을 미친다. 즉 백화점의 고객들은 자신들에게 친숙하지 않은 음악을 들으면서 쇼핑할 때 쇼핑시간이 더 오래 걸렸다고 느낀다고 하였다.

공간적 배치(spatial layout)는 기계나 장비, 사무기기를 배열하는 방법, 크기와 형태, 그리고 이들 간의 공간적 관계이다. 기능성(functionality)은 조직의 목적 달성과 성취를 용이하게 하기 위한 위와 같은 품목들의 기능을 말한다. 공간적 배치와 기능성은 특히 고객들이 종업원의 도움을 받지 못하는 셀프서비스 환경에서 더욱 강조된다. 그러므로 ATM, 셀프서비스 식당, PC 뱅킹 등이 성공하고 고객을 만족시키기 위해서는 기능성이 중요하다.

Baker(1987)는 물리적 환경에 대한 정의를 구조물 내에 포함되어 있는 모든 물적 구조물과 건물로서 그 구성요소에는 건물 외부의 조각과 안내판, 건물 내부의 장식물과 조각, 안내물, 그리고 온도, 소음과 같은 분위기 요인 등이 포함된다고 하였다. 그는 시설 내에 있는 종업원들과 고객들의 유형과 인원수는 환경에 영향을 미칠 수 있고 고객들에 의해 환경으로 지각될 수 있으므로 구성원을 환경의 범위 안에 포함시켰으며 물리적 환경 구조를 분위기, 디자인, 사회적 요인의 세 가지 요인으로 구분하였다.

2. 물리적 환경의 영향

(1) 구매결정에 영향

물리적 환경은 외부환경과 내부환경으로 나눌 수 있다. 외부의 물리적 환경은 특히 신규고객을 끌어들이기 위해서 중요하다. 시설의 외형이나 주변환경 등의 외부환경은 서비스 기업의 차별화된 이미지를 확립하는 데 결정적인 역할을 한다. 내부의 물리적 환경은 벽의 색상이나 장식, 의자나 책상 등의 가구, 서비스 생산에 필요한 시설물 등으로 구성되어 있다. 내부환경은 특히 고객과 종업원의 만족과 생산성에 직결된다.

물리적 환경의 영향 중 구매결정의 영향은 서비스 물리적 환경 내에 있는 많은 요소들이 고객의 행위와 구매, 서비스 경험에 대한 만족에 잠재적으로 영향을 미친다. 어떤 서비스 구매상황에서 분위기는 상품 그 자체보다 구매결정에 더 큰 영향을 미치고, 고객의 태도와 이미지 형성에 직접적으로 영향을 미칠 수 있다고 한다.

(2) 서비스 무형성 극복

서비스의 물리적 환경은 서비스나 그 품질에 대한 정보적 단서를 고객들에게 제공해주는 커뮤니케이션 역할을 한다. 고객들은 기업의 환경 내에서 서비스를 소비하기 때문에 서비스 기업의 물리적 환경은 매우 중요한 영향력을 갖고 있다. 즉 서비스의 물리적 환경은 서비스나 그 품질에 대한 정보적 단서를 고객들에게 제공해 주는 커뮤니케이션 역할을 한다.

서비스의 무형성 때문에 고객들은 서비스 상품을 이해하거나 평가하는데 다소 어려울 수 있다. 이때 서비스 제공자는 소비자들의 이러한 요구에 부응하여 물리적 환경이라는 유형적 대응물을 제공함으로써 소비자의 이해와 의사결정을 돕는 것이다.

PART 4

(3) 이미지 형성

물리적 환경은 서비스에 대한 고객 감정을 형성하거나 자극하는데 도움을 준다. 색상, 조명, 음향, 실내공기, 온도, 공간배치, 가구 스타일 등 서비스에 대한 고객의 인상에 영향을 미칠 수 있는 물리적 환경은 서비스에 대한 고객 감정을 형성하거나 자극하는데 도움을 준다. 물리적 환경은 이러한 측면에서 실제로 아주 미묘한 것이기에 서비스 기업은 궁극적으로 서비스 자체에 대한 긍정적 인식을 창조하기 위하여 물리적 환경을 잘 조성해야 한다.

3. 물리적 환경의 사례

(1) 애플(Apple)

가. 애플 캠퍼스 2

물리적 공간의 대상으로 현재 계획되고 있는 애플의 새로운 본사인 애플 캠퍼스 2(Apple Campus 2) 사례를 소개하고자 한다. 현재 실리콘 밸리인 캘리포니아 주 쿠퍼티노 시에 위치하고 있는 기존의 애플 본사인 애플 HQ(Campsus1)는 수용 인원의 한계로 많은 수의 직원들이 지역 내의 여러 지사들에 나누어져 있어, 애플의 주요 전략인 조직의 수직적 통합 체계 및 자유로운 의사 교류에 한계가 있다. 이러한 문제점의 해결을 위해 애플은 쿠퍼티노 시내의 기존 hp가 사용하던 기업 건물들이 위치한 전체 약 21만평 크기의 부지에 애플 캠퍼스 2(Apple Campus 2)를 계획했다. 대규모 부지에 계획된 애플의 신사옥은 하나의 통합된 단일시설로서 기존의 애플 HQ(Campus 1)와 인피니트 루프(Infinite Loop)에 포함되어 있는 쿠퍼티노 시의 많은 애플 관련 지사들을 통합하는데 중요한 역할을 하게 된다.

이는 기존의 쿠퍼티노 시 애플 HQ의 인원들뿐만 아니라 인피니트 루프를 확장하는 개념으로 각 지사의 인원을 모두 수용하는 방안으로 계획되며 약 12,000명이 수용 가능한 대규모 단일 빌딩과 약 2,200명이 수용 가능한 연구개발시설 등으로 이루어진다. 애플 캠퍼스 2의 계획 부지인 기존 hp의 캠퍼스는 여러 획지로 분할되어 서로 연계성이 떨어지는 특징을 보이고 있었으며 조경 면적 또한 전체 부지에서 약 25%만을 차지하고 있어 외부 공간이 효과적으로 활용되지 못하고 있었다.

애플이 오늘날 전 세계적으로 가장 창조적인 기업으로 손꼽히게 된 요인 중하나로 컬트 구축 전략에 따른 '애플'이라는 기업의 상징적인 의미를 들 수 있다. 애플은 그들의 제품에 부착하는 로고를 시작으로 브랜드의 상징적 의미를 구축하기 시작하였으며 이러한 이미지 구축 전략은 애플의 세련된 디자인과 독창성에서부터 출발하여 소비자 중심의 새로운 사용자 문화를 이루어왔다.

그 결과 애플은 브랜드 그 자체로서 하나의 새로운 문화적 아이콘(ICON)으로 작동하고 있으며 상징적인 브랜드의 특성은 기업의 다양한 마케팅 전략과 기업 업무 공간의 물리적 계획에서도 잘 드러나고 있다.

초장기 본사인 애플 hp가 위치하고 있고 신사옥이 지어지는 미국 캘리포니아 주의 쿠퍼티노 시는 실리콘 밸리 지역으로 시대의 첨단을 주도해왔던 다양한 IT 기업들이 밀집해 있는 장소로서의 의미와 더불어 애플의 창립자인 스티브 잡스의 고향이며 애플이 창립된 장소로서 상징적인 의미를 가진다. 이러한 동일 지역의 과거 hp 부지에 신사옥을 계획한 것은 애플의 과거, 현재, 미래를 이어나가고자 하는 의지가 담겨 있다고 할 수 있으며 거대한 단일 건물 중심의 계획안은 애플이 가지는 브랜드의 상징적인 특징을 그대로 반영하고 있다.[1]

나. 애플 스토어(Apple Store)

애플은 사용자 중심의 경험을 제공하는 전략을 기반으로 하고 있어 특히 소비자와 만나는 공간을 중요시 여긴다. 애플은 hp, 구글 등의 여타 IT 기업과는 다르게 소비자에게 직접 제품을 판매하는 특성상 소비자와의 관계와 그 마케팅 노하우 전략이 매우 뛰어나다. 특히 애플 스토어는 이러한 애플의 뛰어난 마케팅 전략과 사용자 중심의 마인드가 잘 반영된 공간이라 할 수 있다. 전 세계 주요 도시로 확

---

1 진성규, "창조적 기업의 공간 환경 특성에 관한 연구: 애플(Apple, Inc), 구글(Google) 사례를 중심으로", 성균관대학교 일반대학원: 건축학과, 2013, pp. 43-47.

장되고 있는 애플의 마케팅 공간이자 소비자와의 접점 공간으로 활용되고 있다.

애플 스토어 공간 구성의 핵심이 되는 전략은 첫째, 단순히 제품을 판매하는 매장이 아닌 고객에게 경험을 제공하는 장소로서 계획하는 것과 둘째, 애플 스토어를 통해 소비자에게 그들이 주인이라는 점을 명확하게 느낄 수 있도록 하는 것이다. 이에 따라 애플 스토어는 제품 관련 공간은 약 1/4 정도에 불과하며 나머지 공간들은 대부분이 소비자의 흥미와 관심을 이끌 수 있는 공간으로 구성된다. 기본적으로 오픈 플랜 계획으로 방향의 플랜의 경우 장 방향에 평행하게 테이블만을 배치하고 제품 전시는 벽면 선반만을 이용하는 특징을 가지며 애플 스토어의 전략은 사람들이 그 공간을 일종의 공공장소와 같이 느낄 수 있도록 하는 것이다.

애플 스토어가 궁극적으로 추구하는 공간은 지역 내의 대형 도서관과 같이 사람들이 자유로이 드나들며 다양한 경험을 할 수 있는 장소이며 이는 기존의 단순히 상품 판매를 위한 일반적인 상점과 차별화된 전략이라고 할 수 있다. 애플 스토어를 기획할 당시 애플이 가지고 있는 대표 판매 제품은 4가지에 불과했으며 이들은 판매할 제품을 늘리는 대신 그 공간을 사용자들이 주인의식을 느낄 수 있는 경험으로 채우는 전략을 기획하게 된다. 이러한 전략의 수단으로서 애플은 스토어의 테이블, 지니어스 바, 개인 상담코너, 친절한 상담원 등을 계획하였다. 제품 전시를 위한 공간은 극히 일부로서 벽면의 선반을 이용하고 있으며 사람들은 애플 스토어 내부를 자유롭게 돌아다니면서 제품을 사용하고, 상담을 받고, 경험을 제공받게 된다. 또한 애플 스토어는 대도시의 유동인구가 많은 중심지역에 소비자들이 쉽게 접근할 수 있도록 건물 저층부에 계획하였으며 2001년에 첫 오픈한 애플 스토어의 매출은 약 3년 만에 10억 달러를 넘어서게 되며 2006년경에는 분기당 매출이 10억 달러를 돌파하는 등 큰 성공을 거두게 된다.

(2) 구글(Google)

가. 구글 플렉스(Googleplex)

구글은 2004년 초 기업공개와 더불어 대대적인 확장 정책으로 기존 실리콘 그래픽사에서 사용하던 건물을 인수하여 업무 환경에 대한 전략적인 조성을 시작했다. 구글 플렉스의 전체적인 계획은 소프트웨어 및 프로그램 기술 업무 영역에 초점을 맞추어 교육, 협력, 여가, 식사 시설 등의 다양한 프로그램들과의 통합을 기반으로 활동적인 캠퍼스 환경을 조성하는 것을 목적으로 하고 있다. 이러한 구글 플렉스 캠퍼스(지역적) 환경 조성은 "대학생활의 연장"을 핵심 지침으로 삼고 있다.

구글 플렉스의 전체 계획을 살펴보면 4개의 구심점(Hub)이 되는 건물들과 각 건물을 연결하는 메인 스트리트를 포함하는 다양한 활동이 수용 가능한 외부 공간, 길, 광장들로 이루어진다. 그 중 메인 스트리트 및 외부 공간은 4가지의 핵심적인 활동을 유도하고 있다. 첫째, 야외 스포츠 활동으로서 농구 코트와 야외 수영장을 계획하고 있으며, 둘째, 식사 및 휴식 활동을 중요시하여 직원 모두를 위한 식사 공간인 찰리 카페를 포함한 각종 야외 카페테리아를 계획하고 있으며, 셋째, 출입 영역 및 메인 도로와 같은 공공 공간과 넷째, 야외 공원과 통행로의 계획에 있어서도 페이빙 및 여가 시설물의 설치를 중요시 여기고 있다.

이러한 4가지 핵심 계획 개념과 외부 공간의 4가지 주요 활동의 유도를 바탕으로 계획된 구글 플렉스는 기업의 '본사 건물'이라기보다는 하나의 지역성을 띠는 환경을 조성하고 있으며 이러한 지역성은 구글만의 독특하고 뚜렷한, 시각적으로 또는 직접적으로 체험 가능한 정체성(Identitiy)을 만들어내고 있다. 구글 플렉스는 지속적인 창조적 업무 환경의 조성을 위해 다양한 경험 및 교육적인 시스템을 제공하고 있다. 일반적인 업무 환경에 비하여 자유로운 성격을 가지는 구글의 교육적 환경 시스템은 직원 개개인에게 상상하고, 조사하고 불가능을 시현할 수 있는 환경을 마련해주는데 목적이 있으며 이는 구글이라는 기업이 최종적으로 이루고자 하는 목적과 상통한다. 이러한 높은 수준의 교육 환경에 따른 경험은 전통적인 업무 공간과는 차별화되어 개개인에게 자신의 업무 스타일, 업무 환경, 독립적인 연구 주제의 선택, 개인 또는 그룹 작업의 선택 등 다양한 형태의 업무 기회를 제공하고 있으며 이를 통해 개개인 직원들의 분야, 성향, 여건에 맞춘 업무 환경을 제공하고 있다.

나. 구글 HQ

구글 뉴욕 본사는 구글 플렉스를 제외하고 최대 규모의 기술자 그룹이 있는

PART 4

곳으로서 구글의 주요 수익 창출 수단인 광고에 있어 최대 규모의 팀을 보유하고 있으며 실리콘 밸리 지역의 미디어 문화 산업의 핵심적인 역할을 하고 있다. 구글은 이 지역에서 현재 본사 건물의 스타벅스 커피 전문점에서의 광고 관련 부서의 소규모 팀 업무에서 시작되었으며 이는 창조적인 업무 환경에 시사점을 제시하고 있다. 이러한 구글 뉴욕 본사 내의 업무 공간은 각 그룹 및 팀 간 소통을 위한 미디엄 공간인 연결 부스를 공유하고 있으며, 자연채광을 최대한 활용하고, 독립적인 개인 업무 환경과 더불어 팀별 협력 업무 개념을 중심으로 구축되어 있다.[2]

(3) 제트블루 항공(JetBlue)

제트블루 항공은 미국 내 한 저가 항공사이다. 2001년 9.11 테러 이후 미국의 항공업계들의 난항이 계속되고 있던 시점에 등장한 이 항공사는 파랑색의 시원한 색감을 중심으로 간결하고 깔끔하게 JetBlue라는 디자인을 통하여 한 번 보면 잘 잊혀 지지 않는 간단한 로고를 만들어 냈다.

제트블루 항공사에 들어가면 입구부터 이런 디자인을 볼 수 있다. 이 항공사의 가장 큰 특징 중 하나인 좌석은 넓은 간격을 가지고 있어 비록 1등급의 좌석이 따로 존재하지는 않지만 모두가 1등석을 타고 있는 경험을 제공한다는 것이 이 항공사의 서비스 분위기이다. 따라서 기존의 이코노미석과는 다르게 좌석의 간격이 넓은 편이며 깔끔한 색감과 분위기를 띄고 있어 이 항공사를 이용하는 고객들에게 만족감을 가져다준다. 기존의 저가 항공의 불편했던 기억들을 뛰어넘어 만족할 수 있는 서비스를 제공하려고 한다. 제트블루 항공의 창업자 David Neeleman은 여행자 한 명 한 명에게 의미 있는 기억을 가져다주려는 것이 제트블루 항공을 운영하는 데 있어 가장 큰 고민거리라고 한다.

제트블루는 셀프 체크인 서비스가 잘 되어 있는 항공사이다. 예약 번호 확인 및 여권을 스캔하면 티켓이 출력되고 수하물의 개수를 입력할 수 있도록 원스톱

---

2 진성규, "창조적 기업의 공간 환경 특성에 관한 연구: 애플(Apple, Inc), 구글(Google) 사례를 중심으로", 성균관대학교 일반대학원: 건축학과, 2013, pp. 61-76.

서비스가 이루어진다. 제트블루 항공사 직원은 이 과정에서 어려움을 겪는 고객을 도와주고 수하물이 있을 경우 컨베이어벨트로 안내해주는 역할을 한다. 셀프 체크인의 경우 문제는 체크인 전후인데 조금이라도 흐름이 매끄럽지 못하다고 느끼면 불편함을 느낄 수 있다. 이런 부분에서 제트블루 항공사는 사람을 배치하여 도움을 줌으로써 편리하게 시설을 이용할 수 있는 분위기를 만들어 냈다.

(4) 에뛰드 하우스(ETUDE HOUSE)

에뛰드 하우스의 브랜드 컨셉은 달콤한 꿈을 꾸는 소녀들 안에 숨어 있는 공주를 찾아 현실로 만들어 주겠다는 스토리를 담고 있다. 매장은 핑크색을 주조색으로 하여 공주님 방과 같은 분위기를 연출하고 있으며, 포토존을 제공하고 있다. 제품의 디자인도 패키지 디자인도 일관된 컨셉이 적용된 디자인 특성을 가지고 있으며, 고객들에게 '공주님'이라는 호칭을 붙이는 등 차별화된 브랜드숍 환경을 제공함으로써 눈에 띄는 브랜드 중 하나이다.

스토어 외관, 내부의 인테리어, 소품, 제품의 디자인, 직원의 유니폼에 이르기까지 비주얼적인 측면에서 통합적이고 일관된 스토어 아이덴티티를 구현해 내고 있다. 외부적인 디자인 요소로는 사랑스러운 인테리어와 소녀들이 한 번쯤은 동경하는 인형의 집을 모티브로 하여 매장을 디자인하였고 내부적인 디자인 요소로는 브랜드 컨셉을 연상시킬 수 있는 소품과 브랜드 컨셉 컬러인 핑크로 점포의 진열대, 카운터 등에 컬러를 적용하였다. 에뛰드 하우스의 제품은 화장품 용기를 컨셉을 반영할 수 있는 용기로 디자인하였다. 또한 유니폼은 브랜드 컨셉 컬러와 동일하거나 일체감을 느낄 수 있는 컬러로 디자인하며 고객이 해당 이미지를 연상할 수 있는 디자인으로 하였다.

(5) 투썸플레이스(A TWOSOME PLACE)

투썸플레이스(A Twosome Place)는 CJ푸드빌에서 운영하고 있는 디저트 카페 프랜차이즈 브랜드이다. 2002년 신촌점을 시작으로 2013년 전국에서 운영하고 있

PART 4

다. 투썸플레이스는 A(A cup of coffee), 나와 너(Two of us), 투썸만의 색다른 디저트(Some dessert)가 있는 행복한 공간(Place)을 의미하고 있다. 나만의 작은 즐거움을 만날 수 있는 디저트 카페로 오감이 즐거워지는 디저트 문화를 즐길 수 있는 곳으로 프리미엄 문화의 컨셉을 접목한 브랜드이다.

투썸플레이스의 로고는 그레이와 와인색을 바탕에 두어 차분한 분위기를 연출하여 고급스러움을 표현한다. 요즘 유럽의 카페는 전통 마감에 깊이를 강조하는 기존의 스타일과는 달리 전통을 유지하면서 현대적 요소인 리사이클링의 개념을 도입한 컨셉이 각광받고 있는 추세이며 투썸플레이스 또한 이러한 세계적인 트렌드에 따른 인테리어를 선보인다. 유럽풍의 아치형 전면창을 적용하여 영국 런던의 거리에서 만날 수 있는 고급스러우면서도 시크한 카페의 모습을 표현하고 있다. 그레이 컬러의 파사드와 벽면 및 기둥의 프레임은 디테일이 고급스러우면서도 시크한 느낌을 주고 고딕 양식의 붉은 벽돌 그리고 원목과 패브릭을 소재로 한 가구들이 빈티지하면서도 따뜻한 느낌을 준다.

전국 어느 지점을 가도 투썸플레이스의 고급스러운 유럽풍 인테리어는 동일하다. 인테리어 소품을 보면 투썸플레이스의 전체적인 모습과 분위기를 나타내는 그림이 투썸플레이스를 상징하며 전체 분위기를 떠올리게 한다. 또한 카페의 전체 분위기는 로고에서 나타낸 것처럼 와인과 그레이 톤으로 차분하면서도 고급스러운 분위기를 나타내며 전체적으로 소비자들에게 깨끗한 느낌을 준다. 실내의 전체적인 인테리어 특징을 살펴보면 아일랜드식 주방을 추구하는 유럽 스타일을 따라 빵을 만드는 주방도 단순한 키친이 아닌 팩토리로 간주하여 마감처리도 공장식으로 하였다. 따라서 주방에서 빵을 만드는 제빵의 과정을 공장처럼 노출시켜 줌으로써 고객들에게 신뢰를 줄 뿐만 아니라 제조과정을 직접 눈으로 볼 수 있는 색다른 재미를 부여하였다.

마감재 또한 러프한 소재들을 주로 사용하였다. 가구의 컬러 또한 유럽풍 카페의 러프한 이미지를 살릴 수 있는 버건디를 주로 사용하였고 바닥 마감은 밝은 애쉬톤이 들어간 대리석과 타일이 주를 이루었다. 플레이스의 고급스러운 분위기를 더해주는 요소에는 조명 또한 큰 영향을 끼친다. 투썸플레이스의 조명은 카페 내부 중앙에 가장 큰 원형 조명을 달아 놓아 전체적인 분위기를 환하게 해줌과 동시에 주변 조명을 밝지 않게 해 소비자들에게 편안한 심리를 갖게 해준다. 야외 테라스 또한 외부 분위기의 장점과 투썸 특유의 색감과 분위기를 조합시켜 전체적으로 유럽풍의 고급 레스토랑과 같이 고급스러운 분위기를 가짐과 동시에 편안한 분위기를 만들어 소비자들에게 호의감을 갖게 해준다.

스마트폰의 빨리 닳는 배터리, 카페에서 자주 사용하는 노트북과 같이 소비자의 필요와 편의성을 충족시켜주기 위해 테이블마다 콘센트가 있으며 타 커피숍에 비해 월등하게 많은 콘센트를 보유하고 있어 소비자들의 불편을 줄이고 있다.

소비자들은 카페의 분위기, 맛, 서비스를 중요시한다. 분위기에는 조명, 인테리어, 소품 등 사소한 것 또한 중요하며 소비자들이 자리에 앉았을 때 편안하기를 바란다. 투썸플레이스의 의자와 테이블의 경우 의자와 테이블 사이의 높이도 적절하며 의자는 등받이의 각도도 편안하고, 의자의 쿠션 또한 불편하지 않고 편하기 때문에 소비자에게 편안함을 느끼게 해준다.

투썸플레이스는 '나만의 작은 즐거움을 만날 수 있는 프리미엄 디저트 카페'라는 슬로건을 갖고 있으며 '오감이 즐거워지는 디저트 문화를 즐길 수 있는 곳 투썸플레이스'라는 슬로건도 함께 내세우고 있는 만큼 타 커피숍의 디저트와는 차별화를 갖고 있으며 종류 또한 다양하다. 투썸플레이스의 디저트 종류에는 무스, 티라미수, 타르트, 쇼트케이크, 컵케이크, 머핀, 요거트 아이스크림, 다양한 샌드위치는 물론 마카롱, 크렘 브륄레 등 클래식한 프렌치 디저트까지 다양한 종류의 디저트가 마련되어 있어 소비자들이 골라먹을 수 있는 재미를 선사한다. 또한 투썸플레이스의 디저트는 전문 파티쉐가 직접 만들어 가맹점에 공급하기 때문에 높은 수준의 제품을 만들어 내며 소비자들의 기대를 충족시켜 많은 수익을 내고 있다.

CJ푸드빌은 투썸플레이스의 또 다른 커피브랜드 투썸커피를 만들어 커피 전문점의 고급화를 추구하고 있다. 투썸커피는 즐거운 경험을 느낄 수 있는 Convenience Cafe이다. 투썸커피는 '오감을 즐겁게 하는 작은 사치'라는 슬로건으로 고객의 마음을 사로잡고 있는 투썸플레이스의 패밀리 브랜드로 와플샌드와 솜사탕 아포가토, 큐브슈 등 감각적인 디저트를 즐길 수 있는 카페이며 기존의 투썸플레이스의 패밀리 브랜드이지만 디저트 부문, 커피 부문에서 차별성으로 두어 고객의 삶에 플러스가 되겠다는 로고를 담고 있다.

PART 4

(6) 미즈컨테이너(MIES CONTAINER)

미즈컨테이너는 공사장과 컨테이너 콘셉트로 브랜드 마케팅 된 인더스트리얼 퓨전레스토랑이다. 마치 공사장과 같은 분위기를 제공함으로써 소비자가 평소에 경험하지 못했던 독특하고 색다른 경험을 제공하는 것을 모토로 하고 있다. 인테리어 디자인은 컨테이너와 공사장에서 일하는 남성의 강인함과 열정을 나타내는 요소들을 활용해 다소 거칠고 투박하지만 주 소비자층인 젊은 여성에게 매력적이고 흥미롭게 다가가고자 기획되었다. 건축자재나 마감재를 그대로 노출시켰고 특히 철제 캐비넷이나 가설물, 기계, 공구 등을 장식품으로 진열했다. 또 캐비넷, 트랙터 등의 희귀 소품을 공수했다. 미즈컨테이너의 주요 타깃 고객층은 젊은 여성층이다. 타깃 고객층에 맞춰 직원은 남성으로 구성, 그 에너지를 어필했다. '우렁차고 큰 목소리, 밝은 인사성, 수시로 팔을 들어 손님과 손을 서로 마주치는 하이파이브'가 그런 요소들이다. 이는 자연스레 인테리어로 이어졌다. 활기 넘치는 산업 현장이나 실제 작업장 분위기를 구현했다.

매장 안에 들어서는 순간부터 접객 서비스는 빛을 발한다. 문 앞의 직원이 '손님 입장하십니다!'라고 선창하면 다른 직원들은 바쁘게 움직이는 와중에 '하이파이브!'를 외친다. 하이파이브는 고객과의 교감을 이끌어내는 최적의 단어다. 주문한 음식을 가져다주며 하이파이브! 지나가다 눈 마주치면 다시 한 번 하이파이브! 들어오면서 나가는 순간까지 손과 손이 마주치면서 고객과 직원이 소통한다.

(7) 제니퍼소프트

기업의 이름에서 바로 알 수 있듯 제니퍼소프트는 IT 기업이다. 도매, 소매와는 관계가 없는 IT기업, 바이어나 수요자를 제외한 둘러보는 고객조차도 없는 기업, 그런데 이 기업은 남다른 경영자의 서비스 경영으로 연매출을 꾸준히 9% 씩 증가시키며 높은 성장률을 기록하고 있다. 중소기업 중에서도 현재 매출 100억 원대를 넘어선 기업이 되었다. 제니퍼소프트 홈페이지의 회사개요는 '이익창출'이 아니라 '건강한 기업문화 창출'이다. 물질자원중심이 아닌 인적자원중심의 서비스 경영을 실천하는 것이다.

　기존의 기업과 경영자가 고객을 대상으로, 고객만을 위한 인테리어, 로고 등을 신경썼다면 이 회사는 고객이 아니라 가장 가까운 직원들을 위해 직원을 위한 인테리어, 디자인, 문화 등 직원을 위한 물리적 환경에 초점을 두고 있다. 이 회사는 직원도 사람이며 고객이 될 수 있고 직원이 먼저 행복해야 다른 사람들도 행복하다는 나눔 실천의 서비스 경영을 한다. 실제로 직원을 위해 인적이 조금 드물고 한적하며 직원이 회사를 요즘 언어로 '힐링'하러 가는 기분을 만들기 위해 파주 헤이리 마을로 사옥을 옮겼다.

　하지만 겨우 직원에 대한 이러한 물리적인 서비스 경영만으로 성공한 것은 아니다. "회사에서 조금 놀면 안 될까요?" 이는 회사에서 다 같이 공유하며 즐길 수 있는 공간을 만들고자 하는 대표의 또 다른 취지이다. 이 대표는 직원뿐만 아니라 주위 주민들과 함께 소통하는 물리적인 환경을 조성하기 위해 직원과 주민 모두 이용 가능한 공간을 만들었다. 사옥 1층을 카페로, 외부의 잔디정원은 지역 주민의 아이가 와서 노는 곳으로, 지하 수영장은 직원, 주민 모두 이용 가능하게, 사옥 내 유치원시설 역시 모두 이용 가능하도록 오픈한다. 또한 여러 행사도 주최하며 주민들과 함께한다. 다 같이 함께하는 것이 부족한 각박한 세상에서 제니퍼소프트는 직원과 지역공동체에 활력을 불어 넣어주는 자체적인 물리적 환경이 되는 것이다.

　이러한 취지에 힘입어 IT 기업임에도 고객들을 위한(지역 주민도 잠재고객) 서비스 경영을 나눔 공동체의 가치로써 실현하고 있는 기업이다. 우리가 지금껏 봐 왔던 서비스 경영, 물리적 환경, 이러한 모든 것들은 순전히 고객들을 위해 이익창출만을 목적으로 보기 좋게 포장되었다면, 제니퍼소프트는 인간본질적인 서비스 경영을 통해 물리적 환경만을 통해서도 공동체 가치를 실현해나가며 직원의 만족과 신규고객을 확보할 수 있는 또 다른 중요한 밑거름이 되는 것이다. 실제로 이러한 구전을 타 윤리적인 서비스 경영을 실천하는 기업으로 소문나게 되었으며, 많은 스타트업 기업들이 이 회사의 경영방침과 물리적 환경을 배우려 노력한다. 또한 대기업들이 소프트웨어 납품계약 의뢰를 먼저 직접해오며 경영방침을 배워가는 기업들도 있었다고 한다.

PART 4

(8) 인천공항

인천공항하면 보통 항공사를 이용하는 고객들을 위한 서비스 공사라고 생각한다. 인천공항은 항공사를 이용하는 고객들을 위한 면세점, 샤워실, 공항 라운지 등 많은 편의시설을 고객들에게 제공한다. 우리는 항공사를 이용하는 고객입장이 아닌 관광이나 쇼핑몰을 이용하는 방문 고객의 입장에서 인천공항의 물리적 환경을 조사하였다.

가. 편리한 교통

인천공항을 이용하는 고객들은 인천시부터 경상도까지 전국에서 노선버스를 이용할 수 있다. 버스뿐만 아니라 공항철도, 공항택시, 공항콜밴도 이용할 수 있다. 전국에서 특정한 장소에 교통종류와 교통량이 많은 곳은 이곳 인천공항이라고 생각되어진다. 그만큼 교통의 편리함을 제공한다. 교통종류별로 행선지별로 구분과 표시가 명확해 찾기에도 용이하다.

나. 다채로운 쇼핑

인천공항에는 신세계 백화점과 AK백화점 농협 하나로마트가 입점해 있어 다양한 품목을 쇼핑할 수 있다.

화장품가게, 편의점, 꽃집, 패스트푸드점 등 많은 편의시설이 입점해 있어 크게 걷거나 자리를 이동할 필요 없이 쇼핑을 즐길 수 있다.

다. 안내표와 안내데스크

80여개의 항공사가 이용하는 국제공항인 만큼 복잡하고 넓은 크기를 자랑하기 때문에 이를 고려하여 인천공항은 곳곳에 안내데스크를 설치하고 한눈에 들어오고 알아보기 쉬운 안내표를 설치했다. 뿐만 아니라 공항 내에 여러 버전의 인천공항 안내도와 가이드 맵 책자를 비치하고 전자안내도를 설치하여 이용자들이 쉽고 빠르게 인천공항을 이용할 수 있도록 서비스를 제공하고 있다.

라. 안전

인천공항은 국제공항인 만큼 항상 작은 위험부터 큰 테러까지 노출되어 있다고 볼 수 있다. 인천공항은 안전을 위해 보안요원들이 항시 순찰하고 있다. 보안요원을 보는 것만으로도 안전하다는 느낌을 준다.

마. 고객의 소리

앞서 인천공항에는 안내데스크가 많다고 했는데 안내데스크마다 고객의 불편

함을 적을 수 있는 곳이 있다. 고객들이 편하고 자유롭게 바로 바로 불편함을 적어 인천공항에 건의할 수 있다. 따로 시간을 내서 전화를 걸거나 찾아갈 필요가 없이 많은 안내데스크 중 가까운 곳에 가 적으면 된다. 고객의 불편한 점을 개선하기 위한 공항의 노력이 보인다. 들은 이야기로는 고객들이 지상직원들이 근무휴식도중 회사 복장으로 음료수를 마시거나 속옷 색 착용에 대한 불만을 컴플레인 걸어 바로바로 규정이 바뀌었다고 한다. 그 정도로 손님을 중심으로 생각하며 최선을 다해 행동하는 공항과 항공사의 노력을 볼 수 있다.

바. 금융서비스

인천공항에는 4개의 시중은행이 들어와 있다. 하나은행, 외환은행, 국민은행, 신한은행 중 자신이 이용하는 은행을 찾아 금융서비스를 제공받을 수 있다. 4개의 은행은 각 층마다 존재해 접근이 용이하다.

사. 충전서비스

현재 우리는 전자기기 없이 살 수 없을 만큼 전자기기에 많이 의존하고 있다. 전자기기의 배터리가 없으면 우리는 불안감을 느끼고 전자기기가 주는 편리함을 누릴 수 없게 된다. 이런 고객들을 위해 인천공항에서는 공항 내 앉아 쉬는 곳마다 충전서비스를 제공하고 있다. 누구든지 콘센트를 꽂아 전자기기를 충전할 수 있다.

(9) 스무디킹(SMOOTHIEKING)

스무디킹의 창업자인 스티브 쿠노는 미국 뉴올리언즈 군 간호사 출신으로 본인과 가족의 건강을 위해 칼로리는 낮고 영양학적으로는 균형 잡힌 음료를 연구해왔다. 결국 여러 과일의 효능을 이용하여 자신만의 음료를 개발해냈고 주변의 친구, 친지들을 거쳐 일반 대중에게까지 알려져 인기를 얻자 스티브 쿠노는 이 음료에 스무디(smoothie)라는 이름을 붙이고 1973년 스무디킹을 세웠다. 현재 스무디는 사전에 '부드러운 음료'라는 보통명사로 등재되어 있으며 2000년대 이후 미국에서 연간 1조 원 가까운 시장을 형성하며 기존의 패스트푸드를 대체하는 건강식으로 돌풍을 일으켰다. 스무디킹의 스무디는 다양한 과일과 기능성 영양 파우더를 얼음과 함께 블렌딩한 기능성 과일음료로 고객의 건강 상태에 적합한 웰빙음료를 제공하고 있으며, 부드러운 식감과 뛰어난 맛으로 전 세계 곳곳에서 사랑받고 있다.

우리나라 전자부품 제조업체인 경인전자가 미국의 스무디킹을 인수하여 2003년 '스무디즈 코리아'를 런칭하였고, 이는, 국내에서는 최초로 선보인 유일한 정통 스무디 전문점이다. 스무디킹 코리아의 매출은 경인전자 전체 매출의 15%에 이른다. 스무디킹의 매출은 2008년 160억 원에서 2011년 450억 원으로 3년 만에 거의 세 배가 됐다. 여기에 최근 삼성서울병원 암 교육센터는 암 환자 건강에 좋은 19종 추천 음식의 하나로 바나나 스무디를 꼽기도 했다. 스무디가 인기를 끌어 국내 매장 수가 늘어나면서 스무디 가맹점 사업에 대한 관심이 덩달아 높아졌다. 스무디킹 국내 매장 수는 2010년 73개에서 2011년 말 110개로 51% 증가했다.

스무디킹 로고의 '왕'과 '왕관'은 세계 최초로 스무디라는 명사를 만들어낸 브랜드의 오리지널리티를 상징하며, 진정한 건강한 라이프스타일의 약속을 의미한다. '옐로우'와 '레드'는 브랜드의 대표컬러로써 건강음료인 스무디킹의 신선하고 상큼한 맛이 표현되어졌다. 스무디킹의 슬로건은 "be good to yourself"이다. 슬로건만으로도 건강하고 활기찬 분위기로 건강음료임을 강조하며 뛰어난 맛과 영양을 모두 잡겠다는 약속이다. 또, 합성착색료와 합성착향료, 합성보존료, 합성감미료, 트랜스지방, 콘시럽을 일체 사용하지 않겠다는 약속도 더불어 있다.

스무디즈 코리아는 2003년 2월 5일 창립 이래 한국 내 스무디를 최초로 선보인 스무디 전문 기업이다. 스무디킹 코리아는 2003년 5월, 제1호점인 명동점을 오픈하면서 국내에 최초로 스무디를 소개했다. 미국의 70여개 스무디 메뉴 중 한국인에 맞는 30여개를 선별하고 메뉴를 개발하는 현지화전략으로 시장을 성공적으로 공략했다. 한잔에 과일은 물론 프로틴, 비타민 등의 영양소까지 함유하여 영양학적으로 균형 잡힌 스무디를 제공해, 3년 만에 6배의 매출 신장세를 기록하는 등 젊은이의 트렌드 세터로부터 전폭적인 사랑을 받는 브랜드로 성장했다. 여러 이벤트를 진행하는데 이벤트 사은품으로 스무디킹의 건강로고를 상징하는 뉴트리션바와 텀블러를 증정한다. 텀블러는 일반 텀블러와 달리 속안 내용물을 볼 수 있는 유리형 플라스틱 텀블러이다. 그만큼 스무디킹은 자신들의 음식에 자신이 있다는 것을 강조하기도 한다.

(10) Abercrombie & Fitch

고급 청년층 브랜드로 새로운 이미지를 구축하고 아베크롬비 앤 피치, 아베크롬비, 홀리스터라는 세 라인을 내세운 아베크롬비는 클래식한 캐주얼로 미국 생활방식을 표방하는 질 좋은 아웃도어웨어 용품을 생산하는 데 중점을 두었다. 1997년 선보인 아베크롬비 키즈는 7세에서 14세를 대상으로 만든 브랜드이고 2000년 7월에 선보인 홀리스터는 14세에서 18세를 타겟으로 하는 브랜드로 꾸준한 성장세를 보이고 있다.

아베크롬비는 차별화된 마케팅과 브랜드 이미지를 계속 유지하기 위해 매장에서 '고객을 유혹하라'는 마케팅 전략을 내세워 섹스 어필 마케팅을 주력으로 하고 있다. 또 매장 안에서 응대할 수 있는 최대 일정 수의 손님을 입장하게 함으로써 매장 분위기를 쾌적하게 유지한다. 아베크롬비의 컨셉은 편안하면서도 학생다운 느낌의 캐주얼 룩을 위한 브랜드이며 활동성 있는 소재와 간편하고 캐주얼한 디자인과 만족스런 가격으로 청소년뿐만 아니라 전 연령층에 매니아를 둔 대중적인 브랜드이다. 또한 후각, 청각, 시각으로 고객의 감성을 자극한다는 브랜드 컨셉에 맞게 매장 입구에서부터 'Abercrombie & Fitch' 오리지널 향수의 향기가 코를 자극하고 매장 내에 흥겨운 음악이 귀를 자극한다. 또한 'Abercrombie & Fitch 12.15 Ginza Open'이라는 광고로 포장된 트럭이 음악으로 울리며 거리를 순회하며 더 많은 고객들을 끌어 모은다.

아베크롬비는 10대들의 건전한 사랑 모습이 아니라 자극적인 섹슈얼한 모습, 섹슈얼한 화보를 찍으면서 미국 영 제너레이션들의 문화코드의 선두가 되었다. 이에 기존 아베크롬비의 아웃도어 브랜드 컨셉에서 섹시한 이미지를 강조하는 캐주얼웨어로 바뀌었다. 또한 의류 매장에서는 볼 수 없었던 어두운 조명으로 클럽을 연상시키는 인테리어를 적용했다. 상반신을 탈의한 몸 좋은 남자들이 청바지만 입은 채 춤을 추며 고객을 반긴다. 고객 입장에서는 관심이 없던 방문객까지 눈길을 사로잡아 매출 증대를 이루었으며, 한 디자인을 각 사이즈별로 한 장씩만 라인을 구축해 희소성의 가치를 부여했다.

(11) WHO A U

이랜드 그룹 의류 브랜드 후아유 매장에는 사람의 기분까지 좋아지게 만드는 향기가 난다. 방향제 냄새로 착각할 수 있으나 자세히 들여다보면 물리적 환경 요소 중 하나인 향기이다. 매장에서 옷을 구입했을 때 새 옷 냄새가 아닌 기분 좋은 향기로 소비자의 마음을 움직인다. 후아유는 캘리포니아 풍을 표방하는 캐주얼 의류이다. 후아유가 전하고자 하는 '젊음', '풍요', '자유'라는 메시지를 강조하기 위해 고객에게 노출되는 물리적 환경(시각, 청각, 후각 등)에서 캘리포니아 지역 젊은이들의 자유로운 취향이 느껴지도록 하는데 중점을 두고 있다. 또한 비키니 수영복, 마 소재 잡화류와 액세서리 등 'Hot Summer Item'을 출시했다. 과감한 디자인과 화려한 색채가 특징인 비키니 수영복과 위에 덧입을 수 있는 해변용 원피스 튜브탑, 마 소재 모자와 가방, 샌들, 액세서리 등이 돋보인다. 강렬한 원색과 화려한 무늬가 특징인 원피스와 탑 등은 도심에서도 해변의 기분을 낼 수 있어 유행에 민감한 20대의 여름 멋 내기로도 제격이다.

후아유는 전략적으로 캘리포니아 풍을 적극 강조하고 있다. 실제로 매장에 전시되어 있는 요트나 소품류 등은 모두 캘리포니아에서 직접 가져온 것들이어서 매장에 들어서면 캘리포니아 분위기를 시각적으로 느낄 수 있고 매장의 배경음악도 캘리포니아 젊은이들 사이에서 인기가 높은 곡을 선곡해 사용하고 있다. 또한 매장에서 분사되는 향수인 '캘리포니아 드림'은 캘리포니아 지역의 17~21세 젊은이들이 선호하는 향기 가운데 수차례 샘플 테스트를 거쳐 선정된 것으로 분무식 용기를 별도 제작해 사용하고 있다. 후아유에서는 캘리포니아 드림이라는 컨셉에 맞춘 인테리어와 캘리포니아 젊은이들이 좋아하는 오렌지향과 음악으로 그 느낌을 표현하고자 하였다. 저렴한 가격대와 함께 브랜드의 컨셉이 잘 보여지는 매장과 그 컨셉을 연결시켜주는 고리인 향기와 음악이 고객들이 더 매장을 찾는데 도움을 준다. 전국 후아유 매장은 드림이라는 향이 난다. 이 향은 바로 후아유 고유의 향으로 소비자들에게 확실히 각인시켜 주었다.

PART 4

• 권희정, 한희섭, "호텔 내 레스토랑의 물리적 환경을 통한 이미지가 레스토랑의 만족도와 재방문 의도, 호텔의 이미지와 숙박의도에 미치는 영향에 대한 연구", 관광레저연구, 26(2), pp.105-122, 2014.

• 김기성, 한상일, "호텔 연회장의 물리적 환경에 따른 감정반응이 호텔 브랜드 이미지에 미치는 영향에 관한 연구: 인적 서비스 품질 조절효과를 중심으로", Tourism Research, 39(2), pp.213-236, 2014.

• 김문명, 김성영, 이은용, "커피전문점 브랜드이미지, 관계품질 및 브랜드충성도의 구조적 관계", 호텔경영학연구, 22(6), pp.175-191, 2013.

• 김성혁, 최승만, 권상미, "호텔 레스토랑의 물리적 환경지각이 감정반응, 고객만족, 재구매의도 및 추천의도에 미치는 영향", 관광연구, 23(4), pp.81-99, 2009.

• 김수진, 이형룡, "커피전문점의 물리적 환경이 브랜드 충성도에 미치는 영향: 고객만족과 감정 반응의 매개효과 비교를 중심으로", 동아시아식생활학회지, 21(4), pp.609- 624, 2011.

• 김승욱, 강기두, 「고객관계관리(CRM)」, 무역경영사, 2016.

• 김영옥, "테이크아웃 커피전문점의 선택속성과 고객만족에 관한 연구", 한국조리학회지, 9(3), pp.141-154, 2003.

• 김영자, 김동진, 변광인, "패밀리 레스토랑 이미지와 LOHAS 이미지가 고객만족에 미치는 영향", 호텔관광연구, 11(1), pp.91-106, 2009.

• 김일호, "커피전문점 물리적 환경이 고객만족과 재방문에 미치는 영향: 대전, 충청지역의 성인남녀를 대상으로", 한국엔터테인먼트산업학회 학술대회 논문집, 5, pp.108-120, 2013.

- 김장하, 구완회, 임관혁, "커피전문점의 물리적 환경이 고객만족과 행동적 반응에 미치는 영향 연구", 관광레저연구, 25(8), pp.461-478, 2013.
- 김정훈, 김대철, "패밀리레스토랑의 서비스스케이프가 혼잡지각 및 브랜드 이미지를 통한 고객만족 및 행동의도에 미치는 영향", 호텔리조트연구, 11(1), pp.241-258, 2012.
- 김준환, 이항, "매장 내 체험, 물리적 요인이 지각된 서비스 품질과 브랜드 이미지 및 고객만족에 미치는 영향", 유통경영학회지, 14(4), pp.29-52, 2011.
- 김준회, 김동일, "점포내 물리적 환경이 소비감정 및 충성도에 미치는 영향", Journal of Digital Conference, 12(4), pp.157-170, 2014.
- 김지연, 박상희, "뷔페 레스토랑의 물리적 환경이 감정반응, 고객만족 및 충성도에 미치는 영향", 관광연구, 28(3), pp.427-447, 2013.
- 서영호 외, "고객구매활동 기반의 e-CRM 전략", 품질경영학회지, 28(3), 2000.
- 이승익, 고재윤, "패밀리 레스토랑 메뉴품질과 브랜드 이미지가 고객만족 및 재구매 의도에 미치는 영향에 관한 연구", 한국조리학회지, 17(2), pp.153-167, 2011.
- 이형주, 서지연, "국내외 브랜드에 따른 커피전문점 물리적 환경이 고객만족과 재방문의도에 미치는 영향에 관한 연구: 서울 시내 대학생을 중심으로", 호텔경영학연구, 21(2), pp.131-147, 2012.
- 장재훈, 김미경, 황지윤, 이경아, "호텔 종사원 특성, 가격, 물리적 환경이 소비자의 만족과 재방문에 미치는 영향", 관광연구, 26(2), pp.329-350, 2011.
- 장현종, 이광옥, "커피전문점의 물리적 환경이 정서와 만족 그리고 충성도에 미치는 영향 관계연구", 관광연구저널, 27(6), pp.345-359, 2013.
- 정명보, 김성혁, 김용일, "호텔기업 뷔페레스토랑의 물리적 환경이 서비스 품질과 고객만족 및 고객충성도에 미치는 영향: 서울시내 특1급 호텔기업을 대상으로", 관광연구, 25(3), pp.101-120, 2010.
- 조선비즈, "'프리미엄 웰빙 오븐치킨'으로 치킨창업 선도", 2015.03.03.
- 조성길, "리조트호텔의 물리적 환경이 서비스 품질 및 고객만족과 경영성과에 미치는 영향에 관한 연구", 청운대학교 정보산업대학원 학위논문, 2010.
- 채규진, "프랜차이즈 커피전문점의 서비스 품질이 고객만족과 충성도에 미치는 영향", 호텔리조트연구, 9(1), pp.101-114, 2010.
- 최웅, 이재선, 조원길, "외식산업의 브랜드자산과 고객가치가 브랜드 충성도에 미치는 영

PART 4

향", 외식경영연구, 14(2), pp.277-298, 2011.

- Ahire, E., Golhar, P. and Waller, M., Development and Validity of TQM Implementation, Decision Science, 27(1), pp.23-56, 1996.

- Baker, J., The Role of Environment in Marketing Service: The Consumer Perspective, in Czepeil, J. A., Congram, C. A. and Shanahan, J. eds., The Service Challenge: Intergrating for Competitive Advantage. American Marketing Association, Chicago, IL: 79-84, 1987.

- -----, The Effects of Real Store Environment on Consumer Perceptions of Quality, Price and Value, Ph. D. Dissertation, Texas: A&M University, 1990.

- Berthon, P. and J. Hagel, The Real Value of Online Communities, Harvard Business Review, 74(3), 1996.

- Berthon, P., L. F. and Pitt, R. T. Watson, The World-Wide-Web as an Advertising Medium: Toward an understanding of conversion efficiency, Journal of Advertising Research, 36(1), 1996.

- Donovan, R. J. and Rossiter, J. R., Store Atmosphere: An Environmental Psychology Approach. Journal of Retailing, 58(1), pp.34-57, 1982.

- Fitzsimmons, J. and M. J. Fitzsimmons, Service Management, McGraw-Hill, NY, 2001.

- Heim, G. and K. K. Sinha, "Design and Dlivery of Electronic Services", in J.A. Fitzsimmons and Fitzsimmons (eds.), New Service development, Sage Publications, Thousand Oaks, CA, 2000.

- Kalakota, R. and A. B. Winston, Frontiers of Electronic Commerce, Addison-Wesley, MA, 1996.

- Kotler, P., Atmospheres as a Marketing Tool. Journal of Retailing, 49(winter), pp.48-64, 1973.

- -----, Marketing management. New Jersey: Prentice Hall, 1997.

- Lovelock, C. and L. Wright, Principles of Service Marketing and Management, Prentice Hall, NJ, 2002.

- Martenson, L., Corporate Brand Image, Satisfaction, and Store Loyalty: A Study of the Store as a Brand, Store Brands and Manufacturer Brands. International Journal of Retail & Distribution Management, 35(7), pp.544-555, 2007.

- Oliver, R. L., Measurement and Evaluation of Satisfaction Process in Retail Setting. Journal of Retailing, 57(3), pp.25-48, 1981.

- Rabson, S., Turning the Tables: The Psychology of Design for High-Volume Restaurants, Cornell Hotel and Restaurant Administration Quarterly, 40(3), pp.56 -63, 1999.

- Zemke, R. and T. Connellan, e-Service: 24 ways to keep your customers when the competition is just a click away, Amacom, NY, 2001.

PART 4

DESIGN THINKING & SERVICE MANAGEMENT

PART 5
환대산업서비스

DESIGN THINKING &
SERVICE MANAGEMENT

최근 국내의 유망 중소기업들과 만나는 자리가 있어 이 분들과 이야기 할 때 세삼 느끼는 것은 이 분들이 중국의 샤오미, 화웨이, 알리바바 등과 같은 글로벌 정보기술 대기업이나 중국의 서비스 회사와 MOU를 체결했음을 은근히 자랑삼아 이야기를 꺼내곤 한다는 것이다. 과거 같으면 미국이나 유럽 유명 회사들과의 관계를 회사 홍보나 투자유치 등을 위해서 대외적으로 밝혔다면 이제는 중국 유명회사들과의 관계를 더 강하게 주장하고 있는 것이다. 현실 속에서 슈퍼차이나의 위상과 그 힘의 영향력을 많이 느끼고 있다. 2014년 지난해 서울시가 발표한 '서울시 외래 관광객 실태 조사'에 따르면, 전체 관광객의 43% 이상을 차지하는 중국인(91.1%)의 방한 목적은 쇼핑이다. 이들이 서울을 방문해 쓰는 돈은 평균 326만 원인 것으로 조사됐다. 시내 면세점 관계자는 "요우커들이 관심품목도 점점 다양화되고 있다"며 "예전에는 국산화장품이나 명품, 패션용품에서 성장세가 두르러졌다면, 최근에는 전자제품이나 아기 분유 등도 꾸준한 성장세를 보이고 있다"고 말했다. 극심한 내수 부진 속에도 지난해 시내 면세점과 항공 면세점이 두 자릿수 고성장세를 이어갈 수 있었던 것은 '큰손'들의 영향이 컸다는 게 업계의 설명이다. 실제, 시내 주요 면세점 가운데 롯데면세점과 신라면세점은 지난해 각각 4조 2,000억 원, 2조 6,123억 원의 매출규모를 달성했다. 이는 2013년에 비해 롯데는 16~18%, 신라는 25.2% 성장한 수치다. 인천공항의 면세점 역시 성장세를 이어가며 지난해 2조 1,000억 원을 기록했다. 롯데면세점과 신라면세점은 인천공항에서만 각각 1조 320억 원과 8,990억 원의 매출을 올렸다.

　　문화체육관광부의 2013년 외래관광객 실태조사에 따르면 한국을 방문한 요우커가 가장 많이 찾은 관광지는 서울(79%)·제주(35%)·경기(17%)·인천(9%) 이상 중복응답 순이다. 특히 서울시는 2015년 광저우의 명동으로 불리는 베이징루에서 걸그룹 미쓰에이의 페이·지아와 함께 플래시몹 행사에 참여, K-팝 음악에 맞춰 춤 실력을 뽐냈다.

　　인천시도 중국 허난성·상하이, 대만을 잇달아 방문하며 요우커의 발길을 인천으로 돌리기 위한 강행군을 이어간다. 또한 중국에 제시할 대표 관광상품은 '한류 별 그대 in 인천 플러스 뷰티웰빙투어'다. 한류 드라마 '별에서 온 그대' 인천 촬영지 방문과 의료관광 체험을 연계한 것으로 중국 관광객 사이에 이미 입소문이

퍼진 상품이다. 한편 제주도는 중국 상하이에서 주요 언론사·항공사·여행사를 대상으로 제주관광설명회를 개최한다. 크루즈 관광 활성화를 위해 상하이 국제크루즈터미널 대표단을 만나 폭넓은 협력 방안도 찾을 예정이다.

이러한 일련의 변화는 요우커 천만 시대를 맞이하여 다양한 기회와 더 많은 비즈니스 창출이 이루어질 것으로 예상된다. 따라서 서비스 경영의 내용도 서비스 혁신을 위한 새로운 방법과 분야에 대한 요구로 이어졌다. 고객들은 총체적이면서도 서비스·제품과의 세부적인 인터랙션까지 세심하게 배려된 서비스를 경험하길 원하게 되었으며 바로 이러한 시대적 요구에 부응하여 나타난 것이 서비스 디자인이다.

특히, 서비스 디자인이 제품, 시각, 환경, 패션 등 분리된 디자인 서비스 영역을 통합하여 제공하는 것이라는 식의 이해는 적절치 않다. 단순히 분야별 디자인 개발이 합해진 것이 아니다. 지금까지는 디자인이 특정 서비스를 구현하는 단계에서 형상화에 주로 기여하는 역할을 하였다면, 서비스 경영 전반의 내용을 개발하는 역할로 확장되었다는 관점으로 이해해야 한다. 시각적 문제 해결자로부터 서비스 경영 및 비즈니스의 문제를 재정의하고 본원적인 해결책을 제안하는 역할로 바뀌었다고 할 수 있는 것이다. 따라서 기존의 분리된 디자인 영역에서 고려할 수 없었던, 서비스를 디자인 차원에서 가치창출 할 수 있게 되는 것이다.

CHAPTER 11

외식산업서비스

1. 외식산업의 개념

　　외식산업은 "일정한 장소에서 식음료와 유·무형적 서비스로 이루어진 상품을 특정적인 또는 불특정 다수를 대상으로 상업적 또는 비상업적 목적으로 생산 및 판매활동을 하는 사업체들의 군"이라 정의할 수 있다. 가정이라는 공간을 벗어나 음식과 음료를 생산하고 제공하는 활동과 더불어 무엇보다 서비스를 중요하게 여기는 복합적 산업으로서 외식산업을 '외식 서비스 산업'이라고도 부른다.

　　오늘날 외식산업이라 일컫는 역사의 시작은 1950~1960년대 미국에서 경제발전에 따른 식생활의 변화와 함께 'Foodservice Industry'라는 용어가 정착하면서부터이다. 일본은 1975년 매스컴에서 현대 널리 통용되고 있는 '외식산업(外食産業)'이라는 용어를 처음으로 사용하기 시작하였다.

　　우리나라는 오래 전부터 음식의 생산 및 판매와 관련된 사업을 밥장사, 먹는 장사, 요식업(料食業), 식당업(食堂業) 또는 음식업(飮食業) 등으로 불렀다. 그러나 1990년대부터 자본력, 과학적 생산, 시스템과 체계적 교육, 다양한 마케팅활동을

갖춘 해외 브랜드인 패밀리 레스토랑이 국내시장에 진출하면서 외식산업이라는
용어를 대중적으로 사용하기 시작하였다.

2. 외식산업의 특징

외식산업의 특성을 살펴보면, 서비스 산업, 환대산업, 관광산업 등이 가지고
있는 특성들을 함께 가지고 있으며 그 특성을 살펴보면 다음과 같다.

- 서비스 지향적인 산업
- 점포의 위치를 중시하는 입지산업
- 인적 서비스의 의존도가 높은 노동집약적 산업
- 독점적 기업이 탄생하지 않는 산업
- 프랜차이즈가 용이한 산업
- 소자본으로도 쉽게 접근할 수 있는 산업
- 산업화와 공업화가 어렵고 느린 산업
- 소비자의 라이프스타일에 크게 영향을 받는 산업
- 타 산업에 비해 다양한 업종과 업태가 공존하는 산업
- 자금회전이 빠른 산업
- 모방이 쉬워 차별화가 어려운 산업
- 상품의 구성이 복잡한 산업
- 식습관에 대한 소비자의 기호가 보수적이기 때문에 상품(메뉴)의 라이프스타일이 비교적 긴 산업이라는 특성을 가지고 있다.

그러나 외식산업의 특성을 다음과 같이 보다 구체적으로 설명할 수 있다.

(1) 입지 의존성이 높은 산업

외식산업에서는 입지선정은 사업자가 결정해야 할 가장 중요한 의사결정 과정이며 좋은 입지는 성공적인 사업을 위한 필요조건 중의 하나다.

특히 입지선정은 한 번 결정되면 이에 많은 자본이 투자되고, 입지를 바꾼다는 것은 더욱 용이하지 않다. 그리고 타 소비믹스변수에 대한 가장 장기적인 투자의 성격을 가진 고정투자이므로 점포매출액의 상한과 비용의 하한을 근본적으로 결정하는 요인이다.

또한 외식산업은 궁극적으로 영리추구에 있으며 이의 달성을 위해서는 가장 합리적이고 과학적으로 선정된 입지에 따른 상권특성에 여타 마케팅 요인의 효과적 결합이 요구된다.

(2) 노동집약적 성격을 가진 서비스 산업

외식산업은 서비스의 한 부분으로서 고객에 대한 서비스의 의존도가 높은 산업이다. 일반적으로 제조업은 기술자본 집약적인 산업임에 반해 외식산업은 고도의 숙련을 요구하는 인적 의존도가 높은 노동집약적 산업이다.

서비스 산업에서도 노동을 대처할 수 있는 기계화된 자본설비를 사용하고 있다. 그러나 판매원의 매장에 대한 적정 배치나 배달문제 때문에 생산부분에 비해 노동집약적 성격이 강할 수밖에 없다. 이는 일반적인 서비스에 있어서는 기계화나 정보화로 경감 또는 완화할 수 있지만 고급 서비스 또는 특수 서비스의 경우에 현실적으로 기계화가 곤란하기 때문이다.

PART 5

(3) 체인화가 용이한 산업

외식산업에서 성공한 기업이라면 쉽게 체인화사업을 시도할 수 있다. 체인화사업은 가맹점으로부터 메뉴개발, 인테리어, 점포입지 등에 따른 제반적인 업무를 지원받아 운영함으로써 막대한 이익을 창출할 수 있다. 또한 전체 가맹점을 관리

·감독함으로써 일정한 지위를 얻을 수 있다.

(4) 시간과 장소적 제약을 받는 산업

외식산업은 서비스의 생산과 소비가 동시에 이루어지는 성격을 가지고 있기 때문에 시간적·장소적 제약이 존재한다. 또한 생산과 소비가 동시에 이루어진다는 것은 서비스의 소비행위가 발생할 때 서비스의 제공자가 함께 존재한다는 것을 의미한다.

이러한 관점에서 외식산업의 서비스는 장소적인 제약을 받을 수밖에 없다. 장소적 제약이란 고객이 특정 서비스를 받기 위해서는 서비스 조직으로 직접 오거나, 서비스 조직이 고객에게로 가야 하기 때문에 수요자와 공급자가 비교적 가까운 장소에 입지를 정하지 않으면 안 된다.

또한 생산과 소비의 동시성의 특성으로 인하여 서비스 배달 시스템이 지역적으로 광범위할 수가 없다. 그 결과 서비스 배달 시스템의 성패는 지리적으로 서비스 조직이 얼마나 가깝게 위치하느냐에 달려 있어 시간적 제약도 존재한다. 최근 들어 자가용이 보급되고 통신수단이 발달되면서 소비자와 다소 떨어진 도시 근교나 한적한 유원지에 입지를 정하는 전문 레스토랑과 카페 등은 입지를 덜 고려하는 경우도 있지만 일반적으로 입지는 가장 중요한 고려대상이 된다.

(5) 다품종 소량의 주문판매 산업

한 두 가지의 음식만 전문적으로 취급하는 곳도 있지만 대부분 여러 종류의 음식을 주문에 의하여 그때 그때 생산하여 판매한다. 갑자기 많은 주문이 들어왔을 때 생산능력에는 한계가 있을 수 있다. 그러나 완성품 재고가 많지 않다는 것이 장점이라 할 수 있다.

(6) 짧은 분배체인과 시간범위(short distribution chain and time span)

외식산업에서는 원재료가 최종상품으로 바뀌는 과정이 빠르다. 그리고 최종 상품이 현금화되는 과정도 빠르다. 타 상품에 비하여 분배체인과 시간범위가 짧아 같은 장소에서 보통 2시간 안에 또는 수분 이내에 상품이 생산·판매되고 소비된다.

(7) 자기연출과 무대연출 산업

고객의 참여를 전제로 하는 주문형 산업이기 때문에 고객의 기호가 강한 영향을 미치는 산업이다. 그러므로 고객에 대한 서비스 개선 연구, 고객취향에 부흥하는 새로운 인테리어 설치, 메뉴개발, 전문 종업원의 채용과 관리, 매출 증대를 위한 마케팅 방법 연구 등은 경영자의 도전의식과 자기개발로 이어진다.

이는 경영자가 자신의 연출로 인한 자기표현의 기회를 가질 수 있다. 또한 경영자의 연출에 의해 직접 꾸미고 장식하는 것은 물론 내부 인테리어, 테이블 배치, 종업원의 유니폼 등에 대하여 경영자가 직접 선택·연출할 수 있다. 그리고 매장분위기 유도를 위한 이벤트 등의 기획을 통해 고객들에게 휴식의 시간을 제공하는 무대연출 산업이기도 하다.

PART 5

3. 외식산업의 분류

(1) 업종과 업태

레스토랑의 컨셉(concept)을 결정할 때 어떤 속성을 어떤 강도를 포함시킬 것인가에 따라 영업방법 또는 영업형태가 달라질 수 있다. 업종과 업태는 컨셉을 이해하는 중요한 개념으로서 업종과 업태의 결정에 따라 사업계획에서부터 영업방침에 이르기까지 레스토랑의 모든 전략이 달라진다.

가. 업 종

업종(type of business)이란 영업의 종류를 일컫는 것으로, 한식, 양식, 일식 등과 같이 제공하는 음식의 종류, 즉 메뉴의 1차적 구분을 의미한다. 외식산업이 성숙되지 않았던 시기에는 레스토랑 간의 경쟁이 치열하지 않았으며, 상품도 다양하지 않았다. 따라서 소비자는 '무엇을 먹을 것인가'를 기준으로 레스토랑을 선택하였으며, 레스토랑의 입장에서는 '무엇을 판매할 것인가'로 단순히 맛있는 음식만 제공하면 소비자는 계속 방문해 주었다. 따라서 레스토랑들은 경영에 많은 노력을 기울이지 않았으며, 마케팅활동의 필요성도 크게 부족하였다. 이처럼 업종에 따른 레스토랑과 소비자의 선택은 외식시장에서 소비자의 수요에 비해 레스토랑의 공급이 부족하던 때에 나타난 현상이다.

나. 업 태

외식산업이 성장하고 경제발전과 사회문화가 변화하면서 레스토랑을 선택하는 소비자의 행동에도 변화가 나타났다. '무엇을 먹을 것인가'라는 단순한 음식의 선택에서 벗어나 시간, 장소, 목적 등에 따라 어떤 가격, 어떤 서비스, 어떤 분위기, 어떤 입지의 레스토랑을 선택할 것인가, 즉 '어떻게 먹을 것인가'를 찾게 되었다.

업태(type of service)는 레스토랑에서 일방적으로 제공하는 상품으로 분류하는 업종과는 달리, 소비자의 외식동기와 목적에 따라 세분화된 영업형태를 말한다. 소비자의 입장에서 보면, 업태는 각기 다른 개성과 특징을 가진 레스토랑의 등장을 의미한다.

반면 레스토랑의 입장에서는 패스트푸드 스타일의 햄버거, 스테이크를 판매할 것인가, 아니면 고급 스테이크 하우스로 할 것인가의 결정이 바로 업태의 문제가 된다. 즉 '어떻게 팔 것인가'라는 관점에서 소비자의 외식동기와 목적 등을 탐색하여 '어떻게 하면 고객을 만족시킬 수 있을까'를 설계한 사업 컨셉이 된다.

따라서 외식산업의 업태는 패밀리 레스토랑, 캐주얼 다이닝(casual dining), 스페셜티(specialty) 레스토랑 등 레스토랑의 컨셉에 따라 분류할 수 있다.

표 11-1 업종과 업태

구분	업종(type of business)	업태(type of service)
기준	메뉴의 종류에 따른 분류 (무엇을 판매할 것인가)	서비스 형태에 따른 분류 (어떻게 판매할 것인가)
예	한식업종, 양식업종 등	패스트푸드, 패밀리 레스토랑, 캐주얼 다이닝, 파인 다이닝

표 11-2 업태에 따른 서비스 수준

구분	서비스 방법	판매주류	주문 후 제공시간	식사시간
파인 다이닝 (fine dining)	고급 풀 서비스	고급 와인과 주류	15~30분	2시간 이상
캐주얼 다이닝 (casual dining)	풀 서비스	다양한 주류판매	10~15분	1시간 30분 내외
패밀리 레스토랑	제한된 풀 서비스	한정적 판매	5~10분	1시간 내외
패스트푸드	셀프 서비스	판매하지 않음	1~2분	10분 내외

자료: 나영선, 「외식산업 창업과 경영」, 백산출판사, 2006.

다. 업종·업태 분류의 어려움

수요와 공급의 불균형은 경쟁을 유발하고, 경쟁의 차별화는 업종에서 업태의 분화로 유도된다. 그 결과 업종과 업종 간의 구분, 업태와 업태와의 구분이 점차 어려워지고 있다.

외식업체 경영자의 입장에서는 사람들이 어떤 라이프스타일을 추구하는가에 따라 고객층의 분류와 영업형식을 달리하게 된다. 결국 고객층에 알맞는 레스토랑 만들기를 꾀하게 되고, 그로 인해 규모와 취급하는 메뉴, 가격, 제공방식 등에 초점을 맞춘 다양한 유형의 레스토랑이 생겨나고 있다.

그 결과 고객들은 누구에게나 필요한 레스토랑을 거부하게 되고, 자신만을 위한 레스토랑을 요구하며, 이러한 요구는 기존의 레스토랑과 차별화된 새로운 유형의 레스토랑을 탄생하게 하여 업종 및 업태의 구분이 더욱 어려워질 것으로 전망된다.

PART 5

(2) 우리나라 외식산업의 분류

선진국이 외식산업의 개념정의와 분류의 차이 및 구분의 명확화를 위해 노력해 온 것과 같이 한국에서도 빠른 외식산업의 성장과 함께 구분의 명확화를 위해 노력해왔다. 한국통계협회에는 한국표준산업에서 분류한 식당, 업주점업, 다과점업으로 구분하여 분류하고 있으며, 식품위생법에서는 영업이라는 법적 용어를 들어 법적 테두리에서 음식과 관련된 사업을 분류하고 있다.

한국산업훈련연구소는 대분류로 점포음식, 무점포음식, 급식, 연회 등으로 구분하고 있다. 점포음식으로는 음식점, 요정, 알코올음식점 등으로 구분하고 있다. 그리고 음식점은 점내 음식점으로 레스토랑, 카페테리아, 전문음식점, 다방 등으로 분류하고, 매점으로는 패스트푸드, 도시락, 김밥, 델리커숍(delicashop) 등으로 분류하며, 알코올음식점으로는 대포집, 바, 카바레, 술집 등으로 분류하고 있다.

무점포음식으로는 노점과 택배음식으로 구분하고, 택배음식을 부식물택배, 음료류택배, 조리품택배, 출장조리 등으로 분류하고 있다. 급식은 집단급식과 교통급식으로 나누어, 전자를 학교급식, 병원급식, 사무실급식 등으로 분류하고, 후자를 기내급식, 차내급식, 선내급식 등으로 분류하고 있다. 연회는 호텔과 여관으로 나누고 있다.

국외분류기준을 보면 상당히 광범위하게 레스토랑을 분류하고 있음을 알 수 있다. 시설계획측면에서의 분류라든지, 어떠한 기준에 의하여 분류하고자 하여 다소 제한적인 분류를 행하고자 한 측면도 있다. 그러나 국내분류기준은 국외의 식문화에 맞게 만들어지거나 시대의 변화에 따른 분류임에도 불구하고 과거의 분류기준을 그대로 도입하고 사용한다는 것과 국내 식문화의 여건을 고려하지 않고 행정편의주의적인 관점에서 분류기준을 적용하여 외식현상을 정확히 반영하지 못했다는 평가를 받고 있다.

특히 한국에서의 외식산업이란 개념이 대부분 패밀리 레스토랑을 포함한 일반음식점에 대한 영업활동으로 보는 소극적이고 제한적인 시각이 지배적이다.

4. 외식산업의 기능과 특성

(1) 외식산업의 기능

외식산업의 기능은 본질적 기능과 부가적 기능으로 나누어 볼 수 있다. 본질적 기능은 주거지·근무지·여행지 주변에 외식업소가 입지하여 위생적으로 안전하고 영양가치가 있는 식사를 원하는 자, 즉 외식소비자에게 음식과 음료를 제공함으로써 인간의 기본적 욕구인 생리적 욕구를 충족시켜 주는 기능이다.

부가적 기능은 유형 상품인 요리와 음료 이외에 무형 상품인 서비스를 더하고, 다양한 기물과 시설을 활용한 인테리어로 분위기를 연출하며, 식사와 관련된 각종 편익 및 정보를 제공함으로써 사회문화적·감각적·심리적 욕구를 충족시켜 주는 기능을 말한다.

외식산업의 기능은 영업의 형태나 외식목적에 따라 다르게 기대될 수밖에 없다. 실제로 숙박시설 내의 외식업소와 학교집단 급식소 및 주류를 중심으로 하는 업소의 기능이 동일하다고 할 수는 없다.

(2) 외식산업의 특성

가. 노동집약성

제조산업이 기술·자본집약적인 데 비하여, 외식산업은 생산부문의 자동화에 한계가 있고 서비스의 척도가 경영성과에 큰 영향을 미치기 때문에, 인적 서비스에 대한 의존도가 높을 수밖에 없다. 따라서 외식사업은 인적사업(people business)이라 부르기도 한다.

외식산업은 1인당 매출액이 타 산업에 비하여 낮고 사람의 힘에 의존하는 경향이 강한 노동집약성 산업이기 때문에 노동생산성 또는 책임생산성을 높이기 위한 경영관리에 많은 노력이 요구된다.

PART 5

나. 생산과 소비의 동시성

제조업에서는 원재료를 제조·가공하여 제품을 만들고, 소매업에서는 제품과 서비스를 최종소비자에게 제공한다. 즉 제조업과 소매업에서는 소비자에게 상품이 전달되기까지의 각 과정이 분리되어 있지만, 외식산업은 제조, 판매, 서비스, 소비의 모든 과정을 일체화하여 소비자에게 유형재인 식음료와 무형재인 서비스를 동시에 제공한다. 식재료를 구입하여 주방에서 조리한 후, 같은 장소에서 서비스와 함께 즉시 판매되고 소비되는 것이다. 그렇지만 테이크아웃 또는 택배 서비스를 전문으로 하는 레스토랑에서는 생산과 판매가 동일한 장소에서 이루어지지 않기도 한다.

고객이 기대하는 시간에 생산, 소비, 서비스가 동시에 이루어져야 하기 때문에 직원들의 정신적·육체적 집중력이 요구된다.

다. 높은 입지의존성

외식사업이 입지사업이라고 할 만큼 입지의 중요성은 아무리 강조해도 지나치지 않다. 외식사업은 무엇보다 고객이 스스로 찾아와 구매하고 동일한 장소에서 상품을 생산·판매하기 때문에 입지여건에 따라 매출에 영향을 받는다. 또한 입지에 따라 업종 및 업태의 결정은 물론, 궁극적으로 사업의 성공 여부에도 크게 영향을 미친다.

라. 다품종·소량생산

외식산업은 다품종 소량판매 또는 소량판매가 아니더라고 다품목생산의 특성이 있다. 최근 단체급식이나 패스트푸드를 중심으로 단일 메뉴 또는 단지 몇 개의 메뉴만을 판매하는 전문외식업체가 다수 출현하여 저가격에 신속한 서비스로 회전율을 높임으로써 경쟁력을 확보하려는 업체들이 있지만, 대부분의 외식업체는 고객의 다양한 기호에 부응하기 위하여 백화점식으로 다양한 메뉴를 제공하는 것이 현실이다.

메뉴의 다품종 소량생산은 여러 가지 식재료를 소량으로 구매해야 하기 때문에 단지 몇 가지 식재료를 대량으로 구매하는 경우에 비해 식재료원가율이 높게 나타난다.

마. 시간적·공간적 제약

외식산업은 제조업이나 유통업과는 달리 주된 영업시간이 한정되어 있으며, 공간의 제약도 크게 받는다. 보통 하루 2~3번 제한된 식사시간에 고객이 집중되고, 공간에 따른 좌석 수에도 한계가 있으며, 바로 그 시간에 대부분의 매출이 발생한다. 따라서 한정된 영업시간과 영업장 규모에 따른 효율적 인력관리, 공간의 효율적 활용, 좌석을 채우기 위한 서비스, 그리고 식사시간 이외의 매출증대를 위한 마케팅활동이 중요하다.

바. 수요예측의 불확실성

외식산업은 예상하지 못한 경제적·사회적 상황과 계절·날씨 및 기타 주변상황 등의 변동으로 고객 수를 정확하게 예측하기 어렵다. 따라서 비용부분에서 높은 비율을 차지하고 있는 식재료의 구매 및 저장을 어렵게 한다. 제조업에서는 원자재의 구매 및 저장이 비교적 쉽고, 완성된 상품의 장기 보존도 가능하지만, 외식산업의 식재료는 보존방법 및 기간이 까다롭고 짧아서 관리를 소홀히 하면 부패의 위험성이 높다. 이렇게 훼손된 식재료는 추가적 비용지출을 초래하게 되는데, 만일 부패한 식재료 사용에 의한 위생 사고는 경제적 손실은 물론, 장래에는 이미지 실추로 더 큰 손실을 입을 수 있다.

사. 급격한 원자재가격의 변동

미국산 쇠고기 수입금지파동으로 돼지고기값이 삼겹살 등 부위에 따라서 3배까지 솟았던 적이 있다. 이 뿐만 아니라 다양한 경제적 상황이나 환경적 요소에 따라 식자재의 원가 폭이 크게 변동한다. 매출액에서 차지하는 식자재 비율이 30~40%인 점을 감안하면 이러한 식자재의 원가파동은 경영상의 압박으로 작용하게 된다. 하지만 운영자금의 회전속도는 타 산업에 비해 상대적으로 빠른 편이다.

PART 5

아. 연계사업화 가능성

서비스, 식재, 급식, 유통, 식품, 부동산, 패션, 호텔, 관광산업 등과 연계사업화가 가능하며, 타 산업과 복합적인 특성으로 경영다각화가 가능한 종합예술성 첨단사업이다.

자. 창업과 시장진입의 용이

외식사업은 소자본으로 시장진출이 용이한 이점 때문에 창업의 대표적 업종으로 손꼽힌다. 특히 고객의 현금지불률이 높아 운영자금의 회전속도가 다른 업종에 비해 빠르고, 현금수익창출이 쉽다. 이러한 이유로 개인은 창업, 대기업은 신규사업 또는 사업의 다각화전략의 방법으로 외식시장에 진출하여 타 산업에 비해 신규 참여율이 높은 사업이다. 그리고 검증된 아이템과 노하우를 지원받아 비교적 쉽고 안정적으로 창업의 성공가능성을 높여주는 프랜차이즈 시스템은 외식산업에서 가장 많이 활용되고 있는 사업 형태로서 프랜차이즈산업 전체에서 가장 높은 비율을 차지하고 있다.

그러나 시장이 광범위하여 독점기업의 시장지배가 불가능하며, 자본력이 약한 임대사업자들이 많아 경영성과는 안정성이 낮고, 실패율도 매우 높다.

차. 사회복지 문화사업

외식사업은 지역사회에 존재하는 고객을 대상으로 경제활동을 한다. 따라서 단지 영리만을 추구하는 사업이 아니라 지역사회와 공동체적인 운명을 같이 하는 사회복지사업의 성격도 갖는다. 또한 여타 제조기업과 달리 사람의 생명은 물론, 건강과 직결되는 사업이며, 원재료의 특성상 식품위생법의 규제를 받고 있는 만큼 국민의 건강과 복지를 관리하는 책임도 따른다. 그러므로 도덕적인 책임을 회피하고 단순히 수익만을 목적으로 해서는 성공할 수 없다. 외식사업에서 핵심 상품은 음식이며, 음식은 문화를 대변한다.

따라서 음식은 단순한 상품이 아니라 문화의 일부분이며, 외식활동이 단순한 소비행위가 아닌 문화생활로 정착하면서 외식사업은 문화를 창출하고 사업이 되었다.

5. 우리나라 외식산업의 업계별 동향

(1) 한식업계: 한식의 세계화

한식은 아름답고, 맛있으며, 그리고 세계적으로 유래를 찾기 어려울 만큼 건강에 좋은 음식으로 여러 가지 식품영양학적 특성을 지니고 있다. 쌀밥 특히 잡곡을 섞은 밥, 국, 김치, 반찬 형태의 한식 식단은 비만이나 이로 인해 생기는 동맥경화, 고혈압 및 암 등을 예방하는 우수한 식단으로 평가되고 있다.

한편, 식품업계가 한식세계화를 위해 미국, 멕시코, 동남아, 일본 등에 진출해 상품개발, 현지 한식당 경영 등 시장 확장에 박차를 가하고 있다. 식품업계는 우리 김치를 관광콘텐츠로 개발하는가 하면, 직접 해외시장에 지점을 개설, 현지인을 대상으로 한식당을 운영하는 등 한식을 세계인의 입맛에 맞추기 위한 상품개발에도 전력투구하고 있다.

2011년 식품업계에 따르면, 최근 대상FNF 종가집은 김치 세계화를 위해 20년 전통 김치 발효 및 유산균 개발 노하우를 바탕으로 한 '식물성 유산균 발효액ENT'를 개발했다. '식물성 유산균 발효액ENT'는 김치로부터 분리한 유산균으로, 100% 국산 식물성 원료인 배추, 무 등을 발효해 만든 항균제다. 위해미생물에 대한 강력한 항균효과를 지닌 것이 특징이다. 대상FNF 마케팅팀 박대기 팀장은 "이번 기술개발로 김치의 유통기간을 최소 50% 이상 연장시킬 수 있어 김치의 해외수출상품의 판매 극대화도 함께 기대할 수 있다"고 밝혔다.

또한 서울 인사동에 위치한 대상의 종가집 김치월드는 김치의 세계화 보급에 앞장서 왔다. 김치월드는 '한식 문화 체험' 공간이자 '김치홍보관'으로, 김치와 한식을 제대로 이해할 수 있는 국내 유일한 공간이다. 이곳에서는 김치의 역사, 유래, 효능 등 김치와 관련된 다양한 정보를 받을 수 있다.

이랜드 외식사업부가 운영하는 뷔페 레스토랑 애슐리는 지난 2016년 3월 봄

메뉴 개편을 통해 '치즈 온 더 시리즈' 등 신 메뉴 20종을 선보인 데 이어 최근 가정의 달을 맞아 신 메뉴 3종을 새롭게 출시했다고 2일 밝혔다. 이랜드 외식사업부 관계자는 "갈수록 빠르게 변화하는 소비자의 입맛을 따라가지 못하면 자칫 시장에서 도태될 수 있다"며 "매 시즌에 앞서 100~180일 전부터 고객 선호도 조사 등을 통해 신 메뉴를 개발하고 있으며, 최근에는 외식 트렌드를 신속하게 반영하여 계절별로 신 메뉴를 두 차례에 걸쳐 출시하기도 했다"고 말했다.

한식뷔페 레스토랑 '자연별곡'도 지난 2월 봄맞이 신 메뉴 '봄요리 한마당 춘풍별곡' 19종을 출시한 후 두 달 만인 지난 달 21일 가정의 달 신 메뉴 '효(孝)의 만찬' 13종을 출시했다. 어버이날을 앞두고 출시한 효의 만찬 13종은 혜경궁 홍씨 진찬연에 올랐던 보양식인 '궁중 초계탕'을 비롯해 장수를 기원하는 팥에 흑미와 찹쌀을 더해 효심으로 지었다는 팥물밥 '수라 홍반', 중금속 배출에 효과적인 미나리로 만든 '봄 미나리 죽순냉채'와 '봄 미나리 해물죽', 돼지고기에 발효된장을 발라 구워낸 '궁중 직화 맥적구이' 등이다.[1]

또한 현재 소셜커머스가 활성화 되어 있어 소비자들에게는 저렴하게 상품이나 서비스를 구매할 기회를 주면서, 동시에 해당 제품이나 매장을 홍보하는 수단이 되기도 하여 다양한 연령층들이 사용하고 있다. SK플래닛 11번가의 생활형 O2O (Online to Offline) 서비스 포털인 '생활 플러스'에서 커피, 음료는 물론 피자, 치킨, 분식, 햄버거 등의 포장주문이 가능해졌다. SK플래닛은 11번가 생활 플러스에서 주변의 매장을 골라 자신이 원하는 메뉴를 미리 주문 결제 후 이용할 수 있는 '테이크 아웃(Take-out)' 서비스를 실시하였다. SK플래닛은 국내 최대 규모의 외식 O2O 서비스 '시럽 테이블'과 연계를 통해 미스터피자, 도미노피자, BBQ치킨, 치킨매니아, 공차 등 전국 6,000여 곳의 오프라인 매장에서 이용할 수 있다. 각 브랜드별 다양한 메뉴들을 10~40%까지 상시 할인된 가격에 제공하고 있으며, 매장별로 바로 픽업할 수 있는 기능과 원하는 시간에 찾아갈 수 있는 예약 주문 기능이 제공된다. 이를 통해 11번가는 유형의 상품뿐만 아니라 고객이 일상생활 속에서 필요로 하는 다양한 서비스를 이용할 수 있게 편리한 모바일 쇼핑환경을 제공

---

1 박신영, "외식업계, 신메뉴 놓고 '속도경쟁'", 파이낸셜뉴스, 2016.05.02.

하고 있다. 가정식 반찬과 산지직송 신선먹거리 배송부터 음식배달 서비스와 테이크아웃 선주문 서비스까지 먹을거리에 대한 고객의 다양한 니즈를 만족시키는 생활형 O2O 서비스로 혜택을 강화해 나가면서 고객들도 편리하게 이용이 가능해지고 있다.[2]

한식은 사람들이 외식을 할 때 가장 선호하는 업종으로 외식산업시장에서 가장 큰 시장을 점유하고 있다. 한식식당 갈비나 삼겹살 등의 구이전문점이 가장 많고, 한정식 및 탕이나 단품 메뉴전문점 등 다양한 업태로 구성되어 있다.

그러나 한식업종은 유난히 메뉴의 일시적인 유생성이 두드러져 2~3년의 짧은 생명주기로 출현했다 사라지는 컨셉들이 많은데, 탕수육, 조개구이, 닭갈비, 찜닭, 황태전문점 등이 그 예이다. 이러한 짧은 메뉴 사이클은 새로운 업태의 출현을 자극한다는 점에서 한식시장의 지속적인 발전을 의미한다.

해외 브랜드 패스트푸드와 패밀리 레스토랑의 시장 확대 속에서 한식에 대한 고객욕구를 파악하여 한식 메뉴의 전문화와 표준화에 노력하면서 식재료 중앙공급을 통한 체인화에 성공한 외식기업들이 늘고 있다. 또한 전통적인 한식개념에서 탈피한 컨셉으로 해외진출도 모색하고 있다.

한식 체인기업 놀부는 기존의 화려하고 가격이 비싼 한정식에서 탈피하여 대중적이고 서민적인 메뉴인 보쌈, 부대찌개, 항아리갈비 등을 중심으로 브랜드를 다양화하고 있으며, 최근에는 설렁탕시장에 진출하면서 한국형 외식문화를 선도하는 기업으로 꾸준히 성장하고 있다.

한식의 대표적 식품인 김치를 이용한 요리전문점 삼김(三金)은 오랜 기간에 걸친 김치연구를 바탕으로 삼겹살과 김치를 주 메뉴로 지속적인 메뉴개발과 체계화된 물류시스템을 구축하였으며, 생산 공장에서 담근 김치와 장아찌를 온라인 판매하여 브랜드홍보와 함께 수익을 창출하고 있다.

벽제갈비는 한국 최고의 고깃집이자 세계 최고의 음식점이라는 목표로 장인이 만들어내는 최고의 맛으로 기업화에 성공하였다. 그리고 한촌설농탕, 신선설농탕 등은 메뉴 및 서비스개발을 통해 체인점을 확대하면서 한식의 전문화된 시장을 넓

PART 5

---

2 박은진. "11번가에서 피자 · 치킨도 주문한다", MBN뉴스. 2016.08.18.

혀가고 있다. 그 외에도 많은 한식 외식기업들이 메뉴개발을 통하여 체인화에 노력하고 있다.

한식은 시장규모나 메뉴의 다양성에서 볼 때 사업진출의 기회가 많은 시장이지만, 체계적인 시스템과 경영 마인드를 갖추고 활동하는 기업은 많지 않다. 한식점 중 회사법인 사업체가 극소수에 불과한 것을 볼 때 아직까지 한식시장은 경영보다는 장사에 가까운 시장이라고 할 수 있다.

이처럼 기업형 체인화가 어려운 이유는 식재료와 상품 자체가 반가공상태로 조리하여 상품화하기가 힘들 뿐 아니라, 반가공을 하더라고 조리장의 손맛이 들어가야 하므로 맛의 표준화가 힘들기 때문이다. 그 결과 가족단위로 2~3개의 업소만을 운영하면서 지역적으로 오랫동안 고객의 인기를 유지하고 있다.

여러 외식실태조사에서 나타나듯 많은 사람들이 우리 음식을 선호하고 있는 만큼 고객을 만족시킬 수 있는 한식의 상품화가 과제이다. 한식 트렌드가 몇 년을 주기로 계속 돌고 도는 현상이 나타나므로 외식기업들이 한식시장에서 살아남기 위해서는 서비스와 차별화된 마케팅 전략이 필요하다. 나아가 경영자의 한식에 대한 사명감과 의지, 자본력, 합리적인 관리뿐만 아니라 한식의 세계화를 위한 많은 노력이 필요하다.

(2) 아이스크림업계

아이스크림시장은 코니아일랜드(1983)에 의해 시작되었다. 태인샤니가 미국의 베스킨라빈스를 도입하였고, 하겐다즈(Hagen Daz)가 진출하면서 본격적인 고급 아이스크림시장이 전개되었다. 그 후 데어리퀸, 쓰리프티, 스위트팟, 프렌들리 등의 고급 아이스크림과 TCBY, ICBY 등의 프로즌 요거트가 등장하면서 시장이 확대되었다.

또한, 최근에는 B7 아이스크림이라는 토종 브랜드가 탄생하였는데, B7이란 Barista7의 이니셜로 이태리어로 Bar 안에 있는 사람이란 뜻으로서 어원이 변하면서 아이스크림을 만드는 사람, 커피를 굽는 사람, 음식을 만드는 사람 등 다양하게 쓰이며 완벽한 서비스와 소양이 갖춰진 사람을 뜻한다. 이에 B7은 현재 로드숍, 백화점, 할인점, 영화관 등에서 숍을 32개 운영하고 있으며 앞으로도 전 세계적으로 적극적인 직영점·가맹점을 펼쳐 나갈 계획이다. B7에서는 매장의 기본사업 컨셉인 시장성 있는 가장 안전한 품목만을 엄선하고 아이스크림과 관련된 다품목 매장의 여러 품목 취급에서 오는 상품의 경쟁력 있는 최고의 상품만을 선정하여 근본적으로 문제를 해결하고 전체적 상품 경쟁력 극대화에 주안점을 두었다.

기존 패스트푸드업체가 생각해내지 못한 독특한 아이템과 과학적인 마케팅 전략으로 업계 최초로 차별화된 독특한 아이템을 자랑하는 B7은 고객입장에서 생각한 새로운 이벤트와 인테리어를 통해 해외 유명 브랜드의 단순한 모방이 아닌 창조적 발전으로 새로운 브랜드 가치를 창조해 나아가고 있다. 국내의 뉴 B7 카페 문화를 이끌어 가는데 그치는 것이 아니라 테이크아웃의 본고장인 미국과 유럽까지 진출할 야심찬 계획으로 보다 새로운 아이템과 전략을 개발하기 위해 노력하고 있다.

한편 웰빙문화의 확산으로 요거트 아이스크림을 표방하여 레드망고가 등장하였다. 또한 유기농원료를 사용한 프리미엄급 아이스크림인 영국의 맥키스, 생과일과 우유 등이 첨가된 이탈리아 아이스크림전문점 빠라쪼 델 쁘레 또(Palazzo Del Freddo) 등의 해외 브랜드들이 건강식을 강조하면서 시장에 진출하였다. 그리고 CJ푸드빌은 비벼 먹는 아이스크림이라는 새로운 컨셉으로 미국에서 선풍적인 인기를 끈 콜드 스톤(Cold Stone)을 도입하였다. 고급 아이스크림시장이 성장하는 가장 큰 이유는 무엇보다 고객들의 소득 수준이 향상되면서 점차 고급제품을 선호하기 시작했기 때문이다.

(3) 베이커리업계

1980년대부터 갓 구운 신선한 베이커리점을 즐겨 찾는 소비추세가 지속적으로 증가하고 있다. 베이커리는 아직까지 주식의 개념은 아니지만 소비자가 간식 개념으로 즐겨 찾아 베이커리점의 이용횟수가 증가하고 있고, 아침식사를 빵으로 대신하거나 바쁜 현대인들의 아침대용식으로 소비가 점차 늘고 있다. 특히 신세대의 소비취향과 맞아 베이커리 동종업종 간의 경쟁뿐만 아니라 베이커리점과 유

PART 5

사업종인 햄버거, 도넛, 피자 등 패스트푸드업체가 대거 등장하면서 경쟁이 과열되었다.

제빵업으로 유명한 SPC그룹은 2014년 7월 역삼동에 SPC스퀘어를 냈다. 이곳은 외식 분야에 초점을 맞춘 플래그십 스토어 성격을 띤다. 총 4개층, 연면적 2,000㎡ 규모의 공간에서 베라피자, 커피앳웍스, 라뜰리에, 라그릴리아 등 여러 브랜드가 영업하고 있다. 1층에는 정통 나폴리 피자를 맛볼 수 있는 '베라피자'와 스페셜티 커피브랜드 '커피앳웍스'가 운영되고 있다. 특히 베라피자는 강남 번화가라는 상권 특성을 살려 빠른 시간 내에 부담 없는 가격으로 피자를 즐길 수 있는 '익스프레스' 콘셉트를 내세우고 있다.

또한 모든 메뉴를 혼자 먹기에 부담스럽지 않은 1인 사이즈 제품으로 구성해 인기를 얻고 있다. 커피앳웍스는 직접 로스팅한 원두를 사용한 스페셜티 커피를 제공하는 곳으로, 시즌별 최상의 싱글오리진 원두와 SPC그룹이 개발한 특별한 블랜딩 커피를 에스프레소와 드립커피로 제공한다. 드립 방법도 케멕스, 드리퍼, 프렌치프레스 중 고객이 직접 선택할 수 있다. SPC스퀘어 1층 일부와 2층에 걸쳐 운영되고 있는 브런치앤디저트 카페 '라뜰리에'는 다양한 베이커리와 샌드위치, 케이크, 마카롱 등 각종 디저트 메뉴를 맛볼 수 있다. 3층에는 스테이크와 파스타를 중심으로 다양한 샐러드, 리조또 등을 맛볼 수 있는 이탈리안 그릴 비스트로 '라그릴리아'가 운영되고 있다. 이곳은 메인 메뉴 주문 시 수제 디저트를 무료로 제공하며, 음식과 함께 예술문화를 즐길 수 있도록 가나아트갤러리와 협업을 통해 현대 미술작품도 전시하고 있다.

SPC스퀘어는 단순히 매장들을 한 데 모은 것이 아니라 첨단 IT기술과의 접목을 통한 '미래형 스마트 외식문화공간'을 표방한다. 처음 SPC스퀘어 건물에 들어서게 되면 '인터랙티브 미디어 월(Interactive Media Wall)'이 가장 먼저 눈길을 끈다. 인터랙티브 미디어 월은 실시간 영상과 CG를 매칭한 실사합성 콘텐츠를 대형 월 스크린(Wall Screen)을 통해 보여주는 미디어 콘텐츠다. 이곳을 지나면 '미디어 토템'을 발견할 수 있다. '미디어 토템'은 SPC스퀘어 각 매장에 대한 정보, 각종 이벤트 소식과 공지사항 등을 터치스크린을 통해 손쉽게 받을 수 있는 서비스 시스템이다. 셀프카메라 기능 등 엔터테인먼트 요소도 함께 즐길 수 있어, 고객들의

만족도를 높이고 있다.³

(4) 커피업계

국내 커피시장의 확대로 카페 창업이 확산되는 추세이다. 번화한 거리를 걷다 보면 100m 이내에 커피 전문점이 최소한 두세 곳은 존재할 만큼 업계가 포화상태에 이르렀다. 그렇다면 과연 국내 커피시장은 포화기인 것일까? 아니면 성숙기인 것일까? 이것에 대한 분명한 점은 해외 브랜드가 아닌 우리나라 토종 브랜드들이 국내시장에서의 경쟁심화와 출점규제 등으로 사업여건이 악화되어 매출이 점차 줄고 있다는 사실이다. 과거 출점규제를 받지 않았던 해외 브랜드의 경우 몇 개의 브랜드를 제외하고 모두 매출액과 영업이익이 매년 상승하였으나 국내 토종 브랜드의 경우 이디야(EDIYA)를 제외한 나머지는 모두 소폭 상승하거나 마이너스 성장을 보여줬다. 최근 커피업계의 현황을 살펴보면 스타벅스, 이디야 그리고 할리스는 매출액과 영업이익 부분에서 큰 성장을 보여주었으나 카페베네, 커피빈, 탐앤탐스의 경우 증가폭이 작거나 대폭 감소한 것으로 나타났다. 이 중 토종 브랜드의 하나인 할리스(HOLLYS)의 경우 2015년에 처음으로 매출액 1,000억 원을 달성하기도 하였다.

그렇다면 국내 커피시장의 전망은 어두운 것일까? 사실 2007년도부터 현재까지 커피산업은 매년 평균 49%의 높은 성장을 보여주고 있으며 국내 소비자들의 경우, 2014년을 기준으로 커피를 1년에 평균 341잔을 마시는 것으로 나타났다. 또한 커피시장에 대한 관심이 커져감에 따라 중·소규모의 커피집들이 우후죽순으로 생겨나 경쟁심화와 규제, 매출부진 등으로 5년 내 생존율은 타 업종에 비해 낮은 편인 17%에 불과한 것으로 나타났다. 이에 비해 프랜차이즈 커피 전문점의 경우 매년 그 규모를 늘려나가고 있다. 조사대상 프랜차이즈 총 9개 브랜드의 점포수는 2016년 5월 기준으로 6,472개로 나타났다.

마지막으로 최근 커피업계 양상을 살펴보면 현재는 초저가와 스페셜 티로 양

3 오문영, "SPC그룹, 강남에 플래그십스토어 오픈", SP투데이, 2014.08.25.

분된 상황이다. 과거 대다수의 소비자들이 브랜드와 맛을 중요시 했다면 요즘은 브랜드나 맛보다 가격을 더 중요시하는 실속형 소비자들이 늘어나는 추세이다. 사실 국내 커피가격은 평균 4,000~5,000원 선으로 해외에 비해 가격이 높은 축에 속했으나 최근 저가커피의 인기를 틈타 요리 방송인이자 외식사업체 더본코리아의 대표인 '백종원'은 저가형 커피 브랜드인 빽다방을 출시하였고 앞서 언급한 국내 브랜드인 이디야도 저가형 전략으로 매출액과 영업이익 그리고 점포수도 크게 증가하였다. 그리고 세계적인 패스트푸드 프랜차이즈 기업인 한국맥도날드에서도 커피 브랜드인 맥카페(McCafe)를 국내에 출시하여 1,000원대의 저가 전략으로 커피 부문 매출이 3배나 증가했다고 한다. 이렇듯 대형 프랜차이즈 커피 전문점의 경우 몸집을 크게 불리고 있으나 소규모 수준의 카페 창업은 매년 그 비율이 낮아지고 있으며 장기간 생존하기가 힘든 것이 사실이다. 결론적으로 국내 커피시장이 현재는 포화라는 여론이 많긴 하나 이와 같은 문제점을 안고 있으면서도 여전히 매년 시장은 크게 성장하는 중이라 볼 수 있고 아직은 기업에게 있어서 매력적인 시장이라고 볼 수 있다.

한편, 스타벅스는 식사 메뉴 수요가 증가하자 오후 3시까지 판매하던 브런치 세트에 이어 오후 6시부터는 샌드위치와 음료로 구성된 이브닝 메뉴를 내놨다. 우리나라 옥수수, 고구마, 감자로 구성된 '우리나라 옥·고·감'과 계란, 치즈, 두부 등으로 이뤄진 '단·백·질' 메뉴는 상시 제공한다. 할리스커피는 지난 9월 '에그 데니쉬 모닝세트'를 내 놓으며 본격적으로 모닝세트 메뉴 확대에 나섰다. 이는 평일 아침과 느긋한 주말 아침 겸 점심을 즐기려는 고객들의 취향을 반영한 것으로 '치즈 에그 데니쉬', '베이컨 에그 데니쉬', '포테이토 에그 데니쉬' 총 3종으로 구성되어 있다. 드롭탑은 영국식 에그베네딕트와 프랑스식 프렌치 토스트, 이스라엘식 샥슈카 등 전 세계를 대표하는 메뉴로 구성된 '드롭탑 디쉬' 3종을 판매 중이다.

고객들이 오래 머무를 수 있도록 매장 안에 고객들의 편의를 위한 별도의 공간을 제공하는 프랜차이즈도 속속 등장한다. 엔제리너스커피는 대학가 매장 주변의 경우 스터디족을 위한 1인 고객용 테이블을 일반 매장에 비해 약 20% 늘리고 개별 전원 콘센트와 높은 파티션으로 공간을 분리한 '독서실 자리'를 다수 배치했다. 오피스 지역의 경우 회의로 활용될 수 있는 별도 공간을 늘린 반면 다인석의 수를 줄였다. 또한 별도 비즈니스룸을 갖춘 커피점도 등장했다. 탐앤탐스는 260여 개 매장에서 비즈니스룸을 운영 중이다. 비즈니스룸은 커피를 즐기며 스터디나 업무 미팅을 가질 수 있는 독립된 공간으로 노트북 사용자를 고려해 무선인터넷 서비스를 제공하고 콘센트도 설치했다. 할리스커피는 직장인이나 학생들이 즐겨 찾는 매장에는 4인 이상 그룹을 위한 세미나 존, 테이블 상단에 콘센트가 있는 6~8인용 대형 단체 테이블, 4인 이하 소그룹을 위한 독립형 4인 부스, 스탠드가 구비된 테이블 등을 마련하고 있다.

커피점에 미술작품을 전시해 커피와 작품감상을 함께 즐길 수 있는 갤러리형 매장이 등장한 것도 이색적이다. 탐앤탐스는 문화예술 프로젝트의 일환으로 '갤러리탐' 전시를 진행하고 있다. 서울 소재 블랙 매장 6곳과 탐스커버리 건대점을 갤러리형 카페로 재탄생시켜 신진작가를 위한 전시공간 제공은 물론 전시준비부터 오픈식, 전시기획 등 운영 전반을 맡아 책임진다. '아트오브투썸(Art Of Twosome)'이라는 콘셉트로 매장을 운영 중인 투썸플레이스 가로수점은 최근 화가로도 인정받고 있는 배우 하정우의 작품을 전시했다. 이 매장은 내년에도 다양한 문화 콘텐츠를 전시할 계획이다. 서울대학교 내에 위치해 있는 할리스커피 서울대예술문화점(크리에이터스라운지)은 400m² 규모의 복합 예술 공간으로 서울대 음대와 미대 학생들이 직접 제작한 전시나 공연을 정기적으로 만나 볼 수 있다.[4]

(5) HMR업계

가정식 대용식품을 의미하는 HMR(Home Meal Replacement)은 가정식과 외식의 중간 형태로 서비스 정도는 낮으나 가격이 비교적 저렴하여 시간 절약을 할 수 있다는 편리성 때문에 소비자의 관심을 끌고 있다. 슈퍼마켓이나 편의점 및 백화점의 냉동식품, 택배, 테이크아웃 등으로 대표되는 HMR은 강력한 레스토랑의 경쟁자로 부상하고 있으며, 슈퍼마켓의 식품매출을 증가시킬 수 있는 영역이다.

---

4 박신영. "커피숍이야 공연장이야. 커피전문점 영역 파괴 바람" 파이낸셜뉴스. 2015.12.23.

또한 간편하게 포장된 단품요리(어묵, 김밥, 냉동피자, 냉동만두, 삼각김밥, 반찬류 등)를 판매하는 편의점은 24시간 영업하는 특성과 가격경쟁력 및 접근성의 용이 등 다양한 장점으로 인해 HMR 고객의 사랑을 받고 있다.

HMR시장은 슈퍼마켓이나 편의점 등의 조리식품을 중심으로 큰 성장을 보이고 있는데 특히 편의점은 레스토랑과 유사한 입지 전략으로 치열한 시장확보경쟁을 벌이고 있다. GS마켓의 경우 단체급식사업부의 노하우를 활용해 당일 조리한 제품을 당일 판매하고 있으며, 김밥, 튀김, 반찬류 등 100여개의 상품을 개발해 공략하고 있다. 농심가도 기존의 농심가매장과 차별화한 프레쉬 마켓에 가정식 대용식품코너를 개설하였고, 기존 매장에도 점차 확대할 방침이다.

특히, 본죽이 프리미엄 가정대용식(HMR)을 출시하고 식품사업에 본격 진출했다. 본죽은 롯데마트와 업무협정(MOU)을 체결하고 판매에 들어간다고 2011년 5월 밝혔다.

가정대용식은 일본의 경우 10조 엔에 달하며 국내 성장률도 20%에 육박하는 블루칩이다. 본죽은 이 시장에서 30억 원의 매출고를 기대하고 있다. 본죽은 계열 브랜드들이 가진 슬로우푸드, 웰빙영양식 콘셉을 살려 본죽에 이은 또 하나의 대표적인 웰빙 프리미엄가정식으로 자리매김 하게 할 예정이다.

본죽이 이번에 출시하는 제품은 국, 탕, 반찬류로 기존 본죽의 인기 반찬메뉴인 오징어초무침을 포함된 장어탕과 같은 보양식, 황태국과 같은 국 메뉴가 총 6가지 포함 7가지다. 본죽은 '프리미엄 간편가정식'으로 누구나 집에서 손쉽게 만들어 먹을 수 있는 가정식에서 한 단계 업그레이드 된 것이라는 설명이다. 향후 롯데마트측과 협의해 전략적으로 프리미엄급 상품을 공동개발 진행할 계획이다. 본죽은 롯데마트 국내 점포뿐만 아니라 해외 70개 점포까지 수출해 판매영역을 더욱 확대 전개 할 예정이라고 강조했다.

(6) 패스트푸드업계

햄버거, 피자, 치킨, 샌드위치 중심의 패스트푸드시장은 '86아시안게임과 '88 올림픽을 계기로 급성장하였으며, 1990년대에 들어서 포화상태에 이르렀고, 지금은 정체기에 접어들었다고 볼 수 있다. 햄버거시장은 롯데리아, 맥도날드, 버거킹이 장악하고 있다.

국내의 피자시장은 피자헛, 도미노피자, 미스터피자 등의 해외 브랜드와 피자삐아띠, 피자몰 등 국내 브랜드가 선두 그룹을 유지하며 군소 또는 독립 외식점포가 추격하는 양상을 띠고 있다.

특히 택배피자시장은 소규모로 독립 경영하는 점포가 경쟁력이 있으나 최근에는 경쟁의 심화로 가격할인 등 파격적인 경영전략으로 대형 점포들이 고전을 면치못하고 있다. 치킨시장은 해외브랜드 KFC 파파이스, 그리고 국내 브랜드로 비비큐, 교촌치킨, 굽네치킨, 노랑통닭 등이 활약하고 있다. 치킨은 햄버거나 피자에비교하여 국내 브랜드가 활약하고 있다.

하지만 웰빙이 사회적 화두가 되고 있고 건강에 대한 관심이 어느 때보다도고조된 현 시대에서는 패스프푸드가 정크푸드로서 한 번 더 국민들의 의식 속에각인되면서, 더욱더 큰 위기에 직면에 있다. 국내 패스트푸드 산업은 2002년을 고비로 산업의 규모가 대폭 축소되었으며, 국내 패스트푸드 업계의 선두주자격이었던 롯데리아를 비롯해 맥도날드, 버거킹, KFC 등 주요 패스트푸드 업체들은 잇따라 웰빙 메뉴를 선보이는 등 자구책을 강구하고 있지만 매출하락 추세를 막는 데는 역부족이다. 이에 따라 롯데리아, 맥도날드 등은 호밀빵을 주원료로 한 웰빙메뉴를 선보이고 있다.

PART 5

6 외식산업 서비스의 발전방안

고객들은 다양한 컨셉과 메뉴를 원하기 때문에 식당의 상품도 신상품의 개발을 주기적으로 착안하여 시장 확보에 나서야 한다. 과거의 고객들은 단순히 배를채우기 위한 음식을 원했다면 현재에 와서는 개인의 기호적인 성향, 건강 또는 미각만을 채우는 것만이 아닌 오감을 자극하는 상품을 찾기 위하여 외식을 하게 되었다. 계절에 따른 메뉴개발과 고객들의 계층별 음식개발 등으로 고객에게 항상같은 메뉴가 아닌 신선함을 주어야 한다. 고객의 니즈(needs)를 충족시킬 수 있는 상품개발을 위해서는 마케팅 리서치와 메뉴개발 등이 이루어져야 하며 메뉴의 전략적 위치의 구축, 전략상품 육성 등을 실시하는 것이 중요하다.

(1) 배달 서비스 강화

현재의 배달 서비스(요기요, 배달의 민족 등)을 이용할 때 주문을 접수하면 "00분 소요예정"이라는 문자만 오고 정확히 언제 도착하는지 알 수 없다.

미국의 음식배달 서비스 우버이츠에는 우버라는 앱에 있는 탑승추적 기능과 비슷한 배달추적 기능을 지원한다. 이처럼 실시간 위치추적 서비스를 도입한다면 고객이 무작정 기다릴 필요 없이 배달시간에 맞춰 미리 준비할 수 있다.

(2) 자회사 협력

프랜차이즈율이 높은 현재 한국의 외식산업 트렌드에 맞추어 같은 브랜드의 프랜차이즈점(예: 역전우동, 빽다방)에서 연계해 소비하면 할인해주는 제도가 만들어지면 소비자들로부터 "식사를 하고 디저트를 먹으면 할인이 되니까 먹으러 가야겠다"라는 인식이 자리 잡아 양측 모두에게 이득이 되는 Win-Win 전략이 될 것이다. 또한 음식점 안에 작게 자회사 카페를 만든다면 소비자들로 하여금 더 높은 구매욕구를 끌어낼 수 있을 것이다.

(3) 선진 외식 시스템 기술개발

외식 서비스 프로세스의 혁신과 선진 외식 기기(식기) 및 시스템 기술개발은 외식업체의 운영효율화를 도모할 뿐만 아니라 범국가적 정책 과제인 세계화에도 기여할 것으로 보인다. 즉 해외 표준 인증이 가능한 한식 조리 기기(식기) 및 시스템 개발을 통해 한식 조리 메뉴얼을 개발하고 기기와 음식, 그리고 서비스 프로세스를 함께 수출한다면 산업적·문화적 측면뿐 아니라 경제적 측면의 성과도 창출할 수 있을 것으로 사료된다. 효과를 극대화하기 위해서는 프로세스 및 시스템 등의 기술개발에 있어 정부차원에서의 개발 영역과 민간차원에서의 개발 영역을 구분하는, 즉 정부차원에서는 기기 및 시스템 등 원천기술개발을 주로 담당하고, 민간차원에서는 기업체의 연구소 등과 연계해 서비스 프로세스 등의 운영 노하우를 개발할 수 있도록 하는 것이 바람직할 것으로 판단된다.

중소 외식업체에서 이루어지는 고객 서비스 전달 프로세스에 대한 연구 및 개선의지가 미흡하고, 주관적인 판단이나 감에 의존하고 있다 보니 변화하는 고객욕구 충족에 한계를 갖고 있는 것이 현실이다. 이로 인해 불필요한 비용 및 인력이 투입되며, 투입 대비 생산성이 떨어지는 결과를 초래하고 있다. 외식 서비스 프로세스 혁신은 외식업체의 인건비 및 운영비용 절감 등 비용적인 측면뿐 아니라 운영효율화 및 고객만족도 등 다각도의 효과를 창출할 수 있으므로 과학적·공학적 분석 기법에 의해 음식점을 찾는 고객에 대한 서비스 프로세스를 개선함으로써 고객만족 및 생산성 향상을 도모해야 한다. 이에 있어 IT기술을 통해 외식 서비스 프로세스의 혁신을 도모해 스마트폰, SNS, 태블릿PC 등 IT 기술과 연계한 업소 정보 제공, 예약 대기 고객 관리, 테이블 배정, 메뉴 소개 및 주문, 고객 의견 수렴 시스템 구축을 통해 서비스 시간을 단축하고 인건비를 절감할 수 있다.

(4) 한식문화 콘텐츠 개발

한식은 그 자체가 하나의 문화이기 때문에 이를 활용한 콘텐츠를 다양하게 개발하여 부가가치를 창출할 수 있도록 추진해야 한다. 한식 세계화를 목표로 진행된 그동안의 활동을 보면 대부분 한류스타에 의존하는 비중이 높았다. 이처럼 한류스타에 의존한 마케팅은 지속성 및 효과성에 있어 한계가 있으므로 한식의 홍보에 있어 조금 더 채널을 확대시켜야 한다. 트렌드를 반영하는 첨단 기기를 소통의 수단으로 사용하는 소비자들을 위한 스마트폰 어플리케이션 등의 개발과 주요 수출국 언어로 한식문화 소개 및 한식 조리 매뉴얼 어플리케이션을 개발하는 등 한식문화에 대한 정확한 정보를 제공하여 홍보해야 한다. 소비자에게 재미와 감동을 제공할 수 있는 어플리케이션의 지속적인 개발과 트위터 등 SNS와의 연계는 외식산업의 발전뿐만 아니라 한국음식 세계화에 이바지 할 수 있을 것으로 기대된다.

PART 5

한편 조선시대 음식조리서를 활용한 전통음식조리법, 상차림법에 대한 조리 콘텐츠 개발, 발효식품과 IT의 융합, 한식과 문화공연, 영화·드라마 등의 제작, 관광상품화 추진 등 세계인의 기호에 맞는 표준 품질체계의 DB구축과 웹을 통해 다양한 콘텐츠를 제공하는 시스템을 제공해야 한다. 이를 통해 장기적으로는 한식을 세계문화유산으로 등재하는 방안에 대한 세부적인 추진 전략으로 진행해야 하며, 이러한 성과를 내기 위해서는 한식 콘텐츠의 DB화와 지속적인 관리 및 지원이 필요하다.

(5) 외식산업 통계 시스템 구축

외식산업의 양적인 성장에도 불구하고 관련 기초통계 및 연구정보가 절대적으로 부족하고 정보의 신뢰도가 매우 낮아 외식산업 관계자들의 부정확하고 비효율적인 경영의사결정이 계속되어 결과적으로 사회적 손실이 발생되었다. 또한 통계가 조사기관 및 단체별로 산발적으로 발표되고, 발표시기와 자료의 제공방법이 각각 달라 정보이용자들에게 활용도가 낮은 상황이다. 따라서 지식정보화 산업시대에 맞는 외식창업자와 운영자에게 신뢰할만한 정보를 제공해 줄 수 있는 체계적인 정보인프라가 필요하다. 정부에서 모든 통계를 생산하는 데에는 비용 및 시간, 인력, 산업 이해도 등에 있어 현실적으로 어려운 부분이 있기 때문에 정보 생성을 담당하는 민간기관 및 관련 협회 등 통계 생산에 대한 주체를 결정하여 통계 생산을 지원해야 한다. 일본의 경우 외식산업종합조사센터가, 미국의 경우 NRA가 외식통계 생산을 담당하고 있다. 따라서 우리나라도 외식 관련 협회를 중심으로 정보이용자가 필요로 하는 다양한 통계 생산이 이루어질 수 있도록 해야 한다.

CHAPTER 12

관광여행서비스

1. 관광사업의 개념

(1) 관광사업의 의미

가. 관광사업의 정의

관광은 오늘날 우리 생활의 일부로서 필수 불가결한 한 부분으로 자리잡고 있다. 국민소득과 여가의 증대, 교육수준의 향상 및 교통기관의 비약적인 발달을 배경으로 관광사업은 크게 성장하였다. 이에 관광산업은 굴뚝 없는 무역으로서 외화를 가장 많이 벌어들이는 사업이고 그에 따른 승수효과가 매우 크며, 국민경제나 지역경제에 미치는 영향은 물론 사회와 문화에 끼치는 전반적인 효과가 그 어느 산업보다도 크다고 할 수 있다.

그렇다면 이렇듯 중요한 사업을 추진하는데 있어서 한 가지 간과해서는 안 되는 것이 있다. 그것은 바로 어떤 관광상품이 되든지 간에 우리의 혼과 얼이 깃들어 있어야 한다는 것이다. 우리의 것을 세계로 널리 알리는 것, 그것이야말로 우리가 관광산업을 통해 얻을 수 있는 일석이조이다.

오늘날 관광사업은 관광과 혼동하여 사용되고 있다. 하지만 관광이라는 개념 자체가 광의적인 의미로 한 국가나 국제사회에 대한 경제적 기여도를 바탕으로 한 국제성 또는 글로벌화를 규정하고 있는 반면에, 관광사업은 관광현상의 연구대상 중에서 사회적 · 경제적 효과를 얻고자 하는 조직적인 활동을 의미한다.

즉 관광사업은 관광객을 위하여 재화나 서비스를 제공하고 관광왕래를 촉진시키기 위해 행하는 활동의 전부를 의미한다. 따라서 관광사업은 국제 관광객의 왕래를 통하여 국제친선, 문화교류, 국제수지 개선, 국민의 세계화, 경제성장 및 무역수지 개선 등에 크게 기여하게 된다. 이러한 관광사업은 한 국가에 있어서 사회적 공공성과 개인적 수익성을 동시에 추구하는 사업이며, 그 규모 및 종사자가 더욱 증대하고 있는 국제적 사업으로 각광받고 있다.

광의로 해석하면 관광사업이 아닌 것이 없지만, 사업의 기초가 무엇이냐에 따라 관광사업 가운데서 차지하는 위치와 중요성에 차이가 생기게 된다.

나. 유사개념과의 관계

관광사업의 정의는 관광자의 관광활동과정과 관련되는 모든 사업이라고 할 수 있으나, 구체적으로 관광사업을 규정할 때에는 개념상의 혼란을 가져올 수 있다. 따라서 그 원인을 파악하기 위해서는 관광사업의 특성을 파악하고 용어의 전래상 배경을 이해해야 할 것이다.

먼저 관광사업의 일반적 특성으로는 관광자가 관광목적뿐만 아니라 이동에 의하여 관광현상에 참여하게 되므로 그와 관련된 소비대상이 매우 넓고 다양함으로써 관광사업의 범위가 전체 사업에 직 · 간접적으로 연결된다는 특성이 있다. 또한 관광사업은 타사업과 비교하여 정부나 지방자치단체에서 이동의 편의나 정책적 관심을 기울여야만 가능한 부분이 포함되어 있기 때문에 공익적 특성을 갖고 있고, 유통과정에서는 '서비스'라는 무형의 전달방법을 대부분 포함하고 있다.

마지막으로 관광사업은 세계평화나 인류복지를 표방한 경제적 활동이라는 양면성을 갖고 있는 독특한 사업성격을 띠고 있다.

이와 같이 성격으로 그동안 관광사업의 정의는 광의의 개념과 협의의 개념,

영리적 관광사업과 공익적 관광사업 또는 직접적 관광사업과 간접적 관광사업으로 그 범위를 축소하거나 확대하면서 그 개념의 혼동을 가져 왔다. 그리고 구미권에서 관광사업을 지칭하는 용어가 동양권으로 전파되면서 공적인 부문과 영리적인 부문을 분리하거나 용어상 개념을 무리하게 구분하려는 의도에서 다양한 용어가 혼용되었다.

관광사업은 구미권에서는 관광산업과 구분 없이 Tourism이나 Tourism Industry, Toursit Industry 또는 Travel Industry라는 용어로 넓게 쓰이고 있으며, 동양권에서는 광의의 개념으로 관광산업, 협의의 개념으로 관광기업이라는 용어를 쓰고 있으나 양자를 절충한 개념으로 관광사업이라는 용어를 많이 쓰고 있다.

다. 관광의 효과

① 경제적 측면

관광의 주체인 관광객이 찾아드는 지역 및 국가는 지역주민과의 여러 가지 형태로의 교류와 접촉이 이루어지며, 이와 같은 과정을 통해 관광객은 관광비용을 지불하게 되고, 이 비용은 곧 관광대상지역 또는 국가의 경제발전에 기여하게 된다.

또한 관광산업은 복합산업으로 관광객이 필요로 하는 서비스와 상품생산, 교통기관, 숙박시설, 여행알선을 비롯하여 식사비·오락·운동 등을 위한 각종 관련 산업을 유발하게 되고, 이들로부터의 막대한 세수는 국가재정에 크게 기여하게 된다.

관광을 통한 경제적 효과는 국제수지의 개선, 고용의 증대, 소득의 증가, 세수의 증가, 지역산업의 발달, 관련 산업의 도입 등과 같은 형태로 나타난다.

② 사회적 측면

인간은 관광을 통해 관광지 주민과의 이해를 증진하여 상호 친밀해짐으로써 국민총회와 협조를 이룩할 수 있는데, 이는 국제 간에도 마찬가지로 관광객의 상호왕래에 의해 국체친선과 문화교류의 향상에 크게 기여하고 있다. 또한 외국인에게 우리의 역사와 전통문화를 소개하고 발전하고 있는 우리의 참모습을 보여줌으로써 국외를 선양하는 효과도 아울러 나타내고 있다.

PART 5

관광을 통해 나타나는 사회적 효과는 교육적 효과, 지역문화 이해와 국민의 의식수준 제고, 국민총회와 협조, 국외를 선양하는 효과 등이 있다.

③ 문화적 측면

인간은 관광을 통해 견문을 넓히며 타지역에 대한 문화를 교류하고 교양을 향상시키며 인간의 기본적인 욕구에 만족시켜 줌으로써 삶의 질을 향상시킬 수 있다. 다시 말하면 관광을 통해 미지의 세계에 대한 전통·풍속·관습 등을 이해함으로써 새로운 지식을 습득하고 자기를 개발하는 효과를 거둘 뿐만 아니라, 널리 나아가 지역문화 발전을 이룩할 수 있다.

관광을 통한 문화적 효과는 국제친선과 문화교류의 향상, 문화 이해와 수준에 관한 인식개선, 역사적 유물과 유적의 보존, 지역문화 발전 등과 같은 형태로 나타난다.

④ 환경적 측면

관광을 통해 지역사회는 자연보호 및 생태계 보전에 힘쓰게 되면, 관광자원인 사적과 기념물 등을 보존하게 된다. 또한 관광자원은 자연자원과 인문자원 모두 관광에 대한 새로운 가치를 발견하게 됨으로써 이용가치의 증대효과를 가져온다.

관광을 통해 나타나는 환경적 효과는 자연보호 및 생태계 보전, 사적과 기념물 등의 보존, 관광자원의 이용가치 증대(환경요소의 자연적 특성 이해) 등이 있다.

표 12-1 관광의 효과

분류	관광의 효과
경제적 측면	국제수지의 개선, 고용의 증대, 소득의 증가, 세수의 증가, 지역 산업의 발달, 관련산업의 도입
사회적 측면	교육적 효과, 지역문화의 이해와 국민의 의식수준 제고, 국민총회와 협조, 국위를 선양하는 효과
문화적 측면	국제친선과 문화교류의 향상, 문화 이해와 수준에 관한 인식개선, 역사적 유물과 유적의 보존, 지역문화 발전
환경적 측면	자연보호 및 생태계 보존, 사적과 기념물 등의 보존, 관광자원의 이용가치 증대(환경요소와 자역적 특성 이해)

자료: 유명희, 「관광학개론」, 한올출판사, 2009.

(2) 관광사업의 특성

모든 사업이 시대변천과 함께 변모해 가고 있는 것은 사실이다. 더욱이 관광의 붐 현상과 대량관광시대를 맞이하여 관광기업 활동이 확대 발전하게 되었으며, 관광사업에 있어서 민간기업의 비중과 역할이 높아짐에 따라 민간기업의 활동이 관광사업의 중심을 이루게 되었다.

사실상 관광사업의 효과는 기업 활동을 통하여 실현되는 면이 크기 때문에 관광사업을 민간기업 활동으로 보는 협의의 개념도 선진산업국가에서는 용인되고 있다. 그러나 그것은 어디까지나 관광사업의 범주 속에 들어가는 관광기업이고, 관광사업 전체는 아닌 것이다.

관광사업은 민간의 영리를 목적으로 하는 관광기업과 공공기관, 공익법인, 공익단체까지 포함되는 사업으로서 이곳에서는 관광사업이 지니고 있는 기본성격을 다음과 같이 기술할 수 있다.

가. 복합성

복합성이란 첫째, 사업주체의 복합성이고 둘째, 사업내용의 복합성을 말하는데 관광사업은 이 두 가지 특색을 모두 지니고 있다.

① 사업주체의 복합성

관광사업은 여러 사업주체로 구성된다는 점에서 복합성을 가진다. 사업주체란 사업을 주관하여 목적을 달성하는 조직을 말하는데, 관광사업은 정부 및 지방자치단체(특별시 광역시 도, 시 군 자치구)들의 공적 기관과 민간기업이 역할을 분담하면서 전개하는 사업이란 뜻이 있다. 또한 현대의 관광사업은 관광의 대중화를 배경으로 하여 사업주체로서의 정부를 비롯한 공적 기관의 역할이 늘어난 점이 특색이다.

② 사업내용의 복합성

사업내용의 복합성이란 관광사업 자체의 내용이 여러 부분으로 분산되어져 있다는 것을 의미한다. 관광자가 관광대상지로의 출발부터 도착하기까지 관광활동

PART 5

의 전 과정에서 관광사업은 교통, 숙박, 오락 등의 여러 관련 업종이 복합적으로 관광자에게 공급되어진다. 따라서 각각의 사업 활동은 관광사업의 일익을 담당하고 있으면서, 동시에 자기 고유의 존재의의를 지닌다.

대부분의 사업 활동이 부분적으로 관광현상에 관여하기는 하지만, 완전 독립된 관광사업이라 말할 수 있는 경우는 거의 존재하지 않는다. 따라서 관광사업이란 여러 가지 업종이 복합되어 성립되는 사업이며, 어떤 의미에서는 관광에 대한 욕구를 충족시키는 모든 업종이 포함된다.

나. 입지의존성

모든 관광지는 유형·무형의 관광자원을 소재로 하여 각각 특색 있는 관광지를 형성하고 있다. 온천관광지, 해안관광지, 도시관광지, 종교관광지 등이 그것인데, 이들 관광지는 대개의 경우 서로 치열한 경쟁 상태에 놓이게 된다.

따라서 관광사업 역시 입지의존성이라는 제약(경영상 유리할 수도 있고, 불리할 수도 있다)은 피할 수 없다. 곧 관광사업은 관광지의 유형과 기후조건, 관광자원의 매력성, 개발추진 상황 및 교통사정 등에 의존하는 바가 매우 크다.

다. 변동성

관광욕구의 충족은 필수적인 것이 아니고 임의적인 성격을 띠고 있기 때문에 관광은 외부사정의 변화에 매우 민감하게 영향을 받는다. 관광사업의 변동성을 갖게 하는 요인으로 사회적·경제적·자연적 요인을 들 수 있다. 사회적 요인에는 사회정세의 변화, 국제정세의 긴박, 정치 불안, 폭동, 질병의 발생, 그 밖에 신변의 안전에 불안을 주는 것 등이 있다. 경제적 요인에는 경제불황, 소득상황, 환율변화, 요금의 변화, 관광시의 외화사용 제한 등의 조치를 들 수 있다. 자연적 요인으로는 기후, 지진, 태풍, 폭풍우 등의 자연현상을 들 수 있다. 계절변화는 관광사업 경영에 있어서 성수기, 비수기 문제를 주기 때문에 그 대책 마련에 힘을 기울일 필요가 있다. 특히 관광사업은 무형의 서비스가 사업의 중심을 이루고 있고, 상품판매에 있어서는 생산과 소비를 시간적으로나 장소적으로 일치시켜야 할 필요가 있기 때문에 외부사정의 변화는 관광사업경영상 매우 곤란한 문제를 야기한다.

따라서 관광사업 경영에 있어서는 관광시장에 대한 면밀한 조사연구와 정세의 예측을 바탕으로 경영목표를 추진해 나가야 한다.

라. 영리성과 공익성의 공동추구

관광사업은 공사의 여러 관련 사업으로 이루어진 복합체라는 점에서 이윤추구만을 목적으로 하는 경영이 허용되지 않는다. 관광의 목적은 관광자가 즐거움을 느끼고 재창조의 효과를 얻는 데 있다. 따라서 관광사업의 목적도 관광소비에 따른 경제적 효과 이상의 가치를 추구하는 데 두어야 하므로 관광소비에 의한 사업이윤만을 목적으로 할 수는 없는 것이다.

관광사업에 있어서 영리적·공익적 효과는 사회문화적 효과와 경제적 효과를 지적할 수 있다.

첫째, 사회문화적 측면은 국위선양, 상호이해를 통한 국제친선의 증진, 국제문화의 교류, 그리고 세계평화의 기반을 구축할 수 있는가 하면, 국민보건의 향상, 근로의욕의 증진과 교양의 향상을 기대할 수 있다.

둘째, 경제적인 면에서는 외화획득과 경제발전, 기술협력과 국제무역의 증진 효과를 기대할 수 있고, 소득효과, 고용효과, 산업연관효과, 그리고 국민후생복지의 증진, 생활환경의 개선 및 지역개발의 효과를 크게 기대할 수 있다.

이와 같이 관광사업 활동의 내용이 점차 공익적인 면에 대한 인식이 높아져 가고 있고, 그 관계분야가 자연, 문화, 경제, 종교, 정치 등 모든 분야에 걸쳐 확대되어 가고 있으므로 관광사업은 개별기업활동의 특징을 살려 가면서 공익적 효과를 높여 가도록 기업경영을 유도해 가는 것이 장차에 있어서는 중요한 과제가 될 것이다. 동시에 관광사업 경영이 공익성과 수익성이 조화로운 발전을 도모해 가는데서 그 존재의의를 찾아야 할 것이다.

마. 서비스성

관광사업은 관광자에게 서비스를 제공하는 영업을 주된 사업으로 하기 때문에 무형의 서비스는 가장 중요한 요소이다.

PART 5

서비스가 관광자의 심리에 미묘한 작용을 끼치고 있음을 고려할 때 각각의 영업활동에 있어서 그 서비스의 질은 기업 자체, 나아가서는 관광지 전체, 국가 전체의 관광사업에 지대한 영향을 미칠 수 있다. 따라서 관광 종사자뿐만 아니라 지역주민, 국민 전체에게도 친절한 서비스의 제공을 위하여 관광인식의 보급 및 관광 서비스에 대한 인식을 계도할 필요가 있다.

(3) 관광사업의 분류

관광사업을 분류함에 있어 주체별 관광사업으로 분류하는 방법과 제도를 중심으로 분류하는 법률적 관광사업이 있다.

가. 주체별 관광사업의 분류

관광사업은 크게 공익단체(중앙관광기관, 지방관광기관, 업종별 단체)와 행정기관(정부 및 지방자치단체의 관광행정기관)에 의해 수행되는 공적 사업, 사적 관광기업에 의해 수행되는 사적 사업이 있다.

공적 관광사업과 사적 관광사업의 내용과 범위를 구분하는 것은 어려운 일이지만, 사적 관광사업은 전술한 관광사업의 협의의 개념이 중추적인 내용이 되며, 공익적 관광사업은 관광정책의 기초에 따라 관광시책을 통해 관광사업의 발전을 도모하는 것으로 관광단체나 사적 관광기업에 대한 지도 육성과 관광왕래의 촉진 및 관광의 안정성·쾌적성 등에 관한 사업이 중심이 된다.

① 공적 관광사업

공적 관광사업이란 공익을 위하여 정부나 관광기관이 주체가 되어 실시하는 사업으로서 대외적으로는 국제친선 및 관계개선을 위하는 것이며, 대내적으로는 외래 관광객 유치를 통한 외화획득과 건전한 국민관광을 도모하는 등의 일련의 행위로서 일반적으로 다음과 같은 공익적 업무를 수행한다.

- 관광개념 및 관광인식의 홍보
- 관광지원의 보존과 관리
- 관광시설의 정비와 확충
- 관광지 개발 및 운영지도
- 관광선전·홍보활동
- 관광종사원의 교육훈련
- 관광정보의 수집·제공
- 관광통계의 정비
- 관광에 관한 조사연구
- 진흥에 관한 시책 수입
- 기타 관광 진흥에 관한 사항 등

② 사적 관광사업

사적 관광사업은 다양한 관광욕구에 대응하여 관광객에게 직접적으로 재화와 서비스를 제공하는 직접적 관광사업과 관광객에게 간접적으로 편의를 제공하는 간접적 관광사업으로 나누어진다. 직접적 관광사업은 관광객을 대상으로 하여 영리를 목적으로 하는 사기업의 경영활동으로서 숙박업, 교통업, 여행업, 휴양 레크레이션사업 등의 순수관광사업인 동시에, 관광산업의 핵심 산업을 말한다.

그러나 현대의 관광산업은 사적 사업의 역할이 점차 증대되고 비중이 높아져 가고 있어 그 중요성이 더욱 커질 것으로 예상된다. 간접적 관광사업은 관광이 없어도 존재하지만, 관광 및 기업 활동에 포함되는 사업으로서 택시, 버스, 스포츠상품, 주유소, 스포츠의류산업 등이 포함된다.

나. 법률적 관광사업의 분류

우리나라의 경우 관광사업이 최초로 법제화된 1961년 8월 관광사업진흥법이 공포되면서부터이다. 그 당시에는 관광사업의 종류를 여행알선업, 관광호텔업, 통역안내업, 관광휴양업, 토산품판매원, 관광교통업, 관광시설업 등의 7개 업종으로 관광산업의 범위를 규정하였으나, 1975년 12월에 제정된 관광사업법에서는 여행

PART 5

알선업, 관광숙박업, 관광객이용시설업 등의 3개의 업종으로 축소되었다.

그러나 여행형태가 다원화되면서 1987년 7월 관광진흥법에서는 관광사업의 종류를 여행업, 관광숙박업, 관광이용시설업, 국제회의용역법, 관광편의시설업 등의 5개 업종으로 다시 확대 개편하였다. 그러던 중 1994년 8월 관광진흥법 개정안에는 1987년 개정된 관광사업의 종류에 카지노업이 추가되었으며, 1999년 1월에 다시 개정된 관광진흥법에는 국제회의용역업을 폐지하고 국제회의업을 신설하였고, 종전에 공중위생법에 의해 보건복지부장관에 속했던 유원시설업을 문화관광부장관의 소관으로 이관하여 관광사업의 범위에 포함시켜 오늘에 이르고 있다.

2. 여행산업

(1) 여행업의 정의와 특성

가. 여행업의 정의

관광진흥법 제3조 1항 제1호에 의하면 "여행업이란 여행자 또는 운송시설, 숙박시설, 기타 여행에 부수되는 시설의 경영자 등을 위하여 당해 시설 이용의 알선이나 계약체결의 대리, 여행에 관한 안내, 기타 여행의 편의를 제공하는 업"이라 정의하고 있다.

- 여행객을 위하여 운송, 숙박·기타 시설(식당·토산품점 등) 이용을 알선하거나 그 시설을 경영하는 자와 이용에 관한 계약체결을 대리하는 행위
- 운송, 숙박시설 또는 기타 시설의 경영자를 위하여 여행객의 이용을 알선하거나, 여행객과 이에 관한 계약체결을 대리하는 행위
- 여행객의 안내 등 여행의 편의를 제공하는 행위
- 여행객을 위하여 여권 및 비자(VISA: 사증)를 받는 수속을 대행하는 행위

- 여행객을 위하여 여행 상해보험 및 수하물을 대행하는 행위
- 여행객을 위하여 여행 상담에 응하거나 정보를 제공하는 행위
- 여행객을 위하여 여행계획을 작성하거나 여행상품을 만들어 판매하는 행위

여기서 여행객이란 여행 업무를 수행하는 여행업자측의 경영관리관점에서 바라볼 때 고객을 가리키는 용어이다. 관광진흥법에서는 여행을 하는 주체의 의미에서 여행자로 표기하고 있다. 또한 사회학적인 연구접근법에서는 여행자의 용어가 통용되고 있다.

특히, 최근 중국인들의 소득 수준이 향상되면서 여행업이 폭풍 성장하고 있다. 여행에 대한 관심 고조, 항공·고속철 등 대대적인 관광인프라 확충, 상해엑스포·광주아시안게임 유치 등도 긍정적 영향을 미치는 모습이다. 2006년 6,230억 위안이던 중국의 여행산업 규모는 4년 만에 2배 이상 증가해 2010년 약 1조 3,000억 위안 정도로 커졌다. 여행업 관련 외화 수입도 한국의 지난해 전체 무역 수지보다 많은 458억 달러를 기록하는 등 중국경제의 새로운 성장동력으로 부상하고 있다.

한국무역협회에 따르면, 상해지부는 '중국 여행업 현황과 발전 전망' 보고서를 발간했다. 보고서에 따르면 중국은 2011~2015년 동안 여행산업을 국가전략산업으로 확정하고 향후 다각적인 노력을 기울이겠다고 밝혔다. 향후에도 중국은 고속철도 등 관광인프라의 지속적 확충, 초대형 국제회의 및 전시컨벤션 유치, 상해 디즈니랜드 유치 프로젝트, 온라인 여행업 활성화 등을 역점적으로 추진할 계획이라 중국 내 여행산업은 급속도로 확대될 전망이다.

또 중국인의 국민소득 향상과 해외여행에 대한 관심 고조 등으로 중국인의 해외여행자 수도 급증할 것으로 기대된다. 2010년 중국의 자국민 여행자 수는 총 21억 5,739만 명에 달했다. 이 가운데 국내 여행자수는 97.3%인 21억 명으로 전년대비 10.6% 증가했고 외국 여행자 수는 전년보다 20.8% 증가한 5,739만 명을 기록했다.

PART 5

중국의 여행산업은 고속 성장에도 불구하고 외국 여행자가 5,000만 명대에 불과해 추가 성장 가능성이 높다는 분석이 나오는 것이다. 한국무역협회 상해지부장은 "중국의 여행산업은 초고속 성장 중"이라며 "지속적으로 관심을 기울이고 다양한 여행상품을 개발함으로써 한국 여행업계의 중국시장 내 입지를 넓혀야 한다"고 말했다. 또 "해외여행 수요가 급증하는 중국인 여행자를 유치해 우리의 내수시장 활성화와 서비스무역의 확대 기회로 적극 활용해야 할 것"이라고 강조했다.

중국인 관광객 유치를 위해서는 소득수준이 높은 중국 여행자의 눈높이에 맞는 숙박시설 및 음식점, 콘텐츠 개발 등 여행 서비스 산업 인프라 구축이 무엇보다 필요하다고 역설했다.

이와 더불어 수요와 관심이 높은 의료관광, 부동산 투자 등 맞춤형 서비스를 활성화하고 중장기적으로는 인천공항 인근이나 제주도에 홍콩 같은 쇼핑특구를 건설, 한국 상품이나 세계명품 쇼핑 전진기지로 활용하는 방안 등을 적극 검토할 필요가 있다고 덧붙였다.

한편 중국은 한국의 최대 여행국이기도 하다. 지난해 중국을 방문한 외국인 여행자수는 1억 3,400만 명으로 전 세계 총 여행자수(9억 3,500만 명)의 14.3%를 차지했다. 한국의 중국 여행자수는 408만 명으로 전 세계에서 가장 많았다.[1]

나. 여행업의 특성

① 위험부담이 적다

여행사는 항공업이나 숙박업과 비교해서 고정자본의 투자가 적어 위험부담이 적다. 그러나 오늘날에는 여행수요의 다양화에 적극적으로 대처해 나가야 하므로 패키지상품을 구성하고 항공권의 판매 보증금을 예치하거나 컴퓨터 등의 사무실 설비투자의 필요성 때문에 여행업자의 위험부담이 점점 증대되어 가고 있다.

② 신용사업

여행사가 생산하여 판매하는 여행상품을 고객에게 알려주는 방법은 브로셔와 광고안내문 그리고 신용이다. 그 중에서도 신용은 여행사의 사업성을 좌우할 수

---

1 이데일리, "먹고 살만해진 중국, 여행업도 '폭풍성장'", 2011.07.

있는 중요한 요소가 된다. 여행객은 여행 출발 전에 여행상품을 구매하는 대가로
서 막대한 여행경비를 여행사에 지불하고 있으며, 여행소재공급업자 역시 여행사
에 대한 신뢰성을 바탕으로 해서 공급량을 조절하고 있는 것이 현실이므로 여행사
를 경영함에 있어 신용은 성공의 최대관건이자 중요한 변수가 된다.

③ 다품종·대량생산의 시스템

여행사는 다양한 형태의 여행상품을 생산하여 판매할 수 있다. 여행상품은 생
산과정과 판매과정 그리고 판매관리 등이 시스템화 되어야 하는 성격을 갖는다.
일반적으로 여행상품은 대량생산하여 판매되고 있다.

물론 여행사는 노동집약적인 산업으로서 종사원 개개인의 능력이 중시되어야
한다는 점에 대해서는 이론의 여지가 없다. 그러나 한 개인의 자질과 능력이 여행
업무 전반에서 커다란 비중을 차지할 때에 여행사의 경영은 성공하기 어렵고, 위
험부담이 따르게 된다. 따라서 여행업에서는 개인 위주의 업무에서 업무의 조직적
인 시스템화가 이루어져야 한다.

④ 노동집약적

최근에 컴퓨터의 보급 확대와 통신기기 및 정보전달수단의 발달 등에 힘입어
사무자동화가 급진전하고 있으나, 여행산업은 개인적 서비스의 완전대체가 불가
능하고, 노동의존도가 매우 크다.

여행사 경영에서 인적 요소가 중요시되는 근본적인 이유는 인적 서비스가 여
행상품의 중심부분을 형성하고 있고, 여행에 필요한 사전 준비에서부터 여행종료
에 이르기까지 수반되는 제반 업무(고객과의 접촉, 여행상품의 제시, 여행안내 등)가 주
로 종사원에 의해서 수행이 가능하므로 여행사 경영에서는 인적 요소가 매우 중요
시되고 있다.

⑤ 계절적 수요탄력성

여행수요는 계절에 따라 매우 탄력적이다. 여행은 요일이나 계절에 좌우되는
요소가 많기 때문에 여행객의 집중현상이 평일보다는 주말 또는 방학에, 그리고
겨울보다는 봄과 가을에 편중되는 정도가 심하다. 그러므로 여행사는 여행상품의
가격과 공급에 따른 수요의 탄력에 적절히 대처할 수 있도록 여행상품을 개발하여
야 한다.

PART 5

⑥ 과당경쟁

여행사와 가운데는 대규모의 여행사가 존재하나, 대부분의 여행사는 영세성을 면하지 못하고 있다. 이러한 특징은 구미지역이나 일본 등과 같은 관광선진국에서도 공통적으로 나타나고 있는 현상이다.

소액의 투자자본금은 위험부담률을 상대적으로 줄일 수가 있어 여행업계로의 신규진입이 쉽게 이루어질 여지를 제공해 주고 있다. 이러한 신규진입의 용이함은 시장구조를 혼란시킬 가능성을 항상 내포하고 있어서 여행사 간에 과당경쟁을 유발하는 하나의 원인으로 작용하고 있다. 더구나 국외여행업의 경우 영업권 확보와 영업장의 개설에 관해 종전의 허가제에서 신고제로 관광정책이 바뀌면서 여행업분야의 문호가 한층 개방되어 과당경쟁의 문제를 항상 내포하게 되었다.

⑦ 공익성

모든 기업은 사회적인 책임을 인식하고 경영활동을 수행해 나가고 있으나 특히 여행업은 그 책임의 정도가 매우 크다. 왜냐하면 여행사는 경영속성상 여러 나라를 기업경영 활동으로 전개하여야 하며, 이들 국가가 갖는 여행사의 이미지는 곧 해당 국가의 이미지와 직결되어 평가되기 때문이다.

⑧ 생산과 소비의 동시성

무형 상품을 생산하는 여행사는 서비스업의 공통적인 특성의 하나라고 할 수 있는 여행상품의 생산과 소비의 동시성 때문에 저장이 곤란하다는 특징을 갖는다.

다시 말하자면 생산과 소비가 동시 완결적으로 행해진다는 점이다. 결국 여행상품의 부품이 되는 호텔의 객실과 항공기의 좌석과 같은 여행부품은 이러한 저장불가능성 때문에 경영상 탄력성이 적어지게 된다.

⑨ 입지 위주의 사업

여행사의 입지는 타 업종보다는 고객이 찾기 쉬우면서 고객의 눈에 쉽게 띌 수 있는 곳에 위치하여야 한다. 여행업은 여행객이 쉽게 다가갈 수 있는 접근성을 갖추어야 하는 입지의 중요성이 특히 강조되는 사업 중 하나이다. 이와 같이 용이한 접근성은 여행상품의 구매 여부의 주요 결정요소가 되기 때문에 여행사는 주로 인구가 많은 대도시에 집중해 있고, 특히 번화가에 위치하고 있다.

⑩ 국제 경제와 경기변동에 민감한 사업

여행업은 국제정세, 환율, 국제적 이슈에 따라 소비자수요가 매우 민감한 사업이다. 예를 들어 중동지역에 정세가 불안정할 경우 중동지역의 여행에 대해서 부정적으로 소비자가 반응하게 되며, 각 지역과 국가의 사회적·국가적 안정에 따라서 매우 민감하게 된다. 또한 각종 질병과 전염병에도 매우 민감하다. 과거 사스·조류독감·신종플루 등의 전염병은 많은 여행자들의 발을 묶어 버리기도 하였다. 또한 환율에도 매우 민감하게 되는데, 이는 여행을 나가는 여행자들은 소비를 감안하고 나가야 하기 때문에 더욱 민감할 수밖에 없는 것이다.

(2) 여행사의 기능과 역할

가. 여행사의 기능

과거에는 교통운송편과 숙박장소를 수배 제공하는 단순 업무가 여행 업무의 주요 내용이었으나, 오늘날에는 여행객의 욕구에 신속히 부합하기 위하여 독자적으로 여행상품을 기획·개발·판매하는데 더 많은 비중을 두게 되었다.

최근에는 여행객이 단순한 여행계획, 즉 여행목적지 및 여행경로의 결정과 간단한 시설과 운송수단기관의 예약 등을 독자적으로 수립하고 시행할 수 있게 됨으로써 여행사의 기능도 부득이 전환하지 않을 수 없게 되었다. 따라서 매스컴의 발달과 각종 선전매체의 활성화로 다양하게 변화하는 여행객들의 욕구충족을 위해서 여행업도 이에 준하는 서비스 제공을 하지 않으면 안 된다.

어떻게 보면 요즘의 여행사는 항공여행, 호텔, 식당 등 일체의 여행 구성요소를 조립한 여행상품을 여행객에게 제공 판매하는 것을 주된 기능으로 하게 되었다.

① 대리업무기능

대리업무기능은 대리와 이용알선을 포함하는 기능이다. 즉 여행사에 의해서 대리되는 법인 또는 개인으로서 항공사, 철도 및 버스회사, 렌터카와 호텔 및 음식점 등 이용을 대리 알선하여 주는 기능으로 항공권, 열차표 등의 교통기관 이용권과 숙박권 등을 매매하는 것이 이에 속한다.

이와 같은 기능은 여행사 본연의 기능으로 초기의 여행업부터 계속된 기본적인 기능으로서 여행업은 이를 통해서 수수료를 받는다.

항공사나 호텔 등과 같은 생산자의 입장에서 볼 때 여행사는 항공권의 판매나 숙박계약의 연결을 대행해 주고 있으며, 여행객인 소비자 측에서 볼 때에는 항공권을 준비하거나 호텔예약 일체를 일괄해서 대행해 주는 기능을 수행한다.

② 서비스업무기능

서비스업무기능이란 일반적으로 여행에 대하여 충분한 지식을 갖고 있지 못한 여행객에게 필요한 각종 정보를 제공하고 여행 상담을 해주며, 여행객이 요구하는 제반사항을 수배하여 주거나 여행객의 요구에 응하여 안내를 수행하여 주는 등 여행객에게 필요한 각종 서비스를 제공하는 기능을 말한다. 이를 통해 여행객으로부터 서비스비용을 받는다. 여행업의 다른 기능은 대부분 여행사 외부의 상품을 제공하는 기능인데 비하여, 이것은 여행사가 자체로 갖고 있는 인적·물적 서비스 상품을 고객에게 직접 제공하는 점이 특이하다 하겠다.

③ 판매업무기능

판매업무기능이란 시장조사를 통하여 여행객의 선호나 욕구를 파악하고 그에 부합한 여행상품을 생산하고 적정이윤을 가산해서 경쟁력 있는 가격을 정해 여행객에게 판매하는 기능을 말한다. 판매업무기능은 여행사가 취급하는 타사의 대리상품과 여행사가 소유하고 있는 서비스 상품을 여행객에게 판매하는 기능을 뜻한다.

나. 여행사의 역할

① 신뢰성

여행업은 공신력 있는 여행사가 여행객들을 위해 예약과 수배업무를 대행해 주고 여행객에게 정확한 정보를 제공해 줌으로써 여행객의 미지에 대한 불안과 초조감을 해소시켜 줄 뿐만 아니라 심리적인 안정과 만족감을 느끼게 할 것이다.

② 시간과 비용의 절약

통신수단의 발달과 보급의 확대로 여행객 스스로 호텔, 항공사 등에 직접 예약을 할 수 있게 되었다. 목적지가 근거리이고 기간이 짧은 경우에는 여행객이 예약과 수배를 직접 할 수 있지만, 해외여행과 같은 장거리나 장시간인 경우에는 여행객이 직접 예약과 수배를 하기에는 시간과 비용이 적지 않게 들 뿐만 아니라 만족하기가 어렵다. 이러한 점에서 여행사에 모든 사항들을 의뢰한다면 시간과 비용의 절약효과는 물론이고, 예약과 수배의 결과도 만족스러울 것이다.

③ 염가성

여행사의 패키지 투어에 참가하면 개인이 직접 수배하여 여행하는 경우보다는 훨씬 저렴한 가격으로도 여행이 가능하다. 이는 여행사가 여행소재를 사전에 대량으로 구입하여 각종 소재를 짜 맞추어 패키지 상품가격을 낮추기 때문이다.

이러한 패키지 투어를 이용하는 여행객이 외국문물이나 외국사정에 익숙하게 되면 점차로 단체여행의 테두리에서 벗어나 독자적으로 여행할 수 있게 된다. 이러한 경향을 반영하여 오늘날에는 하프 메이드 투어(half made tour)나 목적지집결형 관광 등이 개발 판매되고 있다.

전자는 왕복의 교통수단과 숙박시설이 미리 준비된 것을 이용하나 목적지에서의 행동은 여행객 각자가 자유롭게 선택하고 목적지 내에서는 행동을 같이 하는 것을 말한다.

④ 정보판단력

현대인은 정보의 홍수시대에 살고 있다. 이처럼 다양한 정보 중에서 여행객은 자신에 가장 적합한 정보를 선택하기가 매우 어렵다고 할 수 있다. 따라서 적합한 여행정보를 선택하기 위해서 유망되는 판단력을 여행업자에게 위임함으로써 보다 유익한 정보를 얻을 수 있다.

다. 여행사의 책임

여행사가 관광업계에 충실히 기여하고 자부심을 갖고 최선을 다해 기업을 경영한다면 이는 결과적으로 국가발전에 크게 기여하는 것이 될 것이다. 복잡하고 다양한 업무와 기능을 가진 여행사의 기본적 책임을 살펴보면 다음과 같다.

① 여행시설업자에 대한 책임

여행사는 여행관련 시설업자와 여행객 간의 매개체이며, 이들을 대신하여 기능하므로 이들 양자에 대해 모두 책임을 갖고 있다. 더욱이 여행사는 이들 양자 간에 이루어지는 경제적 가치, 즉 금전이나 유가증권인 항공권을 포함한 교통운송이용권(예: 선표, 버스나 철도이용권)의 보관과 판매 및 재고관리에 철저해야 함과 동시에, 판매대금을 적기에 지불하는 등 여행시설업자에게 경제적 손실을 입히지 않고 약 속을 이행해야 할 책임이 있다.

특히 장거리 여행 시 고액의 항공요금을 수령하는데, 이때 적정시기에 판매보고서를 작성하여 항공사에 보고하고, 판매대금은 적기에 입금시켜야만 신용확보가 가능해질 뿐만 아니라 항공사로부터 원활한 업무협조를 기대할 수 있다.

② 여행객에 대한 상담과 수배에 대한 책임

여행에는 미지의 요소와 복잡한 일들이 발생할 가능성이 높으므로 여행객은 여행출발 전에 여행사를 방문하여 효율적이고 만족할 만한 여행을 하기 위해 여행에 관한 조언을 구하기도 한다.

이때 상담에 응하는 종사원은 전문가의 입장에서 정확한 정보를 제공함으로써 여행객으로 하여금 정확한 의사결정을 할 수 있도록 도움을 주어야 한다. 수배사항이 정확하지 않을 때에는 고객이 커다란 손해를 볼 수도 있다. 즉 여행사에서 제공하는 정확한 정보, 확실한 수배와 같은 서비스가 제공되어질 때 여행객은 비로소 안락한 여행을 할 수 있다. 특히 여행사가 제공하는 정보와 수배능력, 그리고 항공요금 산출능력의 정도는 여행객의 경제적·심리적인 만족과 직결되므로 매우 중요하다.

③ 정부·여행관련 공공기관에 대한 책임

여행사는 여행이 갖고 있는 다양한 특성으로 인해 여러 관련기관(예: 문화체육관광부, 조세당국, 지방관청 등)으로부터 지도와 감독을 받는다. 그러므로 여행사는 정보관계기관이 요청하는 자료, 즉 판매액과 수수료 및 종사원의 급료 등을 포함한 제반 수입 및 지출내용을 정확히 작성해서 이를 보고해야 할 책임과 의무를 갖는다. 특히 여행사가 작성해서 제출하는 보고서는 정부의 관광정책의 입안 자료가 되므로 정확성이 요구된다.

④ 사내종사원에 대한 책임

여행사는 기업경영을 위하여 많은 종사원이 근무하고 있다. 이들 종사원들은 모두 여행사를 대표하여 업무에 종사고 있으므로 경영자는 자사의 발전을 위해 종사원들의 근무의욕을 고취시키고 자기개발을 증진시킬 수 있도록 가능한 많은 동기를 부여해야 한다. 왜냐하면 여행사는 인적 요소가 여행상품의 주요소가 되는 특성을 갖고 있으므로 종사원들이 기업발전을 위해 헌신하고 고객에게 친절하고 만족할만한 서비스를 제공하도록 유도할 수 있는 효과적인 복지향상을 도모할 책임도 갖고 있다.

여행사가 종사원들의 복지를 향상시킴으로써 여행상품의 질이 높아질 수 있다. 그들은 기업발전을 위해서 헌신적으로 노력할 것이며, 고객에서 질 높은 서비스를 제공할 뿐만 아니라 자기개발을 도모하게 되므로 이는 결과적으로 기업에 더 많은 이윤을 발생시킬 수 있기 때문이다.

⑤ 사회·경제·문화발전에 기여해야 할 책임

오늘날 세계 각국은 관광객을 유치하여 외화를 획득하고, 그로 인해 국제수지를 개선하며, 지역경제발전과 국내 산업을 진흥시킴과 동시에 고용증대효과를 창출하는 등 국가의 경제·사회의 발전을 도모하고 있다.

이러한 점뿐만 아니라 여행사는 외래 관광객에게 국위를 선양하고 고유한 문화와 전통을 인식시키며 전달하는 대표적인 기관이다. 이러한 의미에서 여행사는 국가의 경제적·사회적인 요구에 부합되는 행위와 운영을 해야 할 책임이 있다.

한편으로 세계가 지구촌화 되어 가고 있는 요즘 우리 고유의 문화를 계승 발전시켜 더욱더 찬란한 문화 창출을 유도하는 분위기를 조성하는 것도 여행사의 책임이며 의무라 할 수 있다.

라. 여행의 종류

① 패키지 투어(Package Tour)

여행자가 여행을 할 장소의 출발일·여행일정·여행요금 등의 여러 조건을 명시하고 적정인원을 모집하여 행사를 진행하는 단체여행을 말한다. 흔히 일간신문이나 인터넷 홈페이지 및 각 대리점을 통하여 홍보와 모객을 하지만, 여행자의 계획에 차질이 생기는 경우가 있어 표시된 날짜에 출발을 못하는 경우도 있는데, 요즘은 각 여행사들이 상품을 서로 공유하여 모객을 하기도 한다.

현재 대부분의 여행의 종류는 패키지 투어가 가장 많이 이용되고 있으며, 단체여행을 진행할 시 여행비가 저렴하다는 점과 대부분의 관광객들이 여행사의 프로그램에 많이 의존하고 있어 대표적인 여행의 종류로 알려져 있다.

② 개발 단체여행(FIT)

여행자들의 자유롭게 여행을 할 수 있도록 항공권·숙박 등의 상품만 판매하고 여행목적지의 정보들을 제공해주는 여행을 말한다. 현재 한국을 방문하는 일본 여행객들은 FIT여행이 많으며, 젊은 층들 사이에 여행수요자들이 증가하고 있다.

③ SIT(Special Interest Tour)여행

SIT여행은 여행자들이 관광 이외의 특별한 목적으로 여행하는 것을 말한다. 예술, 국제전시회, 컨벤션, 외국정보의 벤치마킹 등 특별한 목적을 가지고 여행을 하는 것을 말한다.

④ 인센티브여행(Incentive Tour)

각 기업과 분야별 단체가 주관하는 목적이 있는 여행을 여행사는 각 기업이나 분야별 단체로 마케팅을 하며, 이들이 원하는 프로그램을 진행해 주기 위해서 항공권, 숙박, 음식점 등을 수배해 주거나 직접 참여하여 여행 프로그램을 진행하기도 한다. 기업의 매출실적 달성 및 포상휴가로 인센티브 투어를 장려하고 있다.

⑤ 허니문여행(Honey Tour)

신혼여행상품을 말하고, 신혼부부들의 여행목적지는 휴양지들을 선호하고 있으며, 리조트형 휴양지가 인기리에 판매되고 있다. 주요 선호지역은 하와이·칸쿤·괌·사이판 등이며, 최근에는 몰디브, 유럽 등 다양한 상품들이 판매되고 있다.

⑥ 크루즈여행(Cruise Tour)

크루즈여행은 고급유람선을 타고 여행을 가는 형태를 말하며, 항공여행을 하는 여행객보다 여행시간이 길다는 단점이 있으나 여행을 하는 동안 유람선 안의 모든 부대시설을 이용할 수 있어 시간의 제약이 많지 않은 사람들에게 좋은 여행이다. 여행 도중 각국의 여행객들과 만나 서로 대화와 문화를 즐길 수 있고, 유람

선 안에서 공연 등 즐거움을 줄 수 있는 다양한 프로그램들이 준비되어 있다.

마. 여행업의 종류

여행업은 관광진흥법상 사업의 범위 및 취급대상에 따라 일반여행업·국외여행업·국내여행업으로 구분되어 있다.

① 일반여행업

일반여행업은 국내 또는 국외를 여행하는 내국인 및 외국인을 대상으로 하는 여행업을 말하며, 여권 및 사증을 받는 절차를 대행하는 행위를 포함한다.

사업의 범위는 여행상품의 제작판매, 여권 및 비자를 받는 절차를 대행하는 행위, 관광객의 유치, 판매, 수배, 안내 등과 여행수속, 항공원의 판매, 해외여행 판매·수배·안내 등을 주 업무로 한다. 그러므로 일반여행업자는 외국인의 국내 또는 국외여행과 내국인의 국내 또는 국외 여행에 대한 모든 업무를 취급할 수 있다.

다시 말해서 내국인의 국내여행, 외국인의 국내여행을 대상으로 하는 인바운드 투어, 내국인의 해외여행을 위한 아웃바운드 투어 등의 업무를 병행하는 종합여행사를 말한다.

② 국외여행업

국외여행업은 국외를 여행하는 내국인을 대상으로 하는 여행업으로서 여권 및 사증을 받는 절차를 대행하는 행위를 포함한다. 국민의 해외여행 자유화가 시행됨으로써 내국인의 해외여행이 급격이 증가해 내국인의 해외여행업무만을 전담하도록 한정하고 있다. 국외여행업은 최소한의 규모로 해외여행상품을 판매하거나 알선을 해주고 수수료를 받는 해외여행 소매업자가 된다고 하겠다.

③ 국내여행업

국내여행업은 국내를 여행하는 내국인을 대상으로 하는 여행업을 말한다. 그러므로 내국인을 대상으로 한 국내여행에 국한하고 있으며, 외국인을 대상으로 하거나 내국인을 대상으로 한 국외여행업은 하지 못하게 되어 있다. 관광여행상품의 제작판매와 알선 및 안내를 하는 것을 주 업무로 하고 있고, 전서비스업을 겸하고 있는 업체가 많다. 시 도지사의 등록업체로 이와 같은 업체는 여행상품의 제작판매 또는 타 여행사의 패키지상품뿐만 아니라 국내선의 항공권, 철도승차권, 고속버스승차권, 특별행사의 입장권, 호텔 쿠폰 등을 대매하거나 관광버스의 일반전세도 취급하고 있다.

3. 관광환대산업의 전망

WTO는 21세기 관광환경의 조류로서 세계화에서 지역화로의 변화, 관광 목적지 선정 및 판매망 구축 시 전자기술의 막강한 영향력 발휘, 신속·편리한 여행정보, 해외여행의 일상화, 3Es(Entertainment, Excitement, Education)를 결합한 주제별 관광상품의 인기 등을 예견하고 있다.

(1) 관광산업의 세분화와 전문화

삶의 질이 향상되면서 오늘날 관광산업은 점차 세분화와 전문화되어 가고 있는 추세다. 과거 관광지는 아름답고 이국적인 관광자원을 구경하고 편안히 숙식하는 범위로 한정되어 있었다. 현재 관광지는 관광지에서 즐겁게 놀고 아름다운 추억을 만들 수 있는 곳에서 기념이 될 수 있는 품질이 우수한 상품을 살 수 있는 곳이 각광을 받고 있다. 역사적·문화적·자연적 관광자원 외에 지역특색을 살린 숙박과 음식, 쇼핑자원이 추가됨으로써 관광객의 욕구를 충족시켜가고 있는 추세다.

조선시대 후기인 18C는 다양한 문화가 꽃을 피웠던 문예부흥기이다. 문예부흥의 정점은 문화를 사랑하고 백성의 삶을 어루만졌던 정조 때이다. 연암 박지원의 열하일기, 단원 김홍도의 풍속화, 분원리 도공들의 푸른빛을 띤 조선백자, 다산 정약용의 설계로 완성된 수원화성 등이 모두 정조시대를 대표하는 문화라는 것에서도 그 말이 과언이 아님을 알 수 있다.

경기도 수원시 팔달구에 자리한 수원 화성(사적 제3호)은 세계문화유산으로 지정, 보호될 만큼 세계적으로도 주목받는 건축물이다. 성곽은 팔달산의 지형지세를 따라 나뭇잎모양으로 길게 뻗었다. 5.7km나 이어지는 성곽에는 기존 성곽의 허점을 보완하는 시설물이 가득하다.

완공 후 200년이 지난 지금까지도 많은 사람의 관심을 받는 수원 화성은 축성 당시에도 많은 화제를 낳았다.

그 첫 번째는 백성을 사랑하는 정조의 마음이다. 사도세자의 능원을 옮기기 위해 백성들을 이주시킬 때 넉넉한 보상금과 이주비를 지급한 일, 막대한 공사비가 들어가는 것에 개의치 않고 성곽의 길이를 늘려 많은 백성이 성 안에서 함께 살 수 있도록 한 일, 공사에 동원된 백성들에게 일한만큼 품삯을 지급한 일, 일하는 도중 병이 나지 않도록 환약을 지어 보급한 일 등이다.

두 번째는 성곽축조를 도운 새로운 기계의 도입이다. 유형원, 정약용 등의 실학자가 개발한 거중기, 유형거, 용관자, 석저 등의 과학기계는 불과 2년 6개월 만에 화성을 완성하는데 도움을 주었다.

세 번째는 화성을 축조하는 모든 과정을 기록한 것이다. 성의 설계부터 완공까지 동원된 인부수와 그들의 출신지, 총 소요자금, 나무와 돌의 출처, 사용기계, 건축방법 등에 대한 상세한 설명을 글과 그림으로 기록한 것이 [화성성역의궤]이다.

수원화성이 200여 년을 지나며 무너지고 훼손되었지만 다시 복원할 수 있었던 것도 건축과정을 상세히 적어놓은 의궤가 있었기 때문이다. 세계문화유산으로 지정되기까지도 이 의궤가 뒷받침을 해준 셈이다.

수원시는 팔달문과 주변에 있는 전통시장을 묶어서 관광자원화 하려고 하고 있다. 우리 주변의 크고 작은 문화유산과 지역 명소들이 훌륭한 관광자원이 되어 가고 있는 것이다.

"사람이 반가운 문화 명품도시 수원시로 오세요." 수원시 홍보부스에 오면 즐거움이 있다. 국내 여행지를 한자리에서 소개하는 유일한 이 박람회에 '사람이 반가운 휴먼시티 수원시'를 비롯한 14개 광역자치단체 등 350여 자치단체 및 업체가 참여해 각 지역의 관광자원 홍보에 열을 올리고 있다.

'나의 여행 다이어리'를 주제로 열리고 박람회 행사장에서 2011년 나만의 국

PART 5

내 여행계획을 디자인할 수 있어 관람객들에게 큰 호응을 얻고 있다.

각 계절별로 가장 좋은 국내 24곳의 우수관광지를 담은 여행다이어리를 관광객들에게 배포하여 관람 후에 전시장 내부에 마련된 온라인 다이어리에 나만의 여행계획을 세워 출력해 볼 수도 있다. 전시장은 각 지역별 여행 정보를 얻을 수 있는 '지자체 홍보관', 여행상품을 현장에서 구매할 수 있는 '여행상품특별관', 지역의 특산물을 구입할 수 있는 '특산물 판매관', 새로운 여행 트렌드로 자리 잡은 캠핑의 모든 것이 전시되는 '캠핑관', 나만의 2011년 여행스케줄을 작성해 출력할 수 있는 '나만의 다이어리관' 등으로 구성되어 있다.

문화관광부 선정 대한민국 대표관광 으뜸명소로 지정된 수원시도 관광객 유치전에 뛰어들었다. 수원화성을 중심으로 펼쳐지는 '2011 상설문화관광 프로그램 및 관광자원'을 홍보해 국·내외 관광객을 유치하고 세계 속의 관광도시로서 위상을 높이고자 적극적인 홍보활동 현장을 보며, 수원시민이라는 것이 자랑스럽게 느껴졌다.

수원시 홍보부스를 방문한 관람객들에게 3D 수원화성(팔달문, 거중기)만들기 경진대회, 수원화성 뱀 주사위 만들기 놀이, 수원화성 이벤트 등을 펼치며 관광안내 홍보물 배포와 관광기념품을 전시, 판매하고 있다.

- 거중기 만들기 체험 "재미있고 신기해요"
- 지역 특산물을 구입할 수 있는 '특산물 판매전'

해마다 여행박람회를 찾고 있지만 올해 수원시 홍보부스는 더 많은 체험 행사에 아름답고, 화려하게 장식하고 관람객들을 맞이하고 있다. 관람객들이 직접체험해보는 체험행사에 참여하여 만족감을 보이고 있는 예비 관광객들에게 수원시가 자랑하고 있는 정조대왕, 혜경궁홍씨와 함께하는 포토이벤트나 무예24기 공연을 보여주면 수원시를 홍보하는데 더 많은 도움이 될 것이라는 생각이 들었다.[2]

---

2 박종일, "수원관광산업, 세계속에 우뚝 서다 '2011 내나라 여행박람회' 현장에서", e-수원뉴스, 2011.

(2) 미래의 여행상품

WTO는 2000년대는 자연·생태관광, 크루즈, 수상 스포츠, 남극이나 북극, 사막, 정글 등을 탐험하는 관광상품, 날씨에 구애받지 않는 테마파크 등이 인기를 끌 것으로 전망하고 있다. 그리고 21세기에는 최소한의 시간을 소비해 최대한의 스릴을 경험할 수 있는 상품이 인기를 끌 것이라고 예측하고 있다. 이들 상품들은 활동, 경험, 참가, 학습에 관련된 여행상품들로서 관광형태의 변화를 가져올 전망이다.

전문가들의 견해에 따르면 미래의 관광시장은 자연환경과 고유문화 등을 보전하면서 체험하는 대안관광, 모험추구형 관광, 문화체험형 관광, 테마관광, 크루즈관광 등을 들고 있다.

가. 완벽한 리조트형 관광지 상품의 선호

미래에는 시간이 없으나 돈이 많은 시대가 도래할 것이기에 주말이나 짧은 휴가기간을 이용해 여행을 떠나는 인구들이 증가할 것으로 예상된다. 이에 따라 일에 대한 스트레스에서 완전한 해방을 위해 완벽한 시설을 갖춘 휴양지 리조트들이 더욱 인기를 누릴 것으로 예상되며, 더 큰 관광시설물과 오락 및 쇼핑기회 등을 즐길 수 있는 유쾌한 환경을 선호하게 될 것이다.

나. 역사문화체험 관광상품의 선호

기존의 유럽과 중동, 브라질, 홍콩, 말레이시아, 필리핀, 한국, 싱가포르, 튜니지아 등의 신흥공업국가들이 새로운 목적지 상품으로 부상하게 될 것이다. 최근 전 세계적으로 문화관광을 즐기려는 여행자들이 급속히 증가하고 있으며, 소규모 수학여행집단에서 휴가여행자에 이르기까지 그 유형이 다양하게 나타나고 있다. 자유 시간을 영유하고 장기간에 걸쳐 한 가지를 습득하고자 하는 의지가 높아지면서 역사, 문화, 예술 등을 실제적으로 체험하고자 하는 관광형태가 커지고 있는 것이다.

다. 새롭고 이국적인 관광모험과 테마상품의 선호

환경의 보호와 보존에 대한 관심이 더욱 커짐에 따라 농업관광 등과 같은 생태관광이 인기를 누릴 것으로 예상되며, 지구상에서 가장 높은 곳과 가장 깊은 곳인 극지점 탐험 등을 위한 트레킹, 달나라 우주여행 등 모험상품이 인기를 누리게 될 것이다. 최근에는 젊은 층뿐만 아니라 50대 이상의 관광객들이 이러한 모험상품에 참여하고 있는데, 즐거움과 교육적 내용이 잘 조화된 단체관광상품을 이용하고 있다. 그리고 평범한 여행이 아닌 특별한 주제와 흥미거리를 가진 여행, 즉 이색적인 주제를 가진 관광지가 대중적인 휴가지로 급부상할 것으로 예상되는데, 세계 도처에서 새로운 주제공원들이 계속 개발되고 있는 추세이다.

라. 물과 관련되는 상품의 선호

관광산업에 가장 빠른 성장률을 보이고 있는 크루즈관광과 수상스키, 요팅, 서핑, 스킨스쿠버 등의 레포츠 및 해상공원(water park), 해중공원, 해양박물관 등의 상품이 인기를 누리게 될 것이다.

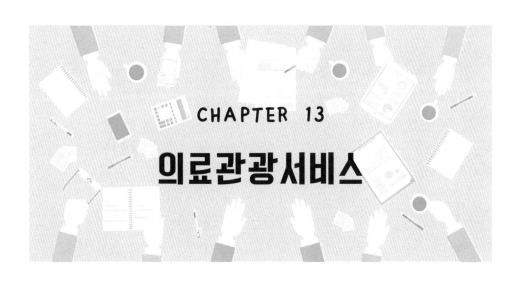

CHAPTER 13
의료관광서비스

2010년 한국에서 치료받은 의료관광객은 8만 5,000여명으로 의료관광 원년인 2007년의 1만 6,000명에 비해 5배나 급성장했다. 처음에는 쌍꺼풀수술 등 간단한 미용성형 의료관광이 주를 이뤘으나 이제는 암환자까지 의료관광의 지평이 넓어져 의료관광 수입도 급증하고 있다.

2009년 외국인 의료관광객 6만여 명이 지출한 순수 진료비는 547억 원으로, 1인 평균 94만 원 꼴이다. 환자와 동반가족 등이 관광에 별도로 지출한 비용 969억 원을 합치면 의료관광객으로 인한 수입은 1,516억 원에 이른다. 여기에 메디컬스파와 피부 관리 등 유사 의료관광객 40만 명을 포함하면 의료관광 수입은 7,253억 원이나 된다.

한국의 의료관광 경쟁력은 태국이나 싱가포르에 비해 우수하다는 평가다. 세계적으로 뛰어난 의술과 IT기술의 접목, 양방과 한방의 협진 등 한국만의 장점이 상당하다는 것이다. 관광공사는 해외의 고객을 대상으로 스마트폰 및 유무선 네트워크를 활용한 맞춤형 의료관광 홍보시스템을 구축하고, 원격진료상담서비스 구축 및 운영을 확대할 계획이다.

이를 위해 관광공사는 외국인관광객을 대상으로 한국 의료 서비스를 홍보하는 '의료관광 원스톱서비스센터'를 인천국제공항과 관광공사 안내센터, 부산 서면메디컬스트리트에 설치했다. 또 병의원의 의료관광코디네이터를 양성하고 다문화가정 우수인력을 의료관광코디네이터로 발굴하는 교육을 통해 의료 서비스와 수용여건을 개선하고 있다.

하지만 한국의 의료관광서비스 인프라는 아시아의 대표적 의료관광국인 태국이나 싱가포르에 비해 아직 갈 길이 멀다. 의료관광객의 특성상 병원과 가까운 호텔에서 장기체류를 해야 하나 숙박료 할인 등의 혜택이 전무한 형편이다.

아시아 최초로 JCI(국제의료기관평가위원회) 인증을 받은 태국 범룽랏병원은 환자의 절반이 외국인 의료관광객으로 병원 인근의 프라마 엑스클루시브 호텔 등과 네트워크가 구축돼 있다. 따라서 호텔 투숙객의 30~40%가 환자 가족이나 친구 등 의료관광객들인데, 이들은 2~3개의 객실에 최소 1주일 이상 투숙하는 경우가 많아 의료관광 수입에 큰 기여를 하고 있다. 한국도 종합병원 인근에 위치한 특급호텔이나 같은 건물에 입주한 전문병원과 호텔 간에는 네트워크를 구축하고 있다. 하지만 종합병원과 떨어져 있는 대다수 특급호텔은 진료시스템은 갖췄으나 네트워크가 구축이 안 되어 의료관광객이 거의 없는 실정이다.[1]

1. 의료관광의 특징

(1) 의료관광의 역사

의료관광의 개념이 대중화 된지는 얼마 되지 않았지만, 그 역사를 살펴보면 아주 오래 전으로 거슬러 올라간다. 기원전 3세기 고대 로마에 위치한 Cypurs와 Alexandria는 그리스인들이 가장 선호하는 의료관광지였다. 이 지역들은 당시 기후적인 조건과 정치적인 안정 또는 훌륭한 의료시설로 알려져 있었다. 또 19세기

---

1 박강섭, "의료관광 '한류 바람', '병원+특급 호텔' 복합 메디컬 리조트 만들어야", 국민일보, 2011.03.

고대 영국 남부에 살던 켈트족인 블리튼인들은 독일의 깨끗한 물을 경험하기 위해 독인 스파 리조트로 여행을 가곤 했다.

비록 당시 의료관광이 하나의 산업으로 인식되지는 않았지만, 특수한 목적을 가지고 있는 상류층 특수이익집단은 끊임없이 그들의 욕구를 충족시킬 수 있는 여행지를 선택하여 아름다운 자연경관을 감상함과 동시에, 의료 서비스를 받는 의료관광형태의 여행을 즐기곤 했다. 의료관광은 관광과 연계된 의료 서비스라는 의미로 의료여행(medical travel)이라고 정의하기도 한다. 이는 환자가 치료를 위해 자국의 의료시스템 대신에 국경을 넘어 해외에 가서 의료 서비스를 받는 모든 행위를 말한다.

의료관광(medical tourism)은 해외의료고객 유치방법 중 하나로서, 의료 서비스와 관광이 상호 복합된 퓨전분야이다. 의료관광은 의료 서비스와 휴양·레저·문화활동 등 관광활동이 결합된 새로운 관광형태로, 의료관광객은 의료와 관광이라는 두 가지 목적을 동시에 이루고자 관광을 하는 것이지만, 의료행위에 비중을 둔 치료목적의 관광형태로 해석하는 것이 적합하다. 예를 들면, 수술과 사파리관광 혹은 미용수술과 스파를 겸하는 것이다.

즉 의료관광은 의료에 관광을 접목한 것으로 환자가 진료·휴양과 관광활동을 병행하는 것뿐 아니라 의료기술이 뛰어나고 가격경쟁력이 있는 국가에서 진료받기 위해 여행가는 것까지 포함된다고 할 수 있다.

이처럼 의료관광은 국가적 관점에서 볼 때 고부가가치를 창출하며 고품격관광을 통한 고객만족을 창출할 수 있다는 점과 국제문화의 교류를 통한 국가의 이미지를 높일 수 있다는 점에서 국가적 전략산업으로 중시되어 의료관광의 잠재수요에 대비한 건강진단이나 치료 등 의료 서비스를 받는 동시에, 주변 관광지와 연계하여 여행·휴양·문화체험 등 특별한 경험을 통하여 건강과 삶의 보람을 찾을 수 있는 상품 개발에 노력을 기울여야 할 것이다.

(2) 의료관광의 정의

두 산업이 복합적으로 이루어진 의료관광은 의료 서비스를 받으면서 휴양·레

PART 5

저·문화 활동이 결합된 새로운 관광형태의 신개념이다. 성형·미용·건강검진 등 간단한 수술 등으로 찾는 환자의 경우 관광을 연계하여 수준 높은 자국의 의료기술과 서비스를 접목하여 관광상품화한 것이다.

표 13-1 의료 서비스와 의료 서비스 상품의 정의

의료 서비스 정의	• 판매를 목적으로 제공되거나 또는 상품판매와 연계해서 제공되는 제반 활동, 편익, 만족을 서비스라 함
의료 서비스 상품의 정의	• 시장에서 특정한 가격을 가지고 판매되는 무형의 상품을 서비스 상품이라고 함
제품과 상품의 차이점	• 제품: 자동차나 컴퓨터와 같이 기업에서 만들어 내는 제조품 자체, 즉 순수한 제공품 • 상품: 제품에 서비스가 포함되거나 서비스 자체만으로 구성된 판매품
다양한 서비스 형태	• 무상으로 제공 ex) 생맥주잔의 무료안주 • 타인을 위한 봉사 ex) 무료검진 서비스 • 병원 이용 시 제공되는 서비스 ex) 병원이나 고객응대서비스 • 고객응대자세나 태도 ex) 주차시설, 인테리어 등 각종 편의시설

자료: 이훈영, 「의료서비스 마케팅」, 청람, 2008.

의료시장에서 거래되는 모든 재화는 일종의 서비스 상품이다.

의료관광의 정의는 시간이 흐름에 따라 전진적으로 변하고 있다. 굿리치(Goodrich, 1993)는 "건강관리시설과 일반적인 관광시설을 결합한 시도"라고 설명하였으며, 라우(Laws, 1996)는 의료관광을 "건강상태를 개선시킬 목적으로 떠나는 레저행위"라고 정의를 내리고 있다. 하지만 최근에는 많은 해외환자들이 전문적인 치료를 저렴하게 받기 위해서 의료선진국과 의료관광을 중점적으로 유치하고 있는 태국·싱가포르·인도 등으로 이동하고 있다.

굽타(Gupta, 2004)에 따르면 의료관광은 수술과 기타 전문적인 치료를 원하는 환자들에게 관광산업과 결합하여 저렴한 비용으로 효과적인 의료 서비스를 제공하는 것으로 넓은 의미의 해석을 하고 있다.

최근 들어 의료관광이 많은 소비자들의 이목을 끄는 이유는 선진국들의 과다한 진료비로 인해 해외고객들이 생겨나며, 무엇보다도 의료산업이 평준화가 되어 의료사고나 부작용에 대한 불안감이 해소되고 있다는 점이다. 가장 큰 원인은 자국의 의료비 대비 저렴한 의료비가 가장 큰 강점이라고 할 수 있다.

관광산업이란 관광객에게 관광에 수반되는 재화나 서비스를 제공하는 여러 가지 영업의 총체를 말한다. 관광산업은 관광사업의 하위개념으로 관광사업의 주체로서의 의미를 지닌다. 관광사업은 공적인 관광사업과 사적인 관광사업으로 나뉘는데, 이 중에서 사적인 관광사업이 관광산업으로 인식되어지는 것이 일반적이다. 관광객의 이동에 대처하여 이를 수용하고 촉진하기 위해 이루어지는 모든 조직적 인간 활동을 이르며 숙박, 교통, 음식, 오락시설, 토산품판매장 등 타 산업에 비해 다양한 산업을 내포하는 복합 산업이다.

반면 의료산업이랑 고도의 의료기술을 사용하여 질병으로 고통 받고 있는 환자의 증세를 호전시켜 삶의 질을 향상시키는 일에 관여하는 모든 제반 산업을 이르는 말이다. 현대사회에서는 환자뿐만 아니라 그들의 보호자와 관련된 인적 서비스를 제공하는 산업을 함께 아울러 지칭하고 있다. 의료시설, 보험, 의료기기, 인적 자원 등의 결합을 통해서 고객에게 최선의 서비스를 제공하는 산업이다.

다시 말하면 세계적인 수준의 병원과 의사를 찾아 타국을 여행하면서 최고의 진료 서비스를 받으며 합리적인 가격으로 골프, 스파 등을 함께 체험하는 관광형태이다. 의료산업과 관광산업을 접목시킨 새로운 산업분야로서 현재 태국, 말레이시아, 싱가포르, 인도 등이 국가경쟁력 차원에서 적극 육성하여 고부가가치산업으로 자리매김하고 있다.

의료관광이 목적인 관광객은 장기간 숙박할 가능성이 크고, 환자에 대한 보호자의 동반가능성, 부모나 친지의 위문차 방문으로 이어져 환자 1인에 대한 높은 관광수입을 기대할 수 있다. 부수적으로 질병치료에 성공한 환자는 관광홍보차원의 가치를 지니고 있다. 의료업계는 고용창출을 기대할 수 있고, 관광산업의 입장에서도 부가가치가 큰 황금산업이라 할 수 있다.

뛰어난 의료진이 풍부한 반면, 의료비가 저렴한 인도의 경우 2004년 모두 15만 여명의 외국인이 치료를 위해 인도를 찾았으며, 의료관광을 목적으로 하는 관광객은 매년 15%씩 증가하는 추세이다. 태국의 경우 2003년에 약 30만 명(3억 달러 수입), 2004년의 경우 약 50만 명이 의료관광을 목적으로 방문한 것으로 집계되었다. 실제 태국은 성형외과 수술의 질이 상당히 떨어진다고 알려져 있음에도 불구하고 국가차원의 홍보로 많은 관광객을 끌어들이고 있다.

(3) 의료관광의 배경

가. 의료 서비스의 수요증가

향후 의료산업의 성장성이 크며, 의료 허브로의 육성이 필요하다. 고령화가 이미 진전된 선진국뿐만 아니라 고령화 추세에 접어든 개도국도 의료비 지출금액이 급속 증가추세에 있다. 국내 의료 서비스의 성장률을 OECD 국가 중 최고수준으로 이러한 양적 성장을 통해 국내 의료 서비스의 질적 성장도 앞당겨질 것으로 기대된다.

표 13-2 국민의료비 연평균성장률(1998~2002)   (단위: %)

미국	독일	영국	캐나다	프랑스	일본	한국
6.5	-1.3	5.0	4.8	0.4	2.4	15.8

자료: OECD Health Date.

나. 경쟁 개방 심화 및 환자의 국제이동 증가

무선통신기술의 발달로 u-Health Care 등 원격의료의 확대에 힘입어 국경간 진료가 가속화, 개방경제화, DDA협상에 따라 서비스 분야, 그 중에서도 의료시장 개방압력, 인력이동의 자유화, 아시아 국가들의 고소득층의 증가에 따른 의료관광수요 증가, 병원공급이 부족한 유럽권 및 중동권 환자들의 원 정치료 증가 등에 기인한 국제적인 환자이동의 증가를 발달배경으로 꼽을 수 있다.

2. 국내 의료관광 실태

우리나라의 의료관광 매출실적은 선진 국가들에 비하면 이제 시작단계에 불과하다. 한국관광공사 외래 관광객 실태조사(2005년)에 따르면, 외국인 관광객들의 방한기간 활동은 관광·오락(92.1%), 비즈니스 활동(44.4%)에 비해 건강·치료(9.1%)가 극히 저조한 것으로 나타났다. 2008년 서울 및 6대 광역시의 방한의료관광객이 700여명 수준에 불과했다.

국내에서 진행되고 있는 의료관광상품을 중심으로 한국의 의료관광의 수준을 알아보았다. 외국인을 대상으로 한방치료와 여행을 연계한 상품들이 있는데, 한방 진료 서비스와 관광이 결합된 프로그램을 개발하여 고부가가치를 창출하자는 취지에서 계획된 것이다.

한국보건산업진흥원·한국관광공사 등이 주도하고, 여행업계와 함께 패키지상품을 개발해 외국인관광객을 유치하며, 이들 한방병원의 마케팅활동을 지원하는 역할을 하고 있다.

(1) 한방병원 프로그램

경희의료원은 일본의 위성방송을 통해 드라마 '대장금'이 방영되자 외국인 한방체험 프로그램을 만들었다. 8개월만에 외국인 340여명이 다녀갔을 정도로 인기다. 경희의료원은 관광업체와 제휴해 '대장금 투어'에 참가한 단체관광객들을 한 달에 2~3번씩 맞고 있다. 경희의료원의 한방체험 프로그램 '외국인 한방 헬스투어'는 사상의학(四象醫學)에 관한 30분짜리 영상물을 감상하는 것을 시작으로 체질진단을 위한 설문지 작성, 한약제조과정 돌아보기, 검진, 체질설명, 의사 상담 등을 통해 각자 체질에 맞는 식단으로 짜인 점심식사를 하는 과정으로 이루어져 있다.

우석대학교 한방병원도 전북 전주시에 한방문화센터를 열어 한방체험 프로그램을 운영하고 있다. 체질검사, 족탕체험, 한방연고와 한방비누 만들기 등으로 짜인 프로그램에 일본은 물론 중국, 동남아 관광객이 한 달에 20~30명씩 찾고 있다.

(2) 꽃마을경주한방병원

꽃마을경주한방병원은 2001년 1월 보건복지부 산하 한국보건산업진흥원으로

PART 5

부터 보건관광 지정의료기관으로 지정을 받아 본격적인 헬스투어 프로그램을 개발하면서 국내외 관광객들을 경주로 유인하는 활동을 펼치기 시작했다.

선조들의 숨결이 스며 있는 경주를 관광하면서 건강 이상 여부의 검진과 한방치료를 받는다. 한방 헬스투어는 크게 직장인 프로그램, 가족 프로그램, 개인 등으로 나누어져 진행되고 있다.

체험자의 사정에 따라 2시간부터 3박 4일 프로그램까지 다양하게 구성되어 있는데, 주말을 이용해 가족들이 한방병원 온돌방에서 1박 2일 먹고 자면서 진단받고 관광을 하는 프로그램이 가장 인기 있는 기획으로 각광을 받고 있다. 1박 2일 프로그램은 다음과 같다.

- 1일 : 꽃마을경주한방병원도착 → 상담 후 건강진단 → 점심식사
  → 전통 한방치료 및 물리치료
- 2일 : 경주박물관·불국사 등 관광 → 무공해 한정식으로 저녁식사
  → 모닥 불놀이 → 병원에서 숙박
- 3일 : 아침식사 후 천마총 등 고적답사 → 점심식사 후 건강 상담
  → 귀가

헬스투어는 크게 영상물 감상, 생혈액 분석체험, 사상체질 및 경락기능검사, 아로마체험, 한의사 문진과 진맥 처방 등으로 진행된다.

(3) 제주 의료관광단지

제주 국제자유도시개발센터는 이미 2008년 4월 서울대병원 강남센터와 '제주 웰빙테마타운 조성사업'에 대한 업무제휴를 맺은데 이어 사업명칭을 '제주 헬스케어시티 조성사업'으로 바꾸고 기본계획안을 내놓았다.

개발 컨셉은 '웰니스 파크(Wellness Park)'이다. 즉 건강을 테마로 한 건강검진과 증진, 휴양·오락 기능이 결합된 의료 휴양단지이다.

제주특별자치도의 핵심 산업인 의료산업을 중심으로 관광(휴양)과 R&D가 연

결된 의료복합단지를 통해 제주를 동북아 의료관광의 중심지로 구축하겠다는 전략이다.

30만 평 부지에 건강검진센터 재활대체의료센터 헬스케어센터 웰니스아카데이 등 건강시설과 리조트형 스파시설, 워터파크, 빌라, 콘도 등 휴양시설, 라이딩파크(승마장), 생태공원, 허브 가든, 웰니스 푸드 코트 등 위락시설을 조성한다는 계획이다.

척추전문 우리들병원은 서귀포시 상효동 37만 평에 병원(100병상), 아트센터(300석), 골프장(18홀), 콘도미니엄 등을 가진 토탈 헬스케어 공간인 '우리들 웰니스리조트' 사업을 추진하고 있다.

천혜의 자연환경인 제주에서 의료와 관광을 접목시켜 고부가가치를 창출하는 '의료관광'으로 아시아의 의료 허브를 꿈꾸는 싱가포르, 태국, 인도 등에 제주가 동아시아 부유층을 타겟으로 도전장을 내민 것이다.

(4) 자연한방 테마파크

청정 제주와 한방이 만났다. 자연한방 테마파크는 여행과 치료를 한 번에 해결할 수 있는 장소이다. 이곳의 식단과 잠자리, 치료와 처방 등 모든 프로그램이 이원주 원장이 기초를 닦은 한방행동의학인 음양행법에 바탕을 두고 짜여진다.

이곳은 휴양 투어접수, 투어 서비스, 테라피 코스, 체험관광으로 이루어진다. 프로그램은 체질면역진단으로 시작하는데, 지문 스캔과 혈액·체성분 분석을 통해 체질과 몸의 균형 상태를 점검한다. 체질에 맞게 구성된 식단으로 식사를 하고 나면 오후에는 자유시간이다. 렌트카를 빌려 제주의 명소를 훑어도 좋고, 말이나 요트를 타거나 골프를 칠 수도 있다. 카운터에서 여행 코스에 대한 상담을 해 준다. 밤에는 요가와 특별히 개발한 운동기구를 이용한 체질운동법을 배운 뒤 진주 나노팩 서비스를 받고 호텔급 숙소에서 잠을 청한다.

PART 5

3. 국내 의료관광 활성화 단계

여러 가지 법률적 이유로 인하여 의료관광 발전에 제약이 많이 발생되고 있다. 현재 일부 여행사에서 기획·판매되는 상품은 의료 서비스 선진국인 태국처럼 전문적인 의료 서비스를 제공한다고 하기는 힘들다. 의약품에도 의사와 약사가 다룰 수 있는 전문의약품이 있고, 일반인도 쉽게 접할 수 있는 건강보조 의약품이 있듯이 아마도 후자 쪽에 가까운 관광상품들을 전자와 같은 것으로 오해를 불러일으키는 것이다. 의료관광업을 서비스 산업으로서 발전시키기 위해서는 해결되어야 할 일들이 많다.

(1) 환경조성단계

가. 의료 서비스 산업에 대한 인식의 전환

아직까지 국내 의료 서비스에 대한 인식은 공공재로서의 성격이 강하다. 사람의 목숨을 다루는 중요한 일이기 때문에 국가의 관리가 필요하다는 논리로서 당연시하게 받아들여지는 것이 사실이다. 하지만 의료업을 관광산업과 연계하여 하나의 서비스 산업으로 발전시키기 위해서는 인식의 변화가 필요하다.

태국의 경우는 이미 오래 전부터 의료복지를 민간에게 이양하려는 노력을 보였고, 하나의 서비스 산업으로서 인식되어 왔다. 따라서 자율경쟁 속에서 의료 서비스업의 질적 성장은 자연스럽게 이루어지고, 이는 전 세계인을 대상으로 판매할 만큼 경쟁력을 갖출 수 있는 요인으로 성장하였다. 국내 의료 서비스업이 관광과 연계되어 발전되기 위해서는 의료 서비스가 공공재가 아닌 재화로서의 인식의 전환이 필요하다.

나. 커뮤니티 형성

여러 측면에서 종합적으로 관찰하고 협력할 수 있는 조직설계가 필요하다. 또한 그 의사결정에는 여러 정부기관이 함께 참가하는 것도 중요하다. 원활한 의사소통을 위해 부처 간 업무를 초월하여 대신할 만한 조직의 중요성이 강조된다.

태국의 의료 서비스업이 경쟁력 있는 산업으로서 발전할 수 있었던 이유로는 정부조직과 민간조직의 유연한 협력 및 정보교환의 장을 제공하는 Thai Longstay Management Co. Ltd.가 중요한 역할을 담당하기 때문이다. 따라서 의료관광 서비스업의 발전을 위한 커뮤니티 형성에 도움이 되는 조직체계를 벤치마킹할 필요가 있다.

(2) 사업실행단계

가. 국제공인 의료 서비스 인증

현재 국내 의료 서비스의 수준은 미국의 76% 정도로 일본에 비해 이비인후과·진단방사선과·진단검사의학과 등이 경쟁력 있고, 유럽에 비해서는 피부과·치과 등이 앞서는 것 외에 여타 전문 과목은 아직 국제경쟁력이 미흡해 의료 서비스가 산업으로 발전하기 위해서 보완해야 할 점들이 많다.

그동안 의료 서비스를 공공재로서 국가차원에서 다뤄왔고, 의료법상 규제도 복잡해 의료 서비스가 산업화가 진행되기에는 어려웠기 때문이다. 결과적으로 국제적인 교류가 어려워졌고, 대다수의 의료기관이 해외관련 투자 정보에 어두워지는 악순환이 반복되었다. 지속적인 교류를 통한 의학기술력의 발전과 공신력 있는 국제 의료기관으로부터의 국제공인이 필요하다.

나. 홍보 마케팅

경제구조가 산업사회에서 서비스사회로 이전해 갈수록 서비스 제공자는 고객들에게 고품질의 서비스를 제공하기 위해 그들을 이해하고 세분화할 수 있는 방안을 강구하게 되었고, 경쟁이 치열해짐에 따라 그들을 홍보하는 수단을 강조하게 되었다. 의료 서비스업에서도 마찬가지로 우수한 기술력을 보유하고도 제대로 홍보가 이루어지지 않는다면 하나의 산업으로서 발전하기 어렵다.

이제는 의료 서비스업에서 시술에 대한 결과만 중시하는 의료 서비스는 경쟁력이 없다. 결과와 더불어 만족도, 친절도, 사후관리 서비스, 원활한 의사소통을 중요한 요소로 여긴다. 이러한 요소들을 포괄하여 손쉽게 각인시킬 수 있는 수단인 브랜드로 발전시켜야 한다. 적극적인 홍보 마케팅과 브랜드는 의료 서비스업 경쟁국과의 관계에서 우위를 점하기 위한 중요한 요소가 될 것이다.

다. 상품개발

제도적으로 의료행위의 알선이 어려운 현 상황에서 건강검진과 같은 가벼운 한방상품과 연계된 상품이 시장에 선을 보이고 있다. 이 중에서 몇 가지 상품들을 소개해 보고자 한다.

초락당은 한방 의료를 바탕으로 하여 실시되는 한방 헬스투어 전문의료기관으로서 2001년도 보건복지부 산하 한국보건산업진흥원 평가 'Health Tour to Korea'로 지정된 바 있다. 의식주, 의료, 휴식을 한 자리에서 체험할 수 있는 곳이고, 휴양과 치료를 병행하는 곳이다. 옛날 우리의 시골집과 같은 소박함과 자연친화적이고 전원적인 분위기는 환자의 치료율 향상에 도움을 주며, 정서적인 면도 배려한 진정한 휴식공간이다.

표 13-3 초락당 상품내용

일정 (1박 2일)	1일차	• 기초검진 • 체질과 몸상태에 따라 황토온열치료 • 물리·침구치료 • 약재목욕 • 한방증로차 시음 • 신석기시대 유적인 반구대 암각화(국보 제285호)
	2일차 (투어 위주)	• 천전리 각석(국보 제147호) • 식생활습관과 운동요법에 대한 강의 참석
비용		• 투어비용: 10만원 • 약재목욕: 2만원

구체적인 상품으로 포커스 투어에서 실제 상품으로 기획하고 판매한 상품이다. 경희대학교 한방병원과의 연계를 통한 이 상품의 경우, 경희대학교 한방병원의 적극적인 도움을 받아 일본인관광객의 유치를 성공시킬 수 있었으나, 홍보가

어려운 관계로 활성화되지는 못하고 있다.

이러한 상품들은 한국 의료관광상품의 조심스러운 발걸음을 내딛는 중요한 의미를 지니고 있지만, 외국인이 가장 많이 방문하는 서울과의 접근성이 떨어지는 문제가 있고, 포커스 투어의 상품의 경우에는 비디오 시청과 강의 등이 관광객들에게 다소 지루함을 줄 수도 있다.

이러한 단점을 보완하여 등장한 상품으로 '대장금 테마파크' 투어가 있다.

〈그림 13 - 1〉을 보면 2006년 상반기 '대장금 테마파크' 방문객 현황과 방문객의 국적을 알 수 있다. 4월이 가장 많은 방문자수를 보였고, 주로 대만 사람들이 많이 방문한다는 사실을 보여 준다. 이러한 상황 속에서 '대장금' 상품이 현재에어 마카오를 이용해 진행이 되고 있지만, 일정상 외국인들의 한방에 대한 호기심을 충족시키기보다는 한국의 전통관광으로만 그치는 아쉬운 점이 있었다.

그림 13-1 2006 대장금 테마파크 입장객 방문 현황

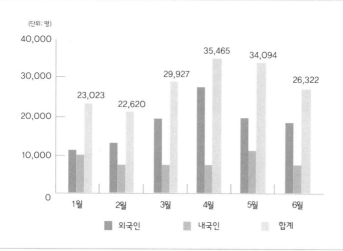

따라서 그 대안으로 한방병원과의 연계 및 약령시장 투어 등을 추가하고, 관광객들이 함께 체험해 볼 수 있는 침술과 뜸체험 프로그램을 추가하여 상품으로 기획하면 시너지효과가 발생할 것이다. 추가적으로 현재 진행되고 있는 투어일정 중 외국인들에게 선호도가 높은 동대문 야간 투어, 맥반석 찜질방 체험, 대장금

출연배우들과의 사진촬영 등을 병행한다면 상품성을 높이는 좋은 방법이 될 것이다.

라. 연관 산업 육성

① 템플 스테이 정의

한국 전통문화체험 프로그램의 하나인 '템플 스테이(temple stay)'는 "1,600여년에 이르는 한국불교의 역사문화적 유산을 정형화하여 내외국인에게 체험할 수 있도록 보편화한 프로그램으로서 한국 전통문화와 불교의 진면목을 알 수 있도록 하는 것"으로 정의할 수 있다. 2002년 한일 월드컵의 숙박난을 해결하기 위해 시작되어 월드컵 기간 중에 모두 26개국 991명의 외국인들이 한국 사찰에서 생활한 것으로 나타났으며, 월드컵 당시 많은 외국 언론의 호응에 따라 문화관광부는 템플 스테이를 관광 인프라 구축차원에서도 의미 있는 사업으로 평가하면서 월드컵 이후에도 계속 활성화되도록 대책을 마련하였다. 조계종 등 불교종단에서도 월드컵 기간 템플 스테이를 운영했던 33개 사찰이 아시안게임 기간에도 템플 스테이를 대대적으로 전개하기로 하는 등 지금까지 42개 사찰을 통해 다양한 프로그램을 전개하고 있다.

② 템플 스테이 이용 현황

2004년 36개의 사찰에서 36,902명이 참가하였으며, 2005년에는 55개 신청사찰 중 42개 사찰이 선정되어 운영되고 있다. 템플 스테이는 한국 고유문화상품으로 개발되어 참선예불체험, 연등 만들기, 탑돌이, 다도체험, 사물놀이 등 체험관광상품으로 활용되고, 전통사찰의 요사채를 템플 스테이 시설로 활용하여 전통문화체험의 장으로 활용할 수 있다.

낙산사의 경우 공양, 108배 등의 사찰문화와 해돋이, 바다 등 자연경관을 동시에 체험하는 템플 스테이를 운영하여 2004년 문화관광부가 발표한 '2004년 우수여행 인증상품'에 채택되었다.

템플 스테이 육성을 위하여 정부는 10억 원을 인력 양성, 홍보, 프로그램 운영 등에 사용하고, 관광진흥기금 15억 원은 숙박시설 등 개선지원에 사용할 것으로 계획되었다.

③ 템플 스테이 홍보방안

아직은 낮은 비율의 외국인 참여확대를 위한 계획은 다음과 같다.

- 영문 홈페이지 운영, 해외 웹 프로모션 강화
- 다국어 홍보물, 관광공사 등 관련기관과 유기적인 협조관계 유지
- 해외언론사, 관광공사 등 관련기관도 유기적인 협조관계에 유지
- 외국인 여행업자 및 오피니언 리더의 대상 팸투어
- 국제관광전 참가를 통한 현지홍보 강화

④ 템플 스테이 활성화 방안

한국관광공사가 해외홍보사이트 tour2korea.com을 통해 프랑스에서 실시한 설문조사결과, 참가자 총 2,299명 중 79%에 해당하는 1,821명이 한국을 방문할 경우 템플 스테이를 체험하고 싶다고 응답하였다. 공사에서 프랑스의 대형 여행사들을 상대로 템플 스테이를 비롯한 한국관광 팸투어를 실시하여 관련방한상품이 개발될 예정인 가운데 반드시 템플 스테이를 체험하겠다고 답한 이들도 51% (1,178명)에 달해 템플 스테이 관광상품의 경쟁력이 입증되었다. 한국방문 시 가장 선호하는 관광유형은 문화유적 답사(34%), 템플 스테이(23%), 한국음식(16.5%), 웰빙관광(13.5%)의 순으로 프랑스관광객들이 다양한 문화체험관광을 선호하는 것을 알 수 있으며, 해외 여행 목적지를 결정할 때에도 그 나라의 문화를 가장 고려한다고 응답한 사람이 34%(777명)로 가장 많았다.

이러한 분석을 통해 템플 스테이의 다양한 경쟁력을 분석할 수 있다. 템플 스테이는 경주 기림사·골굴사·안동 봉정사 등 사찰 이외에 다양한 문화유적 답사 인프라가 잘 구성되어 있으며, 절에 머무르는 동안 전통음식체험과 발우공양(한국 불교의 전통식사예법) 등 다양한 프로그램을 통한 웰빙관광으로서 다양한 욕구를 충족시킬 수 있다. 월정사(전나무숲길), 대흥사(차와 새벽숲길), 부석사(산과 바다의 조화), 마황사(갯벌체험) 등 사찰의 특성을 살린 독특한 프로그램 운영과 강화연등선원, 무상사·자광사와 같이 외국인스님이나 국제포교사 및 외국어를 잘하는 스님들이 상주한 절의 경우 외국인 유치에 효과적이다. 위와 같이 절의 특성을 살려 다양한 프로그램 접목과 함께 차별화를 시도하여야 한다.

PART 5

(3) 사업검토단계

사업검토단계는 환경조성부터 실제적인 사업실행단계인 상품개발까지 진행되었던 사업에 대하여 재검토하는 과정이라 할 수 있다. 이러한 과정이 지속적이고 반복적으로 이루어질수록 우수하고 경쟁력 있는 상품을 발굴해 나가기 위해 유리하다. 다양한 시도를 통해 경쟁력 있는 아이디어상품이 만들어질 수 있기 때문이다. 양적·질적 성장이 동시에 일어나는 데 반드시 필요한 과정이다.

앞서 구체적으로 언급하였듯이 한방의료관광 서비스 상품의 우수성과 우리 고유의 문화적 고유성이 나타날 수 있는 방향으로 상품개발이 이루어져야 한다. 태국의 사례를 보면, 의료관광 서비스와 스파·안마·허브와 같은 연관산업과 연계되어 태국 고유의 의료 서비스 브랜드로서 성공하였다는 점은 우리에게 좋은 교훈이 된다. 즉 의료관광 서비스 경쟁국과 경쟁에서도 차별성을 나타냄과 동시에, 고유의 색깔을 나타낼 수 있는 방향으로 나가야 한다.

한편 소프트 관광개발로 인식의 변화가 필요하다. 기반시설을 조성하는 하드웨어적 개발방식은 많은 재원을 필요로 한다. 만일 개발이 진행대로 이루어지지 않는다면 그만큼 막대한 비용손실을 감수해야 한다. 이러한 기반시설에 의존적인 관광개발정책은 지양되어야 한다. 효율적인 하드웨어적인 개발과 참신한 관광개발정책이나 프로그램과 같은 소프트 관광이 조화롭게 이루어질 수 있어야 한다. 의료관광 서비스업은 단순히 기반시설에 의존하기보다 다양한 콘텐츠 개발과 관광상품을 결합하면 시너지효과가 있기 때문이다.

4. 국내 의료관광 과제

(1) 영리법인화

의료기관에 대해 영리의료법인 허용을 검토하는 것이 필요하다. 의료법인의 배당 및 영리행위가 자유롭지 못한 상황에서는 대규모 국내자본의 유치에 한계가 있다. 현형 의료법은 영리 서비스를 금지하고 있기에 대통령 직속 의료산업선진화위원회에서는 영리의료법인 허용논의를 본격으로 진행 중이다.

예외적으로 제주도에서는 '제주특별자치도 설치 및 국제자유도시 조성을 위한 특별법'을 제정해 외국의 영리의료법인이 제주도에 종합병원, 치과병원, 요양병원을 만들어 내국인을 상대로 영업을 할 수 있도록 한다. 또한 외국면허의사가 직접 진료하며, 여행사와 보험사와 연계한 의료상품을 개발할 수 있도록 영리목적의 소개 알선도 허용했다. 원격의료특례도 인정하여 첨단정보통신기술로 먼 곳의 환자에게 의료 서비스를 제공한다.

(2) 홍보지원

의료 서비스의 질적 제고와 투자확대를 위해서는 국내 의료기관도 세계 의료시장에 적극적으로 진출하여 해외환자를 유치하려는 노력이 필요하다. 높은 임상기술과 특화된 서비스(성형, 피부과, 치과)를 바탕으로 한 홍보 전략이 필요하다. 태국 '범룽랏 병원'의 경우 세계 최초로 ISO 9001 및 아시아 최초로 미국병원인증(JCI)을 획득해 홍보마케팅에 적극 활용하였다.

(3) 영어구사능력

한류열풍으로 뜨거운 명동이나 강남의 일부 성형외과는 관련통역사를 기용하였다. 예로 한국관광통역연합회는 2009년 3월 12일부터 '메디컬투어 컨설턴트' 1기 양성을 위한 수강생 40명의 교육을 시작한다. 또한 처방, 투약 등에 영문표시를 필요로 하고 있다.

(4) 의료시설타운 건설

단순관광지로는 고부가가치적인 체류형 관광객을 끌어들일 수 있는 테마 관광여건이 미흡한 실정으로 제주도는 의료타운건설을 추진 중이다. 미국, 일본 등 세

계 주요국들은 의료산업육성을 위해 산업연관효과가 높은 의료 클러스터를 조성
하였다.

(5) 한류를 이용한 의료관광

건강·치료 목적의 방문객은 장기간 체류하고, 지출규모도 큰 것이 특징이다
(평균체재기간 11박으로 최장). 의료관광은 체재기간이 연장되고 관광숙박업과 기타
다른 관광업에서도 시너지효과, 고용창출, 수익증대 등을 통해 다양한 분야에서
긍정적으로 평가된다.

그러므로 성형－미용－음식/엔터테인먼트를 결합한 뷰티관광이나 전통문화
를 체험할 수 있는 한방관광상품화를 통해 다른 나라와의 차별화를 시도하고, 한
국의 문화체험에 관심이 깊은 장년층을 유치하기 위해 산사체험·고택체험 상품,
템플 스테이, 웰빙 등 오리엔탈 트렌드와 맞물려 최근 각광받고 있는 관광상품을
의료와 연계하는 매력창출이 필요하다.

(6) 목표시장별 특화의료 서비스

타겟시장별 접근은 크게 3가지 국가별로 구분한 접근과 온라인 및 중국 시장
을 겨냥한 비자관련상품 개발로 구분할 수 있다.

- 중국은 의료 서비스의 경우 고소득층의 수요가 미충족되고 있다. 중국은 고
  소득층 소비성향에 맞는 의료 분야가 유리하며, 건강검진부터 중증질환까지
  확대가능하다.
- 일본은 성형·건강검진 등 비급여분야를 우선 타겟으로 정해 진행하여야 한
  다. 미국(한인교포)은 사적 보험체계로 보험 미가입교포가 상당수 있으므로,
  보험상품의 개발도 검토하여야 한다.
- 기타 국내 의료관광 활성화를 위한 방안으로는 온라인 맞춤 서비스를 제공
  하여야 한다. 온라인을 통하여 상담, 진료 및 시술, 사후관리까지 맞춤 서비

스를 제공할 수 있도록 상품을 구성하여야 한다.

또한 의료관광 비자제도를 도입하여 중국인의 한국입국 시 개인 비자발급 간소화와 입국간소화 및 불법체류 방지방안을 동시에 마련하여야 한다. 그리고 의료사고를 대비해 보험상품 개발을 통해 신뢰성을 구축하여야 한다.

(7) 정부지원

싱가포르 정부는 민간의료기관에 대한 각종 규제들을 과감히 철폐하고 외국인 환자를 위한 One – stop 치료 시스템 구축, 각 나라에 환자의뢰협약을 맺는 네트워크병원 확대, 우수한 외국의료진 적극 영입, 의료기술 표준화와 진료비의 투명화, 불필요한 진료를 규제하는 내부감사체계 강화 등이 진행되고 있다.

싱가포르 관광청은 외국인환자를 유치하는 병원에 대한 지원을 확대하고 있고, 의료 시스템과 각 여행사를 연계한 '건강여행 패키지' 등의 상품개발을 지원하며, 관광청 홈페이지를 통해 각종 정보를 제공하고 있다. 심지어 병원의 직원들이 관광 가이드의 자격증을 취득하도록 하고 있다.

이러한 사례를 벤치마킹하여 경쟁력을 확보하여야 하며, 이 밖에도 치료 목적 방문 시 병원 서비스는 물론, 비자수속 지도, 숙박과 휴양 연계, 통역 등 원스톱 서비스가 가능할 수 있도록 상품개발부터 지원하는 서비스센터가 구축되어야 한다.

의료관광에 대한 발전 방안으로는 먼저 외국인 환자에 대한 법적 지원체계를 완비해야 하고 안정적인 제도화가 필요하다. 외국인 환자를 대상으로 미용이나 성형 서비스에 대한 부가세 환급제도를 도입하거나 공항·면세점 등에서 외국어 의료광고를 허용하여 의료관광을 제도화시켜야 한다. 또한 외국인 환자 유치 의료기관에 대한 평가를 통해 우수한 기관을 선정하여 지원을 해줌으로써 외국인 환자에 대한 서비스 질을 향상시켜야 한다.

두 번째로, 한국의료의 해외진출을 확대시켜야 한다. 외국인 환자를 유치하는 것을 넘어 지역별 맞춤형 전략을 통해 해외진출을 적극적으로 추진해야 한다. 예

PART 5

를 들어, 중남미 지역에 진출하기 위해서는 FTA 체결 효과를 최대한 활용해야 한
다. 공공병원을 건설하고, 병원정보 시스템을 구축하는 사업에 참여하여 희귀 의
약품에 대한 수출을 지원하여 의약품 공급 및 제약단지 건설에 참여해야 한다.

마지막으로 디지털헬스케어를 해외에 진출시켜야 한다. 디지털헬스케어의 신
규 진출을 위해서 시장 조사와 모델 설계를 통해 진출 지역 확대에 대한 기반을
마련해야 한다. 또한 현지조사 연구에서 도출된 원격의료 모델을 해외에 시범적용
하여, 진출한 모델의 타당성과 확장가능성을 검증시켜야 한다. 원격의료에 대한
발전방향으로는 첫 번째로 국민이 체감할 수 있도록 원격의료의 참여기관과 참여
인원을 확산시켜야 한다. 특히, 농어촌이나 특수지 같은 취약지를 중심으로 원격
의료 서비스를 확대시키는 것이 중요하다. 또한 국민생활을 중심으로 중소기업 근
로자에게는 맞춤형 건강관리 서비스를 제공하고, 만성질환자에게는 원격의료를
통해 만성질환을 관리할 수 있는 서비스를 제공해야 한다.

CHAPTER 14
호텔항공서비스

1. 호텔산업

관광객이 늘어남에 따라 숙박시설이 필요함에도 불구하고 현재 우리나라의 호텔산업은 수도권 상위급 호텔을 제외하고는 거의 모든 업체가 극심한 경영난에 허덕이고 있다. 지방 호텔들이 이처럼 고전을 면치 못하고 있는 것은 IMF로 인한 영업부진이 큰 원인이겠지만, 무엇보다 과거 정부에서 관광을 소비성 서비스업으로 묶고, 각종 규제를 강화하는 한편 정부의 육성책이나 지원이 줄었기 때문으로 분석된다.

또한 객실비용에 있어서 한국 호텔의 문제는 등급 간의 지나친 불균형에 있으며 이에 따른 문제점의 정도를 조사하기 위하여 관광선진국의 등급별 분포와 한국의 호텔등급별 실태를 비교하여야 할 것이다. 사실 한국의 관광숙박 정책은 대형화, 고급화를 지향하였다. 지난 30여년 간 숙박산업의 육성정책이 고급화와 대형화만을 지향한 결과 현재 우리나라 관광호텔 등급별 불균형의 문제가 우려의 수준을 넘어 위험한 수위에 이른 것은 주지의 사실이다.

우리나라의 고급호텔에 해당하는 4성(Four Star)급 호텔의 보유객실수가 전체의 6.3%에 지나지 않는다. 반면 우리나라 전국 474개 호텔의 보유 객실 51,000실 중 50.1%가 무궁화 5개 이상의 특급호텔이다. 프랑스에 비해 무려 800%나 특급 일변도에 치우쳐 있는 상황이다.

(1) 호텔의 어원

호텔의 어원은 여행자 나그네 타향인 손님들을 접대하는 주인을 의미하는 라틴어 Hospes, '융숭한 대접', '후대한다'는 의미의 이 단어는 병원이라는 의미의 Hospital과 Hostel로 사용되어지다 근대 이후에 Hotel로 정착되어 사용되고 있다.

호텔의 원시적인 형태로 보이는 Hospital은 현대에서는 병원이라는 의미로 사용되어지고 있지만, 옛날에는 여행하는 사람들의 간이숙박장소였다. 결국 노인이나 병자, 고아 등의 시설로서의 의미가 오늘날의 병원으로 발전된 것으로 보인다.

이와 같이 Hospital은 두 가지의 성격이 있는데, 하나는 여행객을 편하게 쉬게 하는 장소였으며, 다른 하나는 부상자나 병자를 숙박시키면서 간호하는 시설이었다. 이와 같은 내용에 있어 전자의 경우는 그 성격이 발전하여 Hostel을 거쳐 Hotel로 변하였고, 후자의 성격은 오늘날의 병원으로 발전된 것으로 보여진다.

(2) 호텔의 정의

웹스터사전에 의하면, 호텔은 "여행자를 위한 숙박과 휴식의 장소"라고 정의되고 있으며, 옥스퍼드사전에서는 "여행자를 위하여 객실과 식사를 제공하는 건물"이라고 정의하고 있다. 또한 관광사전에서는 "여행객이나 체재객들에게 빌려줄 목적으로 숙박시설을 제공하는 장소"라고 정의하고 있다. 이와 같이 과거 호텔의 개념은 집을 떠나 여행을 하는 여행객에게 인간의 기본적인 욕구충족을 해 주는 것을 목적으로 숙박과 식사를 제공하고 생명과 재산을 보호하는 등의 장소적인 기능을 부각하여 정의되었다.

표 14-1 아시아지역 국가별 호텔(업)의 정의

국가	정의
한국 (관광진흥법)	관광객의 숙박에 적합한 시설을 갖추어 이를 관광객에게 제공하거나 숙박에 딸리는 음식·오락·휴양·공연 또는 연수에 적합한 시설 등을 함께 갖추어 이를 이용하는 업
일본 (국제관광호텔정비법)	호텔이란 외래객의 숙박에 적합한 양식구조 및 설비를 가지고 지어진 시설을 말하며, 호텔업이라 함은 호텔에 의하여 사람으로 하여금 숙박 및 식음료를 제공하는 영업
싱가포르 (관광진흥조세징수법)	관광호텔이라 함은 장관이 관청에 기재함으로써 관광호텔로 선언한 호텔법 규정상 호텔로 등록된 구역 내를 말한다.
중국 (관광방전조례)	관광호텔업이란 관광호텔을 경영함에 있어서 관광객을 접대하고 숙박 및 서비스를 제공하는 사업을 말한다.

그러나 후기 산업사회에 들어오면서 소득의 증가 및 가치관의 변화로 인하여 호텔의 개념도 변화하고 있다. 호텔의 정의 역시 여가, 오락, 휴식, 문화, 건강 등의 다양한 영역을 흡수하였으며, 관광객의 숙식제공기능에서 더 나아가 주민에게까지 봉사하는 공공기관의 성격까지 가지게 되었다. 오늘날의 호텔은 어떤 정해진 특정한 계층을 고객으로 하는 것이 아니라 불특정 다수의 일반대중을 대상으로 하는 하나의 복합적인 사업체 성격을 가지는 기업으로 변모하고 있다.

런드버그는 호텔을 "여행객이나 지역사회의 이용자들에게 숙박·식음료·회의·오락 등의 문화시설과 서비스를 상품으로 제공하는 복합적 서비스 기업"이라고 정의하였다.

쿤즈는 "여행객의 다양한 욕구에 부응하기 위하여 여행객이 요구하는 조건이나 설비·인테리어·건물 등의 환대시설을 갖춘 숙박업"으로 정의하고 있다,

관광용어사전에 의하면 호텔은 "일정한 지급능력이 있는 사람에게 객실과 식음료를 제공할 수 있는 시설을 갖추고 예의 바른 종사원이 조직적으로 서비스를 제공하여 그 대가로 요금을 받는 사업체"라고 하였다.

즉 현대의 호텔은 숙식 및 기타 부대시설을 갖추고, 무형의 인적 서비스가 부가되며, 일반인에게 사회의 공익개념을 가지고 상품을 판매하는 곳으로서, 과거의 개념과는 달리 휴식과 오락은 물론, 여가와 문화생활 및 사업 활동까지 제공되어지는 장소이며, 영리를 목적으로 하는 기업체라는 특징을 가지고 있음을 알 수 있다.

이와 같은 특징에 따라 호텔을 정의한다면, "경제적으로 지불능력이 있는 불특정고객에게 숙박과 식사를 비롯한 휴식과 오락을 즐길 수 있는 제반을 갖추고 고객만족을 위한 부가적인 무형적인 서비스를 세련된 종업원을 통하여 제공하고 그 대가를 받아 경영이 이익을 추구하는 기업"이라고 할 수 있다.

(3) 호텔의 기능

가. 전통적 개념의 호텔기능

- 숙박기능
- 식음료 제공기능
- 안전기능

나. 현대적 개념의 호텔기능

현대적 개념의 호텔기능은 전통적 기능을 포함하고 있으며, 이용객의 국제화·대중화·다양화에 따라 다음과 같이 다양한 영역으로 그 기능이 확장되고 있다. 따라서 현대의 호텔은 이제 단순한 개인들을 위한 가사(家事)적인 공간이 아니라 해당 국가 또는 지역사회의 경제·문화·예술 및 커뮤니케이션의 활용공간으로서 공공의 기능을 지니고 있다.

- 오락여가기능: 여가활용공간, 나이트클럽, 전자오락실, 게임룸, 바 등
- 사교·집회·문화장소기능: 사교공간 활용, 연회행사, 문화행사, 회의, 컨벤션행사 등
- 레져·스포렉스기능: 수영장, 볼링장, 골프장, 탁구장, 당구장, 스쿼시, 볼링장 등
- 건강·헬스관리기능: 사우나, 에어로빅, 헬스, 미용실, 마사지실 등
- 쇼핑센터기능: 면세점, 의상실, 기념품점, 베이커리 등
- 비즈니스센터기능: 전화수신대행, 사무실 비서대행, 팩스·복사·프린터 활용, 소회의실 사용
- 정보제공: 관광안내, 시내안내, 행사안내 등

(4) 호텔의 분류

가. 입지조건에 의한 분류

① 도시호텔

도시중심지에 위치한 호텔이다. City Hotel과 같은 개념이며, 비즈니스와 관련된 고객들이 주로 이용하는 호텔이다.

② 도심지호텔(Metropolitan Hotel)

대도시에 대규모 객실을 보유하고 있는 호텔을 말한다. 컨벤션센터 등의 대규모 시설을 갖추고 있으며, 비즈니스와 관련된 모든 편의시설 설비 서비스가 완비되어 있다.

③ 지방호텔(Country Hotel)

지방 소도시 또는 외곽에 위치하고 있는 호텔로서 지역특색에 어울리는 특이한 시설과 서비스를 구비하고 있으며, 지역을 방문하는 고객 또는 관광객들이 주로 이용한다.

④ 교외호텔(Suburban Hotel)

다운타운호텔과는 달리 도시주변의 한가한 교외에 위치한 호텔이다. 교외호텔은 비교적 넓은 주차장을 확보하고 있으며, 공기가 맑고 경치가 좋은 곳에 위치하기 때문에 오너드라이브 여행객들이 편리하게 이용할 수 있다.

⑤ 공항호텔(Airport Hotel)

공항 부근에 건설된 호텔이며, 항공기의 승무원 및 항공여객들이 주로 이용한다. 인천공항에는 공항 내에도 호텔이 있다.

이 밖에도 항구호텔·기차역호텔·터미널호텔·고속도로호텔 등이 있다.

나. 숙박목적에 의한 분류

① 상용호텔(Commercial Hotel)

비즈니스호텔이라고도 하며, 주로 도시중심가 또는 상업지역에 위치한 호텔로서 비즈니스와 관련된 고객들이 주로 이용한다. 객실에는 비즈니스에 편리하도록

PART 5

인터넷망이 연결되어 있고, 비즈니스센터에서는 팩스, 복사기, 컴퓨터, 프린터기 등의 사무기기를 갖추었고 이를 활용해 회사 밖에서도 회사업무를 처리할 수 있도록 해준다.

② 국제회의중심호텔(Conventional Hotel)

대규모 국제회의를 유치하기 위한 목적으로 지어진 호텔로서 회의에 참석하기 위해 투숙하는 고객들을 충분히 수용할 수 있는 객실을 갖추고 있다. 컨벤션센터에는 대회의장과 주차장을 완비하고 있음은 물론, 동시통역시설, 전시시설 등을 갖추고 있다.

③ 휴양지호텔(Resort Hotel)

관광명소와 휴양지 등에 건립되어 있으며, 주로 관광이나 휴양을 즐기기 위한 여행객들을 대상으로 운영된다. 리조트호텔은 대부분의 고객들이 관광과 휴양을 목적으로 찾아오는 호텔로 수영장, 테니스장, 스키장, 골프장, 눈썰매장, 온천탕 등의 부대시설을 갖추고 있다. 또한 관광명소 및 휴양지의 특성에 따라 특화된 부대시설도 갖추게 된다.

④ 주거형 호텔(Apartment Hotel)

주로 장기체류객들이 이용하는 호텔이다. 6개월 이상의 장기출장고객, 전문적 독신자, 정년퇴직노인 등이 편리하게 이용할 수 있도록 자취시설을 갖추고 있다. 일반 주거형 아파트와 비슷한 형태의 호텔이다.

다. 숙박기간에 의한 분류

① 단기체재호텔(Trasient Hotel)

주로 단기간 체재하는 고객들이 이용하는 호텔이다. 대부분의 호텔들은 단기체재호텔이다.

② 장기체재호텔(Residential Hotel)

1~6개월까지의 장기간 이용하는 호텔이다. 장기투숙객들이 체재하기 편리하도록 주방 및 세탁시설을 갖추고 있으며, 응접실과 침실도 구분되어 있다. 장기출장자나 엔지니어들의 파견 근무 시 주로 이용된다.

③ 주거형 호텔(Apartment Hotel)

아파트형식의 주거형 호텔로 생활에 필요한 취사시설은 물론, 가구들까지 모두 갖추고 있다. 6개월 이상 장기간 체재하는 고객들이 주로 이용하는 호텔을 지칭한다.

(5) 호텔기업의 특성

가. 경영상의 특성

① 인적 서비스의 의존성

호텔의 상품은 물적 서비스와 무형 서비스가 조화를 이루어 완성된다. 아무리 객실의 분위기나 레스토랑의 분위기와 음식 맛이 좋다고 해도 호텔리어의 정성어린 서비스가 동반되지 않으면 호텔상품은 그 가치를 잃고 만다. 호텔은 점차 까다로워지고 다양해지는 고객들을 대상으로 고객만족 서비스라는 기업목표를 달성해야 한다는 측면에서 절대적으로 인적 서비스에 의존할 수밖에 없다. 또한 물리적 환경은 각 호텔 간 편차가 거의 없기 때문에 고객들은 질 높은 인적 서비스에 더 가치를 두게 된다.

또한 호텔기업은 다양한 고객들을 대상으로 양질의 서비스와 높은 만족감을 이끌어내는 데 있어 물적 서비스와 같은 서비스의 기계화나 자동화는 경영합리화의 입장에서 제약을 받게 되고, 인적 자원인 종사자에 대한 의존도가 자연히 높아지는 것이다.

그러므로 포시즌 호텔 같은 경우, "서비스 문화 표준"이란 것을 정하여 다음과 같은 사항을 종업원에게 교육시키고 있다.

- 미소(Smile): 능동적으로 고객을 환영하고, 미소 지으며 친절한 태도로 명확히 말한다.
- 눈(Eye): 고객이 그냥 지나갈 때에도 눈인사를 해야 한다.
- 인지(Recognition): 고객의 이름을 알고 있을 때 안다는 것을 고객에게 보여줘야 한다.

PART 5

- 음성(Voice): 손님에게 세심하고 자연스러우며 예의바른 태도로 겸손하고 명확히 고객에게 말해야 한다.
- 정통한(Informed): 모든 접점직원은 호텔과 상품에 대해 잘 알고 있어야 하며, 고객의 요청에 응답해야 하며, 다른 장소에서 고객들과 관련된 것을 말해서는 안 된다.
- 청결함(Clean): 직원은 항상 청결하고, 동작이 힘차야 하고(crisp), 복장이 깔끔해야 하고(well-groomed), 적절한 차림(well-fitted)이어야 한다.
- 누구나(Everyone): 누구나, 어느 곳에서나, 언제나 고객을 보살펴야 한다.

② 최초 투자비의 효율성

호텔업은 호텔시설 자체가 하나의 제품으로 판매되어진다. 토지의 확보, 호텔건물, 내부시설의 설비 · 비품 · 집기 등을 완전히 갖추어 놓아야만 호텔상품으로서의 상품가치를 지니게 된다. 호텔건설 시 무엇보다도 위치의 선정이 가장 중요하며, 최초투자총액에 대한 토지와 건물의 자금이 가장 큰 것이 특징이다. 일반적인 평균치는 토지가 30%, 건물이 50%, 가구와 설비가 20%이며, 어느 산업시설에 비해 일시적인 최초의 투자(initial investment)가 막대하다.

③ 시설의 조기 노후화

호텔시설은 상품 자체가 건물과 설비로 이루어져 있으므로 이를 이용하는 고객들에 의해 쉽게 그리고 빨리 훼손되거나 파손되기도 하며, 유행의 회전속도가 빠르므로 쉽게 시설의 노후화가 온다. 결과적으로 상품의 경제적 효용가치가 가속하여 상실된다.

일반적으로 호텔건물의 수익성이 가능시되는 사용년한은 20~30년으로 보고 있으며, 호텔건물의 내수 연수는 40년 전후로 보고 있어 시설의 빠른 진부화가 이루어짐을 알 수 있다. 프랑스에 있어서 1880년도에도 호화호텔로 등장했던 리타호텔(Rita Hotel)도 불과 40년도 못되어 하급호텔로 전락했고, 국내호텔에 있어서도 1936년 당시 호화호텔로 건립된 반도호텔 9층, 111실도 40년이 못되어 헐리고말았다. 그러나 실제적으로 이보다 더 심하게 시설의 노후화가 빠르게 진행된다. 주요 이유로는 고객의 만족도가 다양해지고 호텔 간의 시설경쟁이 심화되어 호텔시설이 곧 그 호텔의 상품가치를 판단하는 기준으로 적용되기 때문이다.

④ 고정경비의 과대지출

호텔기업은 타 업종에 비해 대규모의 자본을 투자하는 반면, 투자 자본은 결국 매출에 의해 회수될 수밖에 없으므로 매출은 극대화하고 지출경비를 줄이는 것이 바람직한 경영일 것이다. 기업을 성공적으로 운영하려면 모든 지출을 억제해야 되는데, 호텔기업은 고정경비인 인건비, 각종 시설관리 유지비, 감가상각비, 급식비, 세금 및 수선비, 체인호텔의 경우 로열티(royalty) 지급 등 고정 지출이 과다하여 호텔운영에 압박을 받게 된다. 특히 지출비용 중 인건비가 30% 이상을 점유하고 있어 원가계산에 상당한 압력을 받게 된다.

이미 호텔은 연중무휴 영업으로 종사원의 급식비, 수도광열비 및 감가상각비 지출이 크게 증가하고 있는 실정이다. 따라서 대다수의 호텔들은 영업이익이 단기간에 일시적으로 신장되지 않으므로 고정경비의 억제를 통해 경영내실을 꾀하고 있다.

⑤ 입체적 협동 서비스체제

호텔의 상품은 특정 호텔리어 한 명의 서비스로는 완성될 수 없다. 호텔의 상품은 각 영업부서뿐만 아니라 후방지원부서까지도 모두 입체적 협동 서비스를 통해 완성된다. 그러므로 호텔기업은 각 조직 내의 부서별 그리고 각 직무별 협력과 통합·조정이 긴밀하게 이루어져야 한다. 또 개인이나 부서 간 협력의 필요성이 강조되는 것은 여러 요소의 중요성을 감안할 때, 고객에 대한 측면뿐만 아니라 호텔리어에게도 불가피한 것이며, 이러한 직무를 수행함으로써 조직의 목표인 이윤의 추구와 기업의 발전을 도모할 수 있는 것이다.

⑥ 연중무휴 영업

호텔은 1일 24시간의 생활기능을 상품으로 판매하고 있다. 호텔은 언제든지 고객이 투숙하거나 영업시설을 이용하고 있을 때에는 고객의 생명과 재산을 보호해야 함을 물론, 서비스를 제공해야만 한다. 호텔의 고객은 집을 떠나 휴식을 즐기고자 하는 사람들이다. 이러한 고객들을 위해 만족된 서비스를 제공해야 하는 호텔리어들은 남다른 특별한 사명감과 자부심이 요구된다.

또한 연중 휴업 없이 계속적으로 영업해야 하므로 호텔기업측면에서는 종사원

PART 5

의 야간수당·휴일수당·초과수당 등 인건비의 부담이 증가될 뿐만 아니라 종사원의 입장에서도 불규칙적인 교대근무·주말근무·공휴일근무 등 근무조건이 타 기업에 비해 불리하다.

연중무휴의 영업을 통해 매출발생기회가 높은 것은 하나의 장점이지만, 호텔시설물의 노후화측면에서는 또 다른 단점으로 작용할 수 있다.

⑦ 성수기·비수기가 대조

한국은 사계절이 뚜렷하게 구별되는 특성으로 인하여 호텔산업의 판매성향은 성수기와 비수기가 명확하게 구분된다. 즉 호텔 서비스는 계절과 요일 및 하루 중의 시간에 따라 수요의 변화가 크기 때문에 성수기와 비수기에 따라 수요를 평준화하고 촉진시키는 방법으로 차등요금을 적용시키거나 동시화 마케팅을 적용해야 한다. 특히 휴양지 호텔(resort hotel)의 경우 성수기와 비수기의 격차가 매우 심해 이와 같은 계절적 영향을 해소시키기 위한 마케팅활용이 많이 요구된다.

⑧ 입지조건 의존성

호텔상품은 고정된 장소에서 고객을 유인해야 하므로 입지조건에 대한 의존성이 매우 크다. 따라서 입지조건에 따라 호텔상품의 구성이나 생산성 등이 달라야 하며, 입지조건이 좋은 호텔들의 경우 후발경쟁업체의 진입을 억제하는 효과를 갖게 된다.

그러나 최근 전통적인 호텔입지인 도심의 지가상승·교통난·환경문제 등으로 매력을 잃기 시작하자 새로운 입지기준에 따른 조건을 만족시키는 것도 호텔경영의 중요과제로 대두되고 있다. 즉 쾌적한 환경중심의 입지조건, 지하철 역세권과 연계된 입지조건, 주차 및 교통 여건이 좋은 입지조건 등의 새로운 경향의 입지조건을 만족시키는 것이 중요한 요소로 등장한 것이다.

⑨ 기능의 다양성

경제의 발전과 소득수준의 향상, 교육수준과 사회환경의 변화, 관광여행의 대중화에 따라 고객의 욕구가 다양해지고 있다. 호텔기업경영도 이와 같은 변화추세에 맞추기 위해 다원적이며 복합적으로 운영되어야 한다. 객실·식음료·부대영업 등에 대한 경영관리기법도 변화되어야 한다. 즉 고객의 다양한 욕구를 충족시켜 주기 위해서는 호텔의 기본적인 기능 외에 문화 서비스, 유통 서비스, 건강관리

서비스, 정보교환 서비스, 여가활용 서비스, 스포츠 공간제공 서비스 등의 기능으로 다원화되어야만 한다.

나. 호텔상품상의 특성

① 무형성

호텔의 인적 서비스는 그 자체가 무형체로서 일반제품과 같이 윤곽이 뚜렷하지 않기 때문에 관리자의 주관이나 서비스 제공자의 융통성이 개입될 가능성이 많다. 호텔의 인적 서비스에 대한 고객의 평가는 종사원이 고객을 영접할 때부터 환송할 때까지의 전체 과정에서 이루어지므로, 서비스 제공자나 서비스기관의 명성이 고객의 서비스 지각에 큰 영향을 미칠 수 있다.

그러나 무형성을 지닌 인적 서비스는 상품의 가치를 결정짓는데 가장 중요한 역할을 하는 반면에, 일반생산 서비스와는 달리 '기계화 또는 자동화가 곤란하다'는 점에서 경영의 효율성을 증대시키는 데 한계점을 갖고 있다.

② 비저장성

고객의 주문에 의하여 생산이 되고, 판매시간 및 공간이 제한되며, 무형성이라는 본질적인 특성 때문에 당일에 판매되지 못한 상품은 일반 상품과 같은 재고상품으로서의 저장이 불가능하다.

③ 노동집약적

호텔 서비스는 인적 서비스 의존도가 높은 노동집약적인 서비스 산업의 하나로 서비스 품질은 서비스 제공자에 의하여 크게 좌우된다. 또한 생산 과정의 잠재적 변동성이 많아 서비스 생산의 일관성 유지가 어려우며, 동일한 서비스 품질의 유지가 곤란하다. 즉 호텔 서비스는 호텔의 입지조건, 등급, 시설, 경영형태와 성격, 소유형태, 서비스 제공자의 서비스 제공능력 등에 따라 각기 다른 형태로 고객에게 지각될 수 있기 때문에 호텔 서비스의 제품생산과 같이 규격화·표준화·단순화하는 데 한계가 있다는 점이다.

④ 품질측정의 곤란

호텔 서비스는 서비스 제공자로부터 서비스를 제공받기 전에는 물적 재화처럼 그 품질을 측정하기가 매우 곤란하다. 또한 동일한 서비스 제공자에 의해 생산되

PART 5

는 동일한 서비스 내용도 품질표준의 일관성이 유지되기 어렵고, 동일한 고객에게 똑같은 내용의 서비스가 제공된다고 할지라도 제공시점에 따라 고객은 자신의 주관적인 기준에 따라 서비스를 지각하기 때문에 서비스의 평가는 다르게 나타날 수 있다. 따라서 호텔 서비스를 계량적으로 측정한다는 것은 매우 어려운 일이다.

⑤ 비이동성

호텔이 제공하는 주된 상품인 객실과 식음료 및 그 밖에 시설을 통한 서비스는 고객이 반드시 호텔이 있는 곳으로 이동해 올 때만이 거래가 성립된다. 그레이(Gray, 1983)는 서비스의 기능적 측면에 관한 분류에서 특정장소지향적 성격이 강한 서비스는 관광(호텔) 서비스가 가장 대표적이라고 하였다.

⑥ 생산과 소비의 동시성

호텔 서비스는 고객이 생산현장인 호텔에 와서 직접 주문을 하면 그 주문에 의해 생산이 되고, 생산현장에서 즉시 소비가 이루어지는 상품이다. 따라서 호텔 서비스는 주문 상품이 제공될 때까지의 소요기간이 적절하고 일관성 있게 유지·관리되어야 한다. 만약 고객 자신이 정서적·주관적 판단의 기준에 따라 지각하는 시간 이상을 경과하여 서비스가 제공되면 호텔 서비스는 불만족스러운 것으로 인식될 수 있다. 또한 생산과 소비의 동시성으로 서비스 제공자와 고객이 함께 서비스 과정에 참여하는 상호작용에 의하여 서비스의 생산과 소비가 이루어진다. 따라서 고객이 서비스 과정에 참여하여 만족을 갖도록 하기 위해서는 서비스 제공자, 상품, 시설, 시간, 공간 내의 다른 고객 등과 같이 제반 환경이 고객지향적 관점에서 관리되고 운영되어야 한다.

⑦ 시간·공간의 제약

호텔의 객실이나 레스토랑의 테이블과 좌석 및 부대영업시설 등은 시간이 경과하면 그 경제적 가치를 상실하게 된다. 또한 수용객수를 초과하여 판매할 수도 없다. 즉 시간과 공간의 활용에 제약요소가 많다는 특징이 있다. 성수기에는 성수기 수요를 공간적 제약에 의거하여 전부 판매로 연결할 수 없으며, 반대로 비수기나 Close Time에 맞도록 공급량을 조절하기도 쉽지 않다.

즉 호텔상품은 시간과 공간에 의해 제약을 받고 있으므로 이를 조절하는 예약기법을 최대한 활용하는 마케팅노력이 요구된다. 따라서 당일 판매하지 못한 상품을 저장하거나 다른 장소로 옮겨 판매할 수도 없고, 식음료의 판매 또한 고객의 주문에 의해 생산·판매되는 특성이 있기 때문에 호텔상품은 시간적·공간적·양적 제약을 갖고 있다고 말할 수 있다.

(6) 호텔기업의 경영형태

가. 단독경영 호텔(Independent Management Hotel)

20세기 초의 스타틀러호텔 탄생까지는 세계의 모든 호텔들이 개인소유로 운영되는 개별경영형태의 호텔이었다. 국내의 대부분의 호텔들도 개인소유주나 주식회사의 대표가 타인의 간섭 없이 총지배인을 고용하여 경영하는 영업방식을 취하고 있다. 국내의 직영호텔은 신라호텔·아미가 임페리얼 팰리스 호텔·롯데호텔·세종호텔 등이 있다.

단독경영 호텔의 장점으로는 독자적 경영, 위탁경영 수수료, 상표사용 수수료 등의 비용지출이 필요하지 않고 국내호텔의 기업 이미지의 형성이 가능하다.

그러나 단점으로는 해외광고 및 판촉의 제한, 호텔건설 및 운영에 대한 경험 부족과 경쟁력 제고를 위해서 장기적인 마케팅비용의 지출이 필요하다. 그래서 독립경영 호텔들은 타 도시나 외국의 비슷한 처지에 직면한 독립경영 호텔들과 홍보 및 예약업무를 제휴하거나 상호 공동판촉활동을 전개하는 동업형태(partnership)를 통해 마케팅활동을 전개해 나가고 있다.

그러나 근래의 호텔들은 독립경영보다는 체인경영으로 확산되어 가는 추세이며, 개인소유형식의 호텔경영은 이제 많은 위축을 받지 않을 수 없다. 우리나라만 해도 대규모 호텔들은 모두 체인경영으로 발전하고 있음을 알 수 있다.

나. 체인경영 호텔(Chain Hotel)

호텔의 체인화 경향은 세계적인 추세로 발전하고 있다. 홀리데이인(Holiday Inn), 메리어트(Marriott), 라마다인(Ramada Inns), 힐튼(Hilton Hotel Corporation), 쉐라톤(Sheraton), 웨스틴(Westin Hotel & Resort), 하얏트(Haytt Hotel Corporation), 아코아(Accor Hotels), 리츠칼튼(Litz Carlton) 외에도 세계적인 체인 호텔들은 오랜 기

PART 5

간 축적된 경영기법을 바탕으로 체인 호텔들에 경영기술을 제공하고 이에 상응하는 기술료를 받거나 일정지분에 참여하여 호텔기업을 운영한다. 또한 체인 호텔은 대량생산, 대량판매, 대량공동구매를 통해 비용절감과 단일화된 판매방식을 통하여 고객에게 신뢰감과 안정감을 주고 있다. 체인 호텔경영의 장·단점은 〈표 14-2〉와 같다.

표 14-2 체인경영 호텔의 장점과 단점

장점	단점
• 체인 호텔의 공동판촉, 공동예약만 이용 • 유명 브랜드 사용으로 초기에 신뢰성 확보 • 대량구매로 인한 원가절감 • 전문가의 공동활용 • 호텔사업 진출의 용이 • 자금조달의 용이	• 경영의 독립성 상실 • 장기간의 계약기간 의무이행 • 계약기간 종료 후 이미지 저하로 인한 경영의 어려움 • 과다한 로열티 및 수수료 지급 • 본사와의 계약 후 본사의 브랜드 이미지에 따른 영업의 성패 좌우

① 위탁경영(Management Contract Hotel)

위탁경영방식은 소유주가 호텔경영에 대한 경험이 없거나 규모가 커서 직접 운영하기가 어려울 때, 체인본부와 계약에 의해 호텔의 인사권 등 일체의 경영권을 넘겨주고 총지배인 등 핵심간부들이 경영호텔로부터 파견되어 위탁경영되는 방식이다. 소유와 경영이 완전 분리된 경우로 호텔마다 계약내용이 차이는 다소 있지만, 체인 본사가 호텔 고정자산에 대한 투자 및 호텔경영에 관한 재무적인 위험부담까지 책임지는 형태로 소유자는 이익금만 가져가는 것을 원칙으로 한다. 국내 호텔 중 체인위탁경영을 하는 곳은 하얏트, 힐튼, 웨스틴조선, 인터컨티넨탈, 르네상스, 리츠칼튼, 메리어트, 소피텔 노보텔 등이 있다. 즉 호텔소유주의 경영권이 상실된다는 점에서 프랜차이즈 호텔과 차이점이 있다.

계약에 의하여 본사는 체인 고유의 시스템을 통하여 전문화된 경영기법과 공동예약 시스템 및 공동광고 등을 통하여 계약호텔의 영업이익을 극대화 시키고 일정조건 및 목표를 달성했을 때 일정이익에 대한 수수료를 받는다. 전문적인 체인 본부에서 파견된 전문경영인에 의해 호텔이 운영되므로 체인본부는 파견인에 의해 경영된 호텔에서 발생한 총매출액(GOR: Gross Operating Revenue)의 2~5%의 수수료와 영업이익(GOP: Gross Operating profit)의 8~10%의 경영수수료를 지급받는다.

위탁경영호텔의 장점으로는 체인본부의 기술개발과 공동예약 시스템 및 호텔운영 시스템의 운영이 가능하고, 공동판촉과 대량구매에 의한 원가절감, 용이한 자금조달 등으로 인한 경영합리화가 가능하다. 그에 반해 단점으로는 경영권과 인사권의 상실, 수수료 지출, 계약조건에 따른 법적 분쟁의 발생가능성 등이 있다.

② 프랜차이즈 호텔(Franchise Hotel)

프랜차이즈 경영은 위탁경영방식과 유사하지만 체인본부(fran-chisor)와 가맹점(franchisee)과의 관계는 예속이라기보다 지원관계라고 말할 수 있다. 가맹점은 체인본부의 상호 및 상표를 사용하고 일정의 가입비(initial fee)와 사용료(royalty)를 지급하는 경영방식이다. 그러나 위탁경영 호텔과 달리 경영은 소유주가 하게 되므로 경영권으로 인한 본사와의 분쟁가능성이 적은 편이다.

즉 체인본사가 경영담당보다 경영기술지도만 한다. 국내의 프랜차이즈 호텔로는 래디슨프라자, 쉐라톤, 워커힐, 홀리데이인이 이 방식을 택하고 있다. 프랜차이즈 호텔의 장점으로는 본부와 동일한 운영시스템 적용, 동일한 상표·상호·이미지 사용, 표준화된 제품과 서비스 사용, 컴퓨터를 이용한 중앙예약 시스템 활용, 종사원의 교육훈련에 대한 지원, 기술 및 재정적 지원, 공동홍보활동 전개 등의 다양한 혜택을 받을 수 있다.

단점으로는 프랜차이즈 가입비와 과다한 로열티 지급, 독자적인 상품개발 및 판매활동의 제한, 계약조건에 따른 법적 분쟁발생의 가능성과 같은 경영상의 단점을 가지고 있다.

③ 국내 본사직영 체인 호텔

국내에서는 주로 대기업들이 호텔산업에 진출하면서 호텔경영에 대한 노하우 및 성공경영을 이루면서 전국 각지에 자사의 직영호텔을 건립함으로써 본사직영 체인 호텔을 경영하게 되었다. 소유와 경영이 국내기업으로서 일치하고 본사와 가맹호텔이라는 계약관계는 없지만 체인경영의 장점을 그래도 살릴 수 있으므로 이를 본사직영 체인 호텔이라 한다.

PART 5

다. 리퍼럴경영 호텔(Referral Hotel)

1950년대 미국의 호텔업계의 대두된 2가지 현상은 프랜차이즈의 확산과 이에 대항하는 리퍼럴연합의 활동으로 요약된다.

체인 호텔들은 전문화된 경영을 통한 신규시장 개척, 중앙예약 시스템을 통한 객실판매 상승 등 급속한 영업성장을 보이고 있는 반면, 단독경영 호텔은 과다한 경비지출과 마케팅능력의 한계를 벗어나지 못해 많은 어려움에 직면하게 되었다.

위기를 느낀 단독경영 호텔들은 프랜차이즈 호텔에 대항하기 위해 유사 그룹의 호텔들과 상호협력을 목적으로 한 연합조직을 결성하게 되는데, 이것이 리퍼럴 조직경영 호텔이다. 체인본부는 비영리단체로서 회의 호텔이 내는 회비로 운영하며, 자체적으로 시설 및 서비스 표준을 정하고 회원사가 이를 위반 시에는 제재를 가하기도 한다.

리퍼럴 조직경영의 장점으로는 단독경영 호텔들의 공동체 형성으로 체인 및 프랜차이즈 호텔에 대항하고, 국제적인 공동예약 시스템을 형성할 수 있으며, 호텔경영의 독립성을 유지하고 공동광고 전개 등으로 판매의 증진을 도모할 수 있다.

라. 임차경영 호텔(Lease Management Hotel)

임차경영 호텔이란 토지 및 건물의 투자에 대한 자금조달능력을 갖추지 못한 호텔기업이 제3자의 건물을 계약에 의해서 임대하여 호텔사업을 운영하는 경우이다. 일본의 경우 이를 테난트(tenant)방식이라고 한다.

미국에서는 스타틀러의 직영호텔 건설에 따른 체인전개속도가 너무 느리기 때문에 이 같은 경영방식이 스타틀러 이후 적용되었다.

임대차계약의 기본적인 형태는 건물의 내장, 가구, 비품에 대한 투자는 호텔기업이 부담하고, 임차료는 사전에 결정된 일정액을 소유주에게 지급하는 것이다.

임차경영의 장점으로 호텔기업측면에서는 별도의 과다한 호텔건설 비용을 들이지 않고 제3자의 건물을 임대하여 호텔경영을 할 수 있는 장점을 가지고 있으며, 건물소유주의 입장에서는 영업실적에 관계없이 고정된 임대료 수입을 보장받는 장점이 있다.

마. 비즈니스호텔

비즈니스호텔이 주목받고 있다. 최근 한류 열풍으로 외국인 관광객들이 늘자 건설업계가 새로운 수익 모델로 비즈니스호텔을 선택하고 있다. 현재 서울 시내 숙박업소의 객실점유율은 100%에 가까운 상태로 관광객들은 잠잘 곳을 찾아 강원도 원주까지 내려가고 있다. 지난해 레지던스 등 유사 숙박업소가 영업규제를 받으면서 그 수요도 호텔로 넘어왔다.

비즈니스호텔이 오피스빌딩보다 투자수익률이 높아지면서 공실률이 높은 오피스를 호텔로 리모델링하는 사례도 늘고 있다. 새로 호텔을 짓는 것보다 기간과 비용을 단축할 수 있기 때문이다.

최근 명동 밀리오레 빌딩과 을지로 스타클래스 빌딩 등은 비즈니스호텔로 사업 변경 인가를 받고 리모델링 공사에 들어갔다. 지난 2월 설립된 제이알5호 위탁리츠는 명동 와이즈 빌딩을 매입해 스카이파크 호텔체인에 운영을 맡길 계획이다. 그 외에도 신규 사업을 오피스에서 비즈니스호텔로 바꾸거나 신사업 부문으로 추가한 건설사들이 늘고 있다. 하지만 비즈니스호텔이 인기를 끈다고 무작정 호텔사업에 뛰어들다가는 신사업 딜레마에 빠질 수 있다.

PART 5

표 14-3 호텔경영형태에 따른 장·단점 비교

구분	소유자		경영회사	
	장점	단점	장점	단점
개별 경영 형태	• 독자적 수익의 통제력 책임성 • 경영 극대화 보유 확보	• 독자적 마케팅 실시 부담 • 위험부담 손익전 장기화	—	—
리퍼널 그룹	• 예약 시스템의 접근 • 독자적 경영 • 높은 수익률 • 적은 수수료 부담 • 광고효과	• 높은 위험부담 • 리퍼럴 가입비용	• 최소의 투자로 체인 확대 가능 • 리퍼널 가입수수료 수입	• 서비스 표준화와 품질의 통제력이 약함 • 수입의 한계성

프랜
차이즈
방식
	• 사업진출 용이
	• 개발·개업·전업업
	  기간 동안의 보조
	• 운영독립성 보장
	• 높은 수익률
	• 저렴한 프랜차이즈
	  비용
	• 대량구매로 원가절감
	• 조기 이미지 정착
	• 자금조달 용이
		• 위험부담
		• 로열티 부담
		• 프랜차이저의 이미
		  지가 나빠질 경우의
		  위험부담
		• 경영의 독청성 결여
		• 원가상승의 위험
			• 최소의 투자로 체인
			  확정 가능
			• 프랜차이즈 가입
			  수수료
			• 재무조달 용이
			• 노사문제 감소
			• 조기 체인망 구축
			• 제고품 소진기회
				• 서비스의 특성과 품
				  질에 대한 낮은 통
				  제력
				• 프랜차이즈 수입의
				  한계
				• 환경변화 감소
				• 기대이익이 낮음
				• 상표손상 가능
				• 분쟁요인 내재

위탁
경영
방식
	• 경영효율성
	• 자금조달 용이
	• 높은 수익률
	• 운영수수료의 절감
		• 경영권 상실
		• 높은 위험
		• 과다수수료 지급
		• 계약의 해지 어려움
			• 체인네트워크 규모
			  증가
			• 운영수수료의 수입
			• 경영권 장악
			• 우수직원 확보
			• 투자수익 증대
			• 자본의 위험성 부재
				• 운영수입의 한계
				• 소유권의 최소
				• 소유자의 재정력에
				  의존
				• 운영기간 동안의
				  자산의 손실
				• 법적인 분쟁 가능

임대
방식
	• 호텔운영경험이
	  없이도 호텔투자
	• 임대수수료와 같은
	  고정수입 확보
	• 낮은 위험부담
	• 재무조달 용이
	• 부동산 개발이익
		• 운영통제력의 손실
		• 임대협정의 한계로
		  인한 낮은 수익률
			• 최소한의 투자로
			  체인의 확장 가능
			• 운영비용이 적절
			• 감가상각과 적재비
			  용이 없이 수익률의
			  증가
			• 독자적 경영
				• 재정적 위험의 증가
				• 임대기간 동안의
				  투자위험
				• 수입감소 시 투자위험
				• 개보수비용 증가

자료: 이순구, 박미선, 「호텔경영의 이해」, 대왕사, 2008.

2. 항공산업

2018년 평창동계올림픽 유치를 계기로 스포츠 마케팅이 주목받고 있다. 월드컵, 올림픽, 미식축구, 골프 등 전 세계 스포츠 광팬들을 사로잡는 행사가 있을 때마다 기업들은 후원사가 되려고 총성 없는 전쟁을 벌인다. 스포츠 마케팅과 관련한 기업의 투자가 장기적인 이미지에 어떤 영향을 미칠 것인지는 뚜렷하게 결론을 내리기 어렵다. 투자 실패는 잘 알려지지 않기 때문이다. 이런 점을 감안해야겠지만 기업들은 지금도 끊임없이 대형 스포츠 행사에 자기 이름을 넣고 싶어 한다.

국내 기업들은 평창동계올림픽을 선진 시장 진입을 위한 마케팅의 장으로 활용할 계획이다. 가장 발빠르게 움직이는 곳은 삼성전자다. 1997년부터 올림픽 무선통신 기기 부문 공식 후원사로 참여하는 이점을 톡톡히 살린다는 전략이다.

평창 유치를 측면 지원해온 현대자동차그룹은 동계 스포츠 활성화에 나설 방침이다. 현대차는 2009년부터 김연아 선수를 후원하고 있으며 기아차는 스피드 스케이팅 선수들을 지원하고 있다. 조양호 회장이 동계올림픽 유치위원장을 맡아 전면에 나선 한진그룹도 대대적인 마케팅에 나선다. 대한항공은 최근 남자 스피드 스케이팅 실업팀을 창단했다.

(1) 항공 서비스의 발달

가. 세계 항공 서비스의 발달

인간은 예로부터 하늘을 날기를 꿈꾸어 왔다. 1783년에 두 프랑스인이 열기구 풍선을 타고 파리의 300피트 상공을 비행한 것이 유인항공기의 첫 번째 성공적인 비행으로 기록되어 있다. 열기구 풍선의 계속된 실험들은 비행선, 즉 공기보다 가벼운 항공기를 탄생시켰다.

실제로 승객과 화물수송을 위해 비행하는 것이 가능하게 된 것은 금세기에 들어서이다. 제1차 세계대전은 강력한 엔진과 동체 전체가 금속으로 된 전투기와 폭격기를 개발함으로써 항공기의 발달을 크게 진보시켰다. 1920년대와 1930년대에는 엔진과 프로펠러가 장착된 항공기들이 장거리 항공운송을 가능케 하는 수단으로 등장하였다. 그러나 1937년 독일이 제작한 힌덴 부르크호의 폭발로 승객운송기로서의 비행선에 대한 관심이 급격하게 저하되었다. 제2차 세계대전은 상용항공기산업을 촉진시키는 중요한 역할을 하였다. 제트기가 개발되었으며, 대량수송 항공기 개발의 시작이 되었다.

1946년 영국에서 세계 최초의 제트엔진 항공기 코메트 1호기가 생산되었으며, 1952년 36석의 좌석으로 런던-요하네스버그 노선을 첫 취항한 이후 1960년대에 미국의 보잉사에서 B707 제트여객기 양산시대를 맞이하였다. 특히 보잉사에서 개발한 B747 항공기가 1969년 말 시애틀-뉴욕 간 장거리 시험비행에 성공하

PART 5

여 1회 400명을 수송할 수 있게 되었다. 항공기의 발전은 공항의 시설개선과 경쟁 항공기 제조업체에 큰 영향을 주었다.

나. 한국 항공 서비스의 발달

우리나라에서 비행기가 최초로 등장한 것은 1913년 일본 해군 기술 장교 나라하라(奈良原)가 용산에 위치한 조선군 연병장에서 '나라하라 4호' 비행기로 공개 비행행사를 가진 때이다.

우리나라 최초의 비행사는 안창남이다. 안창남은 1922년 12월 10일 12시 22분 뉴포트 15형 단발쌍엽 1인승 비행기 '금강호'로 여의도 간이 비행장을 이륙하여 남산을 돌아 창덕궁 상공을 거쳐 서울을 일주했다.

1925년에는 한국 최초의 여류비행사가 탄생하였다. 당시 권기옥의 중국 운남 여학교 제1기생으로 졸업하면서 비행사 자격을 획득한 것이다. 우리나라에 처음으로 민간항공이 등장한 것은 1926년 이기옥 비행사가 서울에 경성항공사업소를 설립하면서부터이다.

해방 후 1948년 10월에 신용욱이 대한민국항공사(KNS: Korea National Airlines)를 설립하였다. 대한민국항공사는 동년 10월 10일 교통부로부터 국내선 면허를 취득하고 미국 스티블 항공기 5인승 3대를 도입하여 서울-부산 간 여객수송을 시작하였다. 1953년에 동사는 주식회사로 체제를 전환하고 국제선 취항을 위해 더글러스사로부터 장거리용 72인승 DC-4항공기 1대를 도입해 동년 연말연시를 이용하여 서울-홍콩 간을 임시 운항하였고, 다음해 8월 2일부터 서울-대만-홍콩을 주 1회 운영함으로써 처음으로 동남아 국제노선에 취항하게 되었다.

그 후 1960년 11월 한진상사가 한국항공(Air Korea)을 설립하고 한일 노선을 비롯한 국제선 정기노선의 취항을 목표로 '콘베어 240'기종 1대를 도입하여 1961년 3월 서울-부산 간 정기편을 취항하였다. 1962년 우리나라 민간항공의 일대 전기를 마련할 목적으로 국영항공사로서 대한항공공사가 설립되었으나 계속되는 누적적자와 재정난으로 경영부진을 면지 못하다가 결국 1969년 3월 1일 한진그룹에 인수되어 민간항공회사로 새로이 출발하게 되었다. 또한 동년 8월 4일 KAL의 공식 명칭을 대한항공으로 변경해 세계의 민간항공으로 재출발하였다.

그로부터 우리나라 민항사 20년만인 1988년 2월 13일 금호그룹이 제2민항으로 출발해 사명(社命)을 서울항공으로 결정하였고, 1988년 8월 8일 사명을 아시아나항공으로 바꾸었다. 그리고 1988년 12월 23일 서울－부산 노선과 서울－제주 노선에 취항함으로써 국내선 운항을 개시하였다. 이로써 복수민항시대가 개막되었다.

아시아나항공은 1990년 2월 10일 첫 국제노선인 서울－동경 노선 취항을 계기로 의욕적으로 국제노선 취항을 늘리고 있다. 2000년에는 항공안전운항체계 구축의 일환으로 항공사고 보고제도를 도입하였으며, 인천국제공항의 기본시설이 6월에 완공되었고, 인천공항의 전용 고속도로가 11월에 개통되었다. 21세기가 항공수요에 대비해 24시간 운영가능한 동부아지역의 중추(HUB)공항으로 2001년 3월 29일에 인천공항이 개항하여 수도권 국제선 항공수요를 처리할 수 있게 되었으며, 공항부지 면적 355만 평에 2개의 활주로를 구비하고 연 17만 회의 운항 및 여객 27,000만 명, 화물 170만 톤의 처리능력을 갖추게 되었다.

(2) 항공 서비스의 특성과 항공상품

가. 항공 서비스의 특성

항공기에 의하여 여객 및 화물을 운송하는 항공운송은 모든 교통기관이 갖추어야 하는 안전성·고속성·정시성·쾌적성 등을 갖추고 있어야 한다. 항공사업 특유의 특성으로 인해 항공운송사업은 급속한 발전을 하게 되었으며, 여타 교통수단과 비교하여 항공운송사업이 갖는 고유의 특성은 다음과 같다.

① 고속성

항공기는 철도·자동차·선박 등의 타 교통기관과 비교하여 속도면에서 가장 빠르며, 이것이 항공운송이 갖는 가장 큰 특성인 고속성이라 할 수 있다. 실제 이용자가 타 교통기관과 비교하여 항공교통을 선택하는 이유도 높은 가격에도 불구하고 신속하게 목적지까지 운송하는 고속성의 장점이 있기 때문이다. 교통수단으로서 가장 늦게 발단한 항송운송이 제2차 세계대전 후 수십 년 만에 전 세계 주요

PART 5

도시를 연결하는 항공노선망을 구성하여 항공운송이 국제교통의 중심이 된 것도 이러한 항공운송의 특성인 고속성의 가치 때문이라 하겠다.

항송운송의 속도는 항공기가 움직이기 시작해서 목적지의 비행장에 도착 후 완전히 정지할 때까지의 소요되는 총시간을 기준으로 이루어진다. 즉 지상유도·엔진점검·이륙·상승·순항·하강·진입·착륙·지상유도의 9단계에 걸친 총소요시간을 항공기의 속도로 보아야 한다. 이와 같이 출발지점에서 목적지점까지 비행할 경우의 속도는 양지점 간의 운항거리를 총소요시간으로 나눈 속도인 구간속도를 의미한다. 항공기가 최고속도를 낼 수 있는 것은 일정한 고도에서 순항비행 을 할 때이므로 순항거리가 긴 장거리 노선일수록 항공운송의 고속성이 높아진다.

② 안정성

안전성은 교통기관의 종류와 관계없이 모든 교통기관에서 공통적으로 중요시되고 있지만, 항공운송이 다른 것에 앞서 최우선으로 요구되는 것이 안전성이라는 것은 두말할 필요가 없다. 다시 말해서 항공운송의 경우 사고발생 시 타 교통기관과 비교할 수 없을 만큼 치명적인 결과를 초래하기 때문에 안전성이 더욱 중요시되고 강조되는 것이다. 항공운송의 안전성은 항공기, 운항노선, 공항진입로 등의 기술적인 원인이나 기상조건의 자연적인 원인에 의하여 크게 좌우되기 때문에 항공운송의 초기에는 안전성이 매우 낮았으나 항공기 제작, 운항, 정비기술, 통신, 전자, 운항지원시설 등의 발달로 안전성이 높아지게 되었다. 국제민간항공기가 ICAO의 항공운송 안전성에 관한 자료에 따르면, 사고발생률이 1988년의 1억여객마일에 대하여 0.08명으로 항공 운항 횟수 및 편당 여객수가 크게 증가하고 있지만, 항공운송의 안전성이 크게 높아지고 있다는 것을 보여주는 것이다.

한편 항공운송의 경우 한 번 사고가 나면 막대한 인명피해와 기업의 이미지 실추를 가져오므로 항공사는 안전성의 확보를 기업의 절대적인 과제로 삼아 안전수송을 기업경영의 최대 핵심사항으로 생각해야 될 것이다.

③ 정시성

항공운송에서의 정시성은 공표된 시간표에 준해 운항하는 것이며, 정시성의 유지는 고객에 대한 기본적인 서비스이며 의무이고, 이의 준수여부는 항공회사의 이미지와 신뢰성을 좌우하게 된다.

항공운송사업은 운항준비 및 정비절차가 복잡하고 어려우며, 공항이 복잡하고 기상조건 등에 의한 영향을 많이 받으므로 정시성을 확보하는 것이 어렵다. 운항의 정시성과 운항횟수는 수요의 유치에 큰 영향을 미치게 된다. 항공회사는 항공기의 고속성을 이용하여 운한빈도 및 항공운송 서비스의 품질을 높이고, 고객들의 신뢰도를 높이기 위하여 항공사들은 최선을 다해 정시운항을 하도록 노력하고 있으며, 또한 항공운항시설 공항 장비 운영의 개선을 통하여 정시성 유지를 위해 최선을 다하고 있다.

④ 경제성

항공운임은 다른 교통수단과 비교하였을 때 매우 높다고 할 수 있다. 항공운송의 국제선과 국내선의 두 경우 모두 다른 교통수단보다 운임이 높기 때문에 속도에 의한 시간의 단축으로 인한 시간가치 및 질 높은 서비스에 비중을 두는 사람들이 그동안 이용하여 왔던 것이 사실이다. 그러나 항공운송사업의 발전을 통해 항공기의 대형화와 시설 장비의 현대화, 자동화, 경영합리화를 통한 원가절감 및 소득의 증가를 통하여 대중화의 시대가 도래하게 되었다. 현대 항공운송수단의 이용은 현대사회의 가장 중요한 가치인 시간절약의 가치에 의하여 다른 운송수단보다 경제성이 높은 운송수단이라고 할 수 있다.

⑤ 쾌적성

항공기의 운항 중에 여객의 쾌적성을 향상시키는 것은 중요한 사안으로서 쾌적성의 요소는 객실 내의 시설(방음방치, 온도·습도조절, 진동방지 등), 기내 서비스(객실승무원의 친절성, 기내식의 질, 기내 오락시설, 텔레비전·잡지·신문 등), 비행상태를 들 수 있다.

항공기는 중량과 용적에 많은 제약을 받고 있기 때문에 객실의 시설에서도 그만큼 제약을 받고 있다. 즉 항공기의 공간은 한정되어 있기 때문에 좌석 수나 탑재중량을 줄이면 객실의 쾌적성이나 연비를 향상시킬 수 있지만, 그 대신 경제성이 손상된다. 그러므로 이러한 제약에 따른 필요한 시설을 줄이고 좌석 수나 탑재량을 증가시키는 행위나, 경영에 큰 지장을 줄 정도로 좌석수와 탑재량을 줄이고 지나친 시설을 하는 것은 피해야 한다.

쾌적성의 중요 요소인 기내 서비스는 항공사 고유의 서비스 내용은 다른 회사

와의 차별화를 통한 이미지 창출로 고객의 유인요소로서 경쟁력을 갖는 서비스가
되어야 한다. 기내 서비스는 항공여행 중의 즐거움을 증가시키는 요소로서 특히
승무원들에 의하여 제공되는 서비스는 더욱 중요하다. 객실승무원이 숙련되고 친
절하며 정성을 다하는 서비스는 항공여행을 더욱더 즐겁고 쾌적하게 할 수 있는
중요한 요소이므로 대단히 중요하다고 할 수 있다.

항공기 비행 상태의 쾌적성은 기압, 기류, 온도 등의 대기조건과 항공기의 성
능 등에 좌우되며, 항공사별 보유항공기의 성능이 비슷하여 비행 상태의 쾌적성은
차이가 없어지고 있다.

⑥ 공공성

항공운송도 대중화·일반화가 되어가는 추세이며, 하나의 교통수단이므로 국
민 다수의 사회적 생활을 위한 공공성을 갖는다고 할 수 있다. 그러므로 철도, 지
하철, 버스 등의 다른 교통수단과 마찬가지로 항공운송산업도 항공운송조건을 공
시하고 이용자 차별금지와 영업 계속의 의무가 부여된다.

나. 항공상품의 가격에 영향을 미치는 요소

모든 산업에는 상품이 존재한다. 항공산업에서의 상품은 항공기 운항으로 발
생되는 좌석이다. 여행전문가는 여행객의 여행 동기, 욕구, 기대를 조사한 후 그에
부합하는 여행상품을 그들에게 판매한다.

모든 여행객과 그에 알맞은 여행상품을 가격측면에서 일치시킨다고 하는 일은
언제나 쉽지만은 않다. 특히 규제완화 이후 더욱 그렇다. 규제완화상황에서는 로
스엔젤레스까지의 짧은 여행에 대해 서로 다른 199개 유형의 항공요금이 있을 수
있다. 더 이상 비행기표의 가격이 여행거리에 따라 단일하게 결정되지는 않고 있
다. 그 대신에 여행의 유형, 비행편의 형태, 서비스 유형, 제한적 요금, 경쟁항공
사 등이 항공요금에 영향을 미치고 있다.

① 여행의 유형
• 편도여행(One-way Journey): 편도여행은, 예를 들면 달라스에서 로스엔젤레
  스까지, 출발도시에서 시작해서 목적지에서 끝난다. 그리고 달라스에서 솔

트레이크시티(Salt Lake City) 경유 LA까지 등 하나 이상의 항공로로 구성되어질 수 있다.

- **왕복여행(Round Trip):** 왕복여행은 출발지에서 목적지에 갔다가 다시 원래 출발했던 곳으로 돌아오는 여행이다. 그 노선은 양방향이 모두 동일해야 한다. 이런 유형의 여행은 보스턴에서 뉴욕, 다시 보스턴에서 돌아오는 식이다.
- **순환여행(Circle Trip):** 순환여행은 왕복여행과 비슷하다. 그러나 다음과 같은 뚜렷한 차이가 난다. 출발 시와 귀향 시의 노선이 다르다는 것이다. 서비스 등급이나 노선에서 다르다. 미니애폴리스에서 시카고 경유로 세인트루이스까지 가서, 돌아올 때 세인트루이스에서 미니애폴리스까지 논스톱으로 온다는 식이다. 서비스 등급의 경우에, 예를 들면 미니애폴리스에서 세인트루이스까지 퍼스트 클래스이고, 돌아올 때는 이코노미 클래스와 같은 경우이다.
- **오픈쟈여행(Open-jaw Trip):** 실질적으로 왕복여행과 비슷한 것으로 왕복여행 시에 출발지와 도착지가 상이한 여행을 뜻한다. 예컨대, 서울을 출발하여 동경을 돌아서 서울에 도착하는 왕복여행 시에, 서울을 출발하여 동경 경유-부산에 도착하는 경우와 부산에서 출발하여 동경 경유-서울로 도착하는 경우 등 출발지와 도착지가 상이한 항공여행을 뜻한다.

  오픈쟈여행은 여행수단에 있어서 다르다. 예를 들면, 한 여행자가 뉴욕에서 리치먼드까지 가는데 비행기로 출발을 한다. 리치먼드에서 워싱턴까지는 기차를 탄다. 워싱턴에서 뉴욕까지는 다시 비행기를 탄다. 이러한 여행은 또한 왕복여행처럼 도착지가 달라질 수 있다. 이를테면 샌프란시스코에서 뉴욕까지, 그리고 나서는 뉴욕에서 로스엔젤레스까지 이동하는 여행에 해당한다.

② 비행편의 형태

- **논스톱편:** 항공노선이 도중하차 없이 이루어지는 서비스이다.
- **직행편:** 항공노선이 직접 또는 직행인 운항서비스이다. 도중에 한 번 또는 그 이상의 중간기착이 있으나 승객은 동일한 비행기에 탑승한 채 내리지 않는다.

PART 5

- **연결편**: 연결편은 온라인연결로 승객은 비행기를 바꾸어 타지만, 동일항공사의 비행기를 계속 이용한다.

  항공사는 기계적 곤란과 좌석수용력을 포함하여 많은 이유 때문에 비행기를 바꿀 수 있다. 노선 간 연결로 승객은 항공기과 항공사를 모두 바꾼다. 즉 승객은 시애틀에서 미니애폴리스(세인트 폴)까지 노스웨스트항공으로, 그리고 미니애폴리스(세인트 폴)에서 클리블런드까지 유나이티드항공으로 여행할 수 있다.

  타 항공사의 탑승권을 인정한다는 항공사 간의 합의는 노선 간의 연결(interlining)을 가능하게 하였다. 각 항공사마다 별개의 티켓을 발행하는 것보다 오히려 연대운송을 활용함으로써 한 개의 표준 티켓만을 사용하는 것으로 족하게 된다. 이 시스템으로 수화물 역시 최종목적지까지 체크 받을 수 있다. 연대운송은 국내적 관례일 뿐 아니라 국제적 관례이다.

- **도중하차**: 도중하차(stopover)는 승객이 최소한 12시간 동안 어떤 중간기착 지점에서 여행중단을 할 수 있는 것을 뜻한다. 승객은 월요일에 덴버에서 달라스까지 비행하고, 수요일 저녁까지 달라스에 머무르며, 그리고 엘파소까지 계속 비행하는 것을 선택할 수 있다.

  이는 여객이 항공사의 사전승인을 얻어 출발지와 도착지 간의 지점에서 상당기간(국내선 4시간, 국제선 24시간 이상) 동안 의도적으로 여행을 중지하는 여행의 계획적 중단을 뜻한다. 'Break of Journey'라고도 한다.

③ 서비스 유형

40여 년 전 항공사의 비행 중 서비스에는 냉동된 점심식사와 귓구멍 압력을 완화시키기 위한 추잉껌 한 통이 제공되고 있었다. 그러나 오늘날의 승객들은 따뜻한 식사와 칵테일, 음악, 영화 등의 서비스를 제공받고 있다. 승객이 받는 서비스 유형은 그들의 비행기 객실등급 그리고 승객들이 지불하는 요금에 따라 달라진다. 비행기의 가장 일반적인 구성, 즉 좌석배치는 퍼스트 클래스(first class), 비즈니스 클래스(business class), 코우치 클래스(coach class) 또는 이코노미 클래스(economy class)로 구성되어 있다. 그러나 어떤 항공사는 전 좌석을 이코노미 클래스 또는 퍼스트 클래스로 만들기도 한다.

일부 항공사는 비즈니스 또는 이그제큐티브 클래스에 대해 실험을 실시하고 있다. 퍼스트 클래스와 코우치 클래스 중간에 있는 비즈니스 클래스는 편의시설에서 할인 티켓으로 비행하는 승객들보다 조용한 장소를 원하고, 더 많은 서비스를 기대하는 승객들을 위해 개발되었다.

퍼스트 클래스 승객들은 좋은 그릇에 제공되는 훌륭한 식사, 질 좋은 알코올 음료, 영화 그리고 차별적인 인적 서비스를 받는다. 그들은 또한 보다 안락하게 항공여행을 한다. 퍼스트 클래스 좌석들은 엔진소음으로부터 멀리 떨어진 비행기 앞쪽에 위치한다. 좌석은 역시 넓고 다리를 뻗기에 충분한 공간, 보다 큰 피치(무릎과 좌석 간의 거리)를 두고 있다. 이코노미 클래스의 좌석들은 보다 빽빽이 붙어 있고 좁으며, 객실 내의 위치에 따라 안락성에 차이가 난다.

항공사는 항상 특별한 욕구를 가진 승객에게 기내 서비스(in-flight service)를 제공한다. 승무원들은 신체장애자들이 탑승하는 데 도와주고, 혼자 여행하는 어린이들을 돌보는 특별훈련을 받는다. 또한 항공사는 채식주의자나 유대교인의 음식 등 특별한 식사를 요구하는 승객의 요청을 충족시켜 준다. 이와 같은 특별 서비스의 제공은 항공사마다 차이가 있지만 요즘은 대부분의 항공사에서 무료로 제공하고 있다.

④ 무제한 및 제한적 항공요금

비할인항공요금 또는 정상항공요금이라고 불려지는 무제한항공요금(unrestricted airfares)에서 승객은 이용 가능한 좌석이 있는 목적지의 어느 항공기에도 탑승할 수 있다. 사람들은 무제한적 항공요금의 편의를 위해 별도의 요금을 지불해야 한다.

한편 판매촉진항공요금, 할인항공요금 등으로 부르는 제한적 항공요금(restricted airfares)은 저렴할수록 제한은 더 크다. 그 내용은 다음 사항의 일부 또는 전부를 내포할 수 있다.

PART 5

- 사전에 구입하는 조건(출발 한 달 전까지)
- 목적지에서의 최대 및 최저 체류기간
- 명시된 여행일정과 출발시간
- 제한적인 출발일(일주일 중 특정요일만 가능)
- 회수할 수 없는 취소 범칙금
- 수용력 통제(할인가격으로 어떤 일정한 비행에 이용할 수 있는 제한된 수의 좌석)
- 양도할 수 없는 티켓(어떤 항공사는 타 항공사에서 구입한 항공권을 인정하지 않는 경우도 있다)

휴가여행자나 친구와 친척을 방문하는 사람들은 비상시를 제외하고 일반적으로 보다 신축적인 스케줄을 가지기 때문에 상용여행자보다 제한적인 항공요금을 구입하는 경향이 더 많다. 규제완화로 인하여 항공사는 그렇지 않으면 공석이 될 좌석들을 채우기 위해 할인 티켓을 판촉해야 한다는 사실을 인식하게 되었다. 그 결과 승객들은 제한적 티켓을 구입했는가에 따라 동일한 유형의 좌석과 서비스에 대해 지불하는 액수가 달라지게 되었다. 그에 따라 제한적 항공요금은 사실상 2단계의 가격체계를 버리고 그 대신에 퍼스트 클래스, 비지니스 클래스, 이코노미 클래스, 엑스커션 클래스(excursion class) 등 4단계의 가격체계를 사용하고 있다.

3. 우리나라 호텔항공서비스 현황

(1) 국내 호텔 브랜드, 베니키아

관광공사 추천 '베니키아 호텔' 베스트 8, 눈부신 햇살이 대지를 은혜롭게 비추는 여름, 원색의 '푸름'을 찾아 어딘가로 떠나고 싶지만 막상 떠나려 하니 걸리는 게 한두 가지가 아니다. 무엇보다 편안하게 쉴 만한 숙소를 찾는 게 가장 큰일이다. 실속 있으면서도 깔끔한 호텔을 찾고 싶다면 한국관광공사의 중저가관광호텔 체인브랜드 '베니키아(www.benikea.co.kr)'를 이용해 보면 어떨까. 공사 베니키아사업단에서 추천한 각 지역의 호텔들은 가맹호텔별 암행검사(미스터리쇼핑)를 통해 서비스 평가 고객만족도 조사 결과를 종합적으로 평가받은 '베니키아 서비스지수(BSI)'가 높은 곳들이어서 안심하고 묵을 수 있다.

가. 베니키아호텔아카시아(서울) – 교통 편한 요지, 남산야경은 덤

베니키아호텔아카시아는 명동, 동대문, 남대문, 인사동, 광화문 등 서울의 주요 관광지와 인접한 도심 한복판에 자리해 한국의 전통문화뿐 아니라 활기찬 쇼핑문화 등 다양한 문화를 체험할 수 있다. 교통이 편리한 점도 장점이다. 을지로5가에 위치해 서울의 주요 관광지를 지하철로 돌아볼 수 있다.

서울의 명물인 청계천과 광장시장이 지근거리에 있어 산책과 쇼핑을 한 번에 즐길 수 있다. 호텔에는 객실마다 PC가 설치되어 있어 숙소로 돌아오면 지루하지 않게 여가시간을 즐길 수 있다. 호텔에서 보이는 풍경도 근사하다. 테라스룸 객실 테라스에서 커피를 마시며 남산의 야경을 감상할 수 있다. 테라스룸과 주니어스위트, 로열스위트룸에는 월풀욕조가 마련되어 있어 여행의 피로를 풀기에도 좋다.

나. 베니키아프리미어송도브릿지호텔(인천) – 뛰어난 외관과 서해 낙조가 일품

베니키아프리미어송도브릿지호텔은 인천 송도경제자유구역 내 국제업무단지 중심에 위치한 베니키아 1호 체인호텔로, 2009년 8월에 오픈했다. 돛단배를 형상화한 미적감각이 뛰어난 호텔로, 시야가 탁트여 객실에서 인천대교와 함께 드넓게 펼쳐진 서해의 낙조를 조망할 수 있다.

연인과 함께 호텔 바에서 칵테일을 한잔 마시면서 아름다운 서해바다의 일몰과 인천대교의 멋진 야경을 감상한다면 오래도록 추억에 남을 것이다. 인천대교가 개통되면서 인천국제공항까지 15분밖에 걸리지 않아 해외로 신혼여행을 가는 신혼부부가 여행을 가기 전 첫날밤의 낭만을 만드는 호텔로도 이름이 높다.

다. 송탄관광호텔(경기) – 미국 동부 정통요리 맛볼 수 있는 곳

송탄관광호텔은 2009년 미국 공군에서 가장 좋은 호텔을 조사한 결과 당당히

PART 5

1위를 차지한 호텔이다. 1층 레스토랑에서는 미국 동부의 정통요리를 제대로 맛볼 수 있다. 송탄관광호텔은 중국과 미국, 동남아시아, 유럽 등 해외의 다양한 여행객이 머무르는 비즈니스호텔로도 이름이 나있다. 호텔 근처에는 미군부대가 위치해 이태원 못지않은 쇼핑가와 맛집이 모여 있다. 송탄시의 전경을 한눈에 조망할 수 있는 부락산이 인근에 있어 산책하기에도 그만이다.

라. 드래곤밸리호텔(강원) - 산장 느낌나는 테마여행지

용평리조트에 위치한 드래곤밸리호텔은 워터파크, 스파 등 다양한 편의시설을 이용할 수 있어 편리하다. 커다란 벽난로가 놓여 있어 산장 느낌이 나는 로비와 널찍한 객실 창을 통해 한눈에 보이는 스키슬로프가 인상적인 호텔이다. 용평리조트 곳곳에는 인기드라마 '겨울연가'의 촬영흔적이 남아 있고 인근에 양떼목장과 월정사 등 관광지가 있어 가족과 함께 테마여행을 즐기기에 좋다.

마. 주왕산온천관광호텔(경북) - 약수온천이 있어 더 가보고 싶은 곳

경북 안동에서도 버스로 조금 더 들어가야 하는 청송의 주왕산온천관광호텔은 피부미용과 피로회복에 좋기로 소문난 주왕산의 약수온천을 즐길 수 있는 호텔로 유명하다. 인근에는 영화 '봄 여름 가을 겨울 그리고 봄'의 촬영지로 유명한 주산지와 주왕의 전설이 서려 있는 주왕산이 있어 여행의 재미를 더한다. 청송은 약수로 끓인 달기약수백숙이 유명하다.

바. 마이다스관광호텔(광주) - 중세시대 풍의 우아한 호텔

광주에 위치한 마이다스관광호텔은 회색의 견고한 모습이 중세시대의 단단한 성을 연상케 한다. 심플하게 꾸며진 내부 인테리어와 조식으로 나오는 남도정식은 이곳에 묵는 비즈니스맨에게 인기가 높다. 호텔 인근에는 우치공원, 패밀리랜드, 국립박물관, 비엔날레전시관 등이 있고 차로 10분 거리에 광주의 상징인 무등산이 자리해 정신적인 풍요를 누리고자 하는 휴가객들에게 어울리는 곳 중 하나다.

사. 베니키아송정관광호(부산) – 주변 볼거리 가득, 먹을거리도 풍성

2010년 리모델링을 통해 한층 업그레이드된 베니키아송정관광호텔에선 유럽풍의 발코니에 앉아 발 앞에 있는 송정해수욕장을 한눈에 바라볼 수 있다. 송정관광호텔 주변에는 볼거리, 먹을거리가 가득하다. 인근 죽도공원과 해동용궁사, 해운대와 동백섬, 달맞이고개를 둘러보면 부산이라는 도시가 가진 낭만을 한껏 느낄 수 있다. 주변에 조성된 회타운에서 바다를 바라보며 고즈넉하게 소주 한잔을 한다면 여행의 진미를 한껏 느낄 수 있을 것이다.

아. 베니키아호텔제주크리스탈(제주) – 한라산이 한눈에 보이는 경치 좋은 호텔

베니키아호텔제주크리스탈은 서귀포에 위치해 천지연폭포, 이중섭거리, 새섬 및 서귀포항을 걸어서 둘러볼 수 있다. 아름다운 태평양의 먼 바다풍경을 바라보며 제주 최고 비경인 올레길 6코스와 7코스도 산책할 수 있다. 재래시장이 인근에 있고 횟집과 제주 전통음식점이 즐비하다. 베니키아호텔제주크리스탈의 최대 장점은 객실에서 한라산이 한눈에 보인다는 것이다. 하늘 아래 다소곳하게 정좌하고 있는 듯한 한라산은 바라보는 것만으로도 가슴이 시원해진다. 호텔 내에 명품숍이 있어 굳이 면세점에 들르지 않아도 쇼핑을 즐길 수 있는 점도 또 다른 장점이다.[1]

(2) 우리나라 항공 서비스 현황

가. 대한항공, 국제선 프리미엄 서비스 강화

대한항공이 최신 B737NG(Next Generation) 여객기를 잇달아 도입해 중·단거리 국제선 프리미엄 서비스 강화에 나서고 있다. 대한항공은 전 좌석 오디오, 비디오(AVOD)시스템이 장착된 B737-800 '보잉 스카이인테리어' 차세대 여객기를 도입했다. 이 여객기는 미국 보잉사의 베스트셀러 기종인 B737NG 차세대 여객기 모델 중 하나로 감항성 테스트 등 관련 절차를 거친 후 호치민, 프놈펜, 시안, 심

---

1 머니투데이, 2011.07.16.

천 등 동남아 및 중국지역 중·단거리 국제선에 투입되었다.

이번에 도입된 B737−800 보잉 스카이인테리어 차세대 여객기는 기존 B737 −800 대비 20석 가량 좌석을 줄인 138석으로 배치해 쾌적하고 안락한 넓은 공간으로 기내 환경을 조성했다. 또한 전 좌석에 AVOD를 장착해 최신 60여편의 영화에서부터 70여편의 다큐멘터리, 5,000여곡의 음악, 뉴스 및 단편물 등을 즐길 수 있다. 특히 AVOD 시스템은 '뉴 엔터테인먼트 프로그램'이 적용되어 스마트 폰에서 볼 수 있는 아이콘 방식의 메뉴로 이용자의 편의를 개선했으며, 음악감상 시 초성 검색기능을 추가해 쉽고 빠르게 원하는 곡을 찾을 수 있도록 했다.

나. 저가 항공사의 춘추전국시대

LCC(Low Cost Carrier)라고도 불리는 저가 항공사는 국내에서 뿐만 아니라 세계적인 추세로 볼 정도로 인기가 높아지고 있다. 저가 항공사는 기존 항공료에서 쓸데없는 서비스 비용을 줄여 운영비용을 낮춤으로써 낮은 가격으로 항공권을 제공하는 것이다. 국내의 대표적인 저가 항공사로는 애경그룹과 제주도가 공동으로 설립한 저가 항공사로 국내 저가 항공사 중 가장 먼저 출범한 제주항공, 대한항공에서 만든 저가항공사인 진에어, 무역 등 해외 출장이 많은 부산의 회사원들이 자주 이용할 수 있도록 기업 우대 서비스를 제공하고 있는 에어부산, 국내 저가 항공사 중 가장 최근에 설립되었으며 소셜커머스나 자체 할인을 통해 항공할인율이 높은 항공사인 티웨이 항공, 티웨이와 더불어 항공할인율이 가장 높은 이스타 항공사가 국내에 있는 대표적인 저가 항공사로 알려져 있다.

또한, 항공사 마일리지 제도가 생기게 된 이유는 각 항공사들이 사람들이 항공여행을 할 때 자사의 항공편을 주로 타는 충성고객(Loyal Customer)을 많이 확보하기 위해서이다. 단골고객에 대해 마일리지를 누적해주는 제도는 항공사 외에 다른 서비스 업종에서도 많이 시행하는 마케팅 정책이다. 이런 단골손님을 우대하는 마케팅 정책이 가장 성공한 사례가 바로 항공사 마일리지 제도로 현재 항공사 마일리지는 항공편을 탈 때만 적립할 수 있는 것이 아니라, 한국을 기준으로 볼 때 신용카드 사용, 휴대폰 이용요금, 주유비 등도 항공 마일리지로 교환할 수 있고, 특히 신용카드 사용액에 대한 마일리지 적립은 스마트한 소비자들에게 아주 인기 있는 아이템이다.

　"Star Alliance(스타 얼라이언스), Sky team(스카이 팀)"이라는 항공사 간의 동맹이 있는데 우리나라는 스타 얼라이언스에는 아시아나, 스카이 팀에는 대한항공이 속해있는 동맹 그룹이다. 같은 동맹 내 제휴항공사끼리는 마일리지의 교차적립과 사용이 가능하다는 장점이 있다. 예를 들어, 아시아나를 탑승한 뒤 에어캐나다의 마일리지를 모을 수 있으며 모은 마일리지로 스타 얼라이언스 소속의 타 항공사 비행편을 이용할 수 있다.

다. 항공 서비스

　카타르항공은 항공 리서치 전문기관 스카이트랙스(Skytrax)에서 선정한 세계 6개뿐인 5성(5-Star) 항공으로서 '2010 올해의 항공사(Airline of the year)' 부문 3위로 선정되었으며, '비즈니스 클래스 부문 세계 최고상(World's Best Business Class Accolade)'을 수상했다. 그 밖에 비즈니스 클래스 기내식(Best Catering), 중동 최고의 항공사 5년 연속 수상(Best Airline In Middle East For Fifth Year), 중동 최초로 '직원 서비스 우수상(Staff Service Excellence Award For Middle East)'을 수상하였으며, 이코노미 클래스 부문(World's Best Economy Class)에서도 2위를 차지하는 영예를 안았다.

　카타르항공이 지난 7년간 연속 수상한 '직원 서비스 우수상(Staff Service Excellence Award for the Middle East)'은 '중동지역 최고 승무원상(the Best Cabin Staff in the Middle East category)'으로 대체되었다. 이 상은 승무원 서비스뿐 아니라, 소비자가 직접 경험하는 기내 및 예약, 체크인 서비스와 공항직원의 태도 등 보다 넓은 카테고리를 포함하여 수여되는 상이다.

라. 공항 서비스

　인천국제공항이 세계공항서비스평가(ASQ)에서 6년 연속 1위로 선정되는 쾌거를 거뒀다. 국토해양부는 "인천국제공항이 공항 분야의 노벨상으로 평가받는 '2010 세계공항서비스평가(ASQ)'에서 1위를 차지해 사상 처음으로 6연패를 달성했다"고 밝혔다. 2위에는 싱가포르, 3위는 홍콩공항이 선정된 것으로 알려졌다.

PART 5

앞서 인천공항은 2005~2010년까지 6년 연속 세계 최고공항으로 선정되었으며 '아태지역공항' 및 '중대형공항(여객 2,500~4,000만 명)'으로도 선정되어 3관왕의 영예를 안았다. 한편 세계공항서비스평가(ASQ)는 세계 1,700여 공항의 협의체이자 공항 분야의 UN이라 일컬어지는 국제공항협의회(ACI)가 매년 실시하는 평가다.

'세계 최우수 공항상'은 1,700여개 공항 중 모든 면에서 가장 뛰어난 성과를 보인 공항에 수여하는 상으로 1993년 제정된 이후 '항공업계의 노벨상'으로 불리고 있다. 인천공항은 2005년부터 2009년까지 5년 연속 '세계 최우수 공항상'을 받았으며 2010년 평가에서도 5점 만점에 4.96점을 받아 경쟁공항을 큰 점수 차로 따돌렸다.

인천공항은 첨단 공항시설과 관련 기관과의 협력을 통해 이용객에게 유기적이고 막힘없는 서비스를 제공해 ACI로부터 높은 평가를 받은 것으로 알려졌다. 인천공항의 평균 출입국 수속시간은 출국 16분, 입국 12분으로 국제기준(출국 60분, 입국 45분)의 4분의 1 정도로 짧다. 인천공항은 또 박물관과 전통문화체험센터 등을 마련해 이용객이 다양한 문화를 체험할 수 있게 하고 있다.

또한, 인천공항은 공항공사뿐 아니라 세관과 법무부, 검역원 등 상주기관의 공동노력이 있어 인천공항이 월등한 공항시설과 인프라를 갖춘 싱가포르, 홍콩 등의 대규모 공항에 필적하는 성과를 낼 수 있었다.

CHAPTER 15

전시컨벤션서비스

1. 전시산업의 개요

(1) 전시산업의 정의

전시산업이란 전시기획 등의 설계용역과 관련된 서비스업, 전시모형 및 장치 등을 제조하는 제조업, 그리고 전시공간을 건축하는 건설업의 성격을 모두 가지고 있는 종합산업이다. 제조업과 건설업은 물건을 대량생산하여 보급하는 산업이지만, 전시산업은 전시하는 것을 목적으로 물건을 한 개만 만드는 것에서 차이가 나고, 전시기획의 중요성에 비추어 볼 때 서비스 산업이 많은 비중을 차지하고 있다고 할 수 있다.

그림 15-1 전시산업의 정의와 중요성

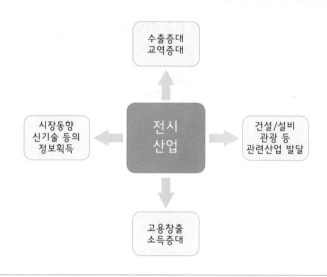

자료: 홍선의, 「전시기획실무론」, 백산출판사, 2008.

(2) 전시산업의 유래

전시회가 언제부터 시작되었는지 정확히는 알 수 없다. 하지만 전시회의 시작점을 고대까지 거슬러 올라가는 이유는 오늘날의 전시회와 그때 물건 서비스를 판매하고 교류하는 행위가 형태면에서 동일하다고 생각하기 때문이다.

현재 전시산업은 여러 나라에서 크게 발전하고 있다. 특히 독일은 총교 역량의 80%가 상품전시회를 통하여 이루어지고 있다. 독일의 상품전시회 수입은 1995년 기준으로 32억 마르크, 관련 산업에의 파급효과는 110억 마르크로 추산된다. 미국은 마케팅의 발상지로서 상품전시회가 가장 보편화되어 있는 나라이고, 국가적 차원에서 지원을 많이 하기 때문에 많은 발전을 이루었다. 우리나라는 1960년대 초부터 수출정책으로 전시산업을 활성화 시키려는 정책을 펼쳤고, KOEX는 한국의 전시산업의 역사라고 할 수 있다. 또 1993년도에 대전에서 세계 엑스포를 개최하였고, 이후에는 경주 세계문화 엑스포를 개최하였다. 2012년에는 여수 세계 엑스포를 개최하였다.

(3) 전시산업의 종류

전시산업은 어떤 학문이나 종류에 구애받지 않는다. 어떤 것이라도 전시를 하고 싶은 마음이 있다면 전시회를 열 수 있다. 과학박물관에서는 과학발명품이나 자연과학현상에 대한 것을 전시할 수 있고, 역사박물관이라면 어떤 나라가 어떤 역사를 가지고 있는지 전시할 것이다.

이외에도 세계의 자동차를 전시하는 모터쇼, 조상들의 생활모습을 보여 주는 민속촌 등 여러 가지 장르의 전시회를 접할 수 있다. 하지만 전시회를 주최하는 입장에서는 전시회에 참여하는 사람의 이해를 도울 수 있어야 하므로 그 분야에 대해 전문적인 지식뿐만 아니라 다양한 영역의 전반적인 지식과 해당되는 지식을 전시로 전환시키는 수준 높은 전시기법이 요구된다. 오늘날 전시회의 주류를 이루고 있는 능동적 전시에서는 관람객의 흥미를 유발시킬 수 있도록 전시회에 오락적인 요소를 많이 가미하고 있다.

(4) 전시산업의 시장성

어떤 산업에서든지 그 산업의 시장성과 경제성은 매우 중요한 부분이다. 특히 전시산업에서는 각각의 전시회마다 전시하는 내용이 모두 다르기 때문에 모두 다른 산업이라고 생각할 수도 있다. 만약 A라는 회사가 미술전시회와 과학기술전시회 두 가지 모두 열고 싶다고 하자. 전시회를 기획하기 시작할 때 시장조사를 하게 된다. 하지만 이렇게 완전히 다른 내용을 전시하게 된다면 주 관람객 층과 전시회의 개최비용 등 모든 면에서 처음부터 어긋나게 된다. 이렇듯 전시산업에서는 다른 어떤 산업보다도 시장성을 많이 연구해야 성공할 수 있고, 더 발전시킬 수 있다.

특히, 지역 전시 · 컨벤션 산업이 상당한 경제유발효과를 창출하면서 새로운 성장 동력으로 부상하고 있다. 이에 따라 부산, 경기, 인천, 대구 등은 기존 시설을 대대적으로 확충하거나 증설 계획을 추진하고 있다.

전시산업에서 시장성을 생각해 볼 때 필요한 점은 '인적 수요를 충분히 채울

수 있는가?'이다. 전시산업은 물건의 직접적인 판매보다는 소개시킨다는 역할이
더 강하다. 그러므로 최대한 많은 인원이 전시회를 보고 가면서 여러 방향으로 전
시된 것을 퍼트리는 데 초점을 맞춰야 한다. 꼭 물건의 홍보나 판매촉진 역할의
전시회가 아니더라도 관람객의 수에 따라 수익이 창출되고 전시회의 성패에 대한
가장 큰 잣대가 된다. 전시회에서 인적 수요를 따질 때에는 여러 가지를 생각해
보아야 한다.

먼저 전시회의 주제가 중요하다. 의료기기에 대한 전시회라면 의사들, 모터쇼
를 개최한다면 자동차 마니아층의 관심을 크게 얻을 것이다. 그리고 이처럼 사람
들의 관심사를 따진 후 나이층을 조사해 어떤 방법으로 전시회를 개최할 것인지
연구해야 한다. 또 생각해 보아야 할 것은 전시회를 개최할 장소이다. 전시회의
주제에 따라 장소가 바뀔 것이다. 과학기술박람회, 미술전시회 등 어느 지역에서
나 어느 정도 관심을 가질 전시회를 한다면 수도권이나 부산, 대전 같이 인구가
많은 지역에서 하는 것이 사람들을 더 끌어 모으는 데 편할 것이다. 하지만 특별
한 상품이 어떤 지역에서 유명한 제품인 경우에는 달라진다. 도자기축제가 열린다
면 도자기가 유명한 이천지역에서 열릴 것이다. 사람들이 '도자기 하면 이천도자
기가 유명하다'라는 생각을 하고 있기 때문에 전시회를 관람하러 이천까지 갈 사
람도 많이 있을 것이다. 이러한 인구 수요를 생각할 때에는 관람객의 기호나 전시
회의 장소 등 여러 가지 사항을 고려해야 한다.

이외에도 전시회가 충분한 경쟁력을 가지려면 목표는 구체적이어야 하고, 그
목표는 현실적이라는 것이라야 한다. 제한되어 있는 시간과 정해 놓은 비용, 그리
고 사용할 수 있는 인력 안에서 목표를 정해야 전시회의 성공이나 실패를 알 수
있고, 다음 전시회 때 더 발전할 수 있다.

(5) 전시산업의 파급효과

가. 경제적 측면에서의 파급효과

전시산업이 개최국이나 개최도시에 미치는 경제적 효과는 전시회 개최 그 자
체만으로 발생하는 수출증대 이외에도 전시회 개최와 관련된 여타 산업에 미치는

영향까지 고려해본다면 그 가치란 다른 중요 산업 못지않으며 향후 성장가능성까지 감안했을 때 그 효과는 기대이상일 것이라는 사실을 다름의 내용을 통해 예측할 수 있다.

판매자가 전시회에 내놓은 상품과 서비스를 구매자가 직접 관찰, 경험, 상담, 비교해 봄으로써 폭 넓은 정보를 획득하고 그 자리에서 직접 구매가 발생하기도 하는 등의 수많은 거래(교역)가 이루어지는 공간이 바로 전시회이다. 이렇듯 전시회는 세계 각국의 참가자들과의 교류를 통해 수출증대효과를 가져오게 된다.

또한 전시회는 타 판촉매체에 비해 참가자 유치효과가 크고 투자수익률이 높으며 이로 인해 판촉활동 비용 및 인력 절감의 효과가 있다. 이러한 효과뿐만 아니라, 전시회를 개최함으로써 그와 관련된 수많은 관련 산업들이 얻는 수입효과가 차지하는 비중 또한 크다. 전시회 참가자들이 이용하는 숙박업, 음식품업, 관광업, 항공운송서비스업, 쇼핑 업 등에서 벌어들이는 수입이 바로 그것이다.

이외에도 전시회 개최로 인해 개최국, 특히 개최도시에는 수많은 고용창출, 지역주민들의 소득증대, 세수증대, 지역 기반시설 확충 등의 파급효과가 발생한다. 따라서 국제무역전시회 활성화는 수출증대로, 이것이 곧 무역수지개선과 지역경제, 나아가서 국가경제 활성화로 이어지게 된다.

또한 전시산업은 국가 간의 상호교류와 상호이해를 가능하게 하며 선진국 간의 최신 지식과 정보, 기술을 습득하여 국제경쟁력 제고에 기여하는 효과가 크다.

나. 정치적 측면에서의 파급효과

전시회는 세계 각국에서 수많은 사람들이 참여함으로써, 그들의 지식과 정보를 교환하는 과정을 통하여 각 국가 간의 상호이해에 기여하게 된다. 한낱 장소적인 매개체에 불과하다고도 볼 수 있는 전시회가 세계 여러 국가의 정치, 경제, 문화, 민족 등과 관련된 여러 쟁점들을 전시회라고 제3의 장소를 통해 상호 협조적이고 평화적으로 해결하는데 기여하고 있다는 사실을 범세계화가 가속화되고 있음을 간파하고 있는 현 사회에서 살아가고 있는 사람이라면 인정하지 않을 수 없는 사실이다.

전시회라는 매개체를 통한 풍부한 인적 교류와 정보교환, 기타 여러 활동 등은 종국적으로 국가 간의 교류를 증진시키는 결과를 가져 온다. 따라서 비 우호국이나 미수교국들과도 관계를 개선 할 수 있는 기회의 장이 되기도 한다. 또한 전시참가자들은 해당 산업분야의 영향력이 있는 사람들이므로 민간 외교차원에서도 그 파급효과가 크다고 할 수 있다.

　전시회 개최를 이용해 개최국은 자국의 역사, 문화, 전통 등을 외국의 참가자들에게 소개하고 이해시킴으로써 자연스러운 자국의 홍보효과를 기대할 수 있으며, 나아가 이는 잠재관광객으로의 확보를 기대할 수도 있다. 이러한 모든 내용들을 종합해보면, 전시회 개최국은 전시회 개최를 통한 국가홍보 효과로 국가이미지 개선과 국제적 지위 상승의 결과도 얻게 된다.

그림 15-2 전시산업의 4가지 측면 파급효과

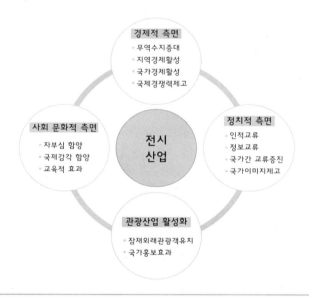

자료: 홍선의, 「전시기획실무론」, 백산출판사, 2008.

다. 사회·문화적 측면에서의 파급효과

　김명율(2000)에 의하면 전시회 개최로 인해 개최국과 개최지에 대한 홍보가 이루어지고, 그에 따른 향상됨은 물론, 사회 문화 전반에 걸친 발전에 이루어진다.

해당 국가의 국민들이 전시회 개최국민과 개최지역 주민으로서 갖게 되는 자부심과 세계 각국으로부터 온 외국인들과의 직접 혹은 간접적인 교류가 맞물림으로 인해 국제 감각을 함양하게 되고 이것이 국제화의 발판이 된다.

덧붙여 전시회를 지방에서 분산 개최할 경우에 지역의 문화 및 경제발전에 기여하고 지역주민들의 공동체의식과 주인의식, 국제의식을 고취시킴으로써 지방의 국제화와 지역의 균형발전을 가져오게 된다.

또한 해당 관련분야에 대한 관심과 이해를 가져오는 교육적 효과도 크다.

라. 관광산업 활성화 측면에서의 파급효과

전시회가 세계 각국에서 많은 사람들이 참가하는 구체적인 행사인 만큼, 참가자들은 전시회 이외도 부가적으로 관광까지 생각하는 경우가 많기 때문에, 참가자들의 개최국 혹은 개최지에 대한 관심은 지대하다. 전시산업의 중요한 연합산업이라 할 수 있는 관광산업에 대한 전시회 개최효과는 상당하다. 세계 각국에서는 개최국 혹은 개최지에 대한 소개와 홍보를 인쇄매체, TV 등의 방송매체를 통해 실시하게 된다.

이러한 모든 것들이 자연스럽게 그 국가나 지역에 대한 홍보효과를 가져오면 무한한 잠재고객들로 하여금 관광의 욕구를 불러일으키는 촉매제로서의 안정 등에 대한 세계인들의 잘못된 국가인식을 바로 잡거나 혹은 만회할 수 있는 기회로 이용함으로써, 보다 많은 잠재 외래 관광객을 유치할 수 있는 기회가 되며, 일반적인 홍보활동일 경우에 드는 많은 비용을 절감할 수 있는 절호의 기회가 되기도 한다.

2. 전시산업의 역사

전시산업의 선진국이라 할 수 있는 나라는 미국과 호주, 독일, 프랑스, 이탈리아, 영국 등의 유럽국가가 있고 아시아에서는 아직 일본을 제외하고는 전시산업이 넓게 발달하지 못하였지만, 최근 급성장하는 중국 그리고 한국을 들 수 있겠다.

(1) 유 럽

전시의 역사는 자연적으로 발생한 원시적 상행위인 물물교환을 그 시작으로 본다. 당시 보다 좋은 조건으로 교환하기 위해서 땅바닥에 놓았던 물건들을 넓찍한 돌 위에 올려놓기도 하고, 보다 신선하고 깨끗한 상태를 보여 주기 위해, 또 비바람을 피하기 위한 공간도 마련해 가며 보다 나은 시장 환경을 만들었을 것이다.

또한 세기를 거치면서 시장이 확대 성장하고 부자들이 생겨나면서 쌓은 부를 과시하기 위해, 또 부족 간, 국가 간 전쟁을 통해 얻어진 전리품을 힘과 권력의 상징으로 보여 주기도 하였다. 이러한 모습들이 전시의 기본개념이고, 현태의 전시에 이를 수 있었던 계기가 된다고 생각한다.

근대적인 전시회는 16세기 산업사회가 싹트면서 영국을 비롯한 유럽에서 시작되었다. 농촌경제의 변화와 수공업의 발전으로 식량의 부족상태에서 벗어나 생산된 농산물을 내다 팔아 수익을 얻을 수 있는 상업적 농업사회가 뿌리를 내리게 되었고, 공업의 발전에 의해 대량생산된 제품들은 새로운 거래의 장이 요구되었으며, 전시산업의 출발점이 되었다. 따라서 전시산업은 산업사회의 도래와 함께 탄생한 새로운 산업분야라고 할 수 있으며, 오늘날에는 컨벤션산업, 이벤트산업, 학술산업 등과 함께 성장하고 있다.

또한 16세기부터 왕후 귀족의 저택에는 '상품진열실' 또는 '경이의 방'으로 불리는 특별한 곳에 고대의 유물, 이국의 동식물, 미이라 등의 진귀품을 진열해 놓았으며, 갤러리 또는 컬렉션이라 호칭되어 오늘날 박물관의 형태로 구체화되었다. 프랑스혁명 후 무역과 공업을 진흥시킬 필요에 직면하여 그 때까지 미술중심이었던 전시를 공업제품의 분야에까지 확대하였으며, 1798년 파리에서 최초의 산업박람회가 개최되었다.

(2) 일 본

1968년 동경올림픽을 치르며 국제적인 교류가 더욱 빈번하게 되었으며, 1970

년 '진보의 조화'라는 테마로 오사카에서 개최된 만국박람회는 문화, 예술, 경제 등 각 분야의 인재들이 참가하여 일본이라는 국가 브랜드와 일본의 문물을 전 세계에 알리는 계기가 되었다. 성공적인 축제를 치르고, 이를 기점으로 건설, 토목, 항만, 철강, 시멘트, 기계 등의 산업들이 활기를 띠게 되어 경제적인 부흥을 이루었다.

1985년 '쯔꾸바과학기술박람회'는 20세기 최첨단기술의 진보를 전 세계에 알리는 결정적인 역할을 하였다. 그 후에도 1989년 나고야에서 개최된 '디자인박람회'는 우리나라에서도 디자인에 관련된 많은 사람들이 관람하였으며, 1990년 '오사카의 꽃박람회'는 자연의 소중함을 홍보하였고, 우리나라 각 지역에서 개최되는 꽃박람회의 모델이 되기도 하였다.

최근까지도 각 도시에서는 크고 작은 규모의 전시들이 끊임없이 이루어지고 있으며, 도쿄의 마꾸하리 메세와 최근에 세워진 오다이바의 빅 사이트에서는 크고 작은 전시회들이 열리고 있다.

(3) 한 국

2011년 광주디자인 비엔날레는 '디자인이라고 칭하는 것이다 디자인이 아니다'라는 주제로 진행되었다. 이 전시는 디자인 영역에서의 유명과 무명, 장소와 비장소, 그리고 이들 사이에 형성되는 커뮤니티에 대해 관객들에 질문을 던진다.

주제전은 설치, 미디어, 그래픽, 조경, 건축, 공연 등 다양한 방식으로 비엔날레의 주제를 재해석해 철학적인 의미와 디자인의 연광성을 관객들에게 이해시킨다. 다양한 전시 형태를 통해 주제전은 창조와 혁신 그리고 모방이 교차하는 디자인을 펼쳐 보인다.

비엔날레시티의 공간은 도시 공간을 비엔날레 안에 구현한다. 특정한 도시를 모방하거나 재현하는 것이 아니라 디자인이 현실에 어떤 영향을 끼치는지 어떻게 생산되고 작동되는지를 보여준다. 비엔날레시티는 복잡하고 무질서해 보이지만 소통과 교환이 가능한 도시로 탈바꿈했다.

커뮤니티는 현대 사회에서 디자인이 관련된 다양한 커뮤니티를 포괄해 주류

디자인뿐 아니라 소외된 커뮤니티의 현실을 보여준다. 관람객들은 디자인이 이루어지는 공간과 장소를 재현한 커뮤니티의 현장을 체험할 수 있다.

또한 비엔날레 아카데미는 전시 기획 과정과 별개인 일회적인 행사로 그치는 것이 아니다. 이번 아카데미는 국내외 학자, 디자이너, 예술가들이 각 섹션의 큐레이터가 선정한 키워드와 질문에 답하고 토론하는 과정으로 이루어져 논의의 중심지가 되었다.

한편, 우리나라가 국제적인 박람회에 정식으로 참가한 것은 1893년 콜럼버스의 미대륙 발견 400주년을 기념하여 개최된 시카고박람회이며, 두 번째는 1900년의 파리박람회로 기록되고 있다.

국내에서 개최된 최초의 박람회는 1926년 경복궁에서 개최된 '조선박람회'이며 공식 행사로 여주의 산대놀이가 공연되었다고 한다. 그 후 1955년 광복 10주년을 기념하여 덕수궁에서 열린 '산업박람회'에서는 시발택시가 선을 보였으며, 이를 첫 번째 박람회라고 보는 견해도 있다. 1968년에는 서 울 구로동에서 한국무역박람회가 대규모로 개최되어 전국에서 많은 관람객들이 몰려들었다.

박람회는 국민들에게 보다 발달된 문명을 보여 주고 계몽하는 국가적 축제이지만, 사람들이 많이 모이는 만큼 사회적인 병폐를 낳기도 한다. 국내 최초의 본격적인 전시회는 1969년 사단법인 전자공업진흥회가 현재의 덕수궁 내에 있던 국립공보관에서 개최한 '한국전자전'으로 최근까지도 지속되고 있다. 초창기에는 전시회를 개최할 수 있는 장소가 여의치 않아 해마다 옮겨 다니며 전시를 해오던 중 1975년 제6회 때는 장충단공원에서 가설 전시장을 마련하여 전시행사를 치렀으며, 당시 국가원수인 대통령이 개막행사 참석 중에 바닥이 내려 않는 소동으로 인해 COEX 건설이 앞당겨지기도 하였다.

그 밖에도 서울교역전과 한국수출상품전시회 등 여러 가지 전시회가 개최되었다. 1979년에는 서울 삼성동에 KOEX(Korea Exhibition Center)가 건립되었으며, 전시장의 역할 개념이 변하면서 1998년 7월 그 명칭도 COEX(Convention & Exhibition)로 바뀌어 본격적인 전문전시장의 역할을 하였다. 1982년에 개최된 서울국제무역박람회(SITRA)는 본격적인 대규모 국제전시회로 자리매김 하였으며, 특히 영상을 통한 전시 디스플레이에 눈을 돌리는 성과를 남기기도 하였으나, 당시에는 일본기술에 의존할 수밖에 없었던 실정이었다.

이후 과학을 주제로 한 대전엑스포도 개최되었으며, 지금은 서울의 COEX 이외에 부산의 BEXCO, 대구의 EXCO, 일산의 KINTEX가 개관되었다. 또한 전시전문회사들도 많이 생겨나게 되었다.

3. 전시산업의 디자인

(1) 전시 디자인의 요소

전시 디자인의 정의는 '대상물을 목적의도에 따라 일정기간 동안 대상인에게 전달하는 공간조형기술'이라고 할 수 있고 다음의 4가지 요소에 대한 철저한 조사연구가 전시 디자인 성패를 좌우한다.

가. 대상물

보여 주려는 것이 유형의 상품인지, 또는 무형의 서비스·기술·정보인지를 명확히 한다. 성공적인 전시를 위해서는 무엇보다 대상물에 대한 연구를 기본으로 하는 전시방법의 개발이 요구되며, 전시의 효과를 높이기 위한 이벤트의 발상도 대상물에서부터 출발해야 한다. 또한 대상물에 의해 대상인의 범위를 결정할 수 있으며, 전시공간의 면적과 용적을 계획할 수 있다.

나. 대상인

대상인은 전시를 보러 오는 관람자로서 주최측이 제시한 의도를 받아들이는 주체이다. 따라서 대상인의 유형과 성격을 파악하는 것은 무엇보다 중요하며, 주최측이 목적하는 의도에 따라 대상인의 범위를 설정해야 한다.

다. 공 간

국내와 국외, 실내와 실외 등 전시장의 상황을 명확하게 파악하고 디자인방향을 정해야 한다. 전시공간의 조형 디자인은 관람객에게 참가자를 첫 눈에 알리고 그 이미지를 결정짓게 하는 중요한 요소이므로 보여 주고자 하는 유형·무형의 상품을 기능적으로 배치하고 또는 감성적으로 표현하는 곳으로서 공간은 그 역할이 매우 크다.

라. 기 간

기간은 전시의 주요소인 대상물을 기본으로 장소와 대상인에게 대한 분석이 뒷받침되어야 설정할 수 있다. 기간에 따라 전시장의 규모나 예산이 달라지며, 하루 중에도 시간대별 관람객의 수를 예상하여 전시장이 계획되어야 한다.

(2) 전시 디자인의 기본요인

가. 참가사에 대한 이해

기업이 목적하는 방향·경영전략·경영목표를 이해하지 못하면 전시의 효과를 얻기가 어렵다.

나. 전시품에 대한 이해

제품이 무엇인지를 정확하게 판단하고 제품에 대한 정확한 지식을 가져야만 디자인의 방향을 올바르게 잡을 수 있다.

다. 관람객에 대한 이해

관람객의 성별·연령·직업을 전시계획에 반영하여 전시장의 디자인 컨셉이 정해질 수 있으며, 주어진 테마에 대한 관람객의 의식을 계몽한다는 목적도 있다.

라. 경쟁기업에 대한 이해

경쟁사의 장·단점을 파악하여 자사의 전시계획에 반영한다. 경쟁사의 부스위치나 규모를 파악하고 경쟁사와는 차별화된 전략을 세워 계획한다.

마. 트렌드에 대한 이해

트렌드는 소비자의 가치관과 생활양식이나 문화 등의 변화에 의해 변해가므로 시장경제와 기업경영에 많은 영향을 끼치게 된다. 따라서 거시적인 안목으로 트렌트를 살피고 연구하여 전시의 방향을 찾아야 한다.

바. 유통시장에 대한 이해

각 참가사의 제품은 각 기업의 상황에 맞는 유통망을 통해 소비자에게 전달되므로 장기적인 정보축적을 바탕으로 한 유통동향에 대한 이해가 요구된다.

사. 라이프스타일에 대한 이해

라이프스타일은 소비자행동에 대한 새로운 예측을 가능하게 하고 새로운 경향을 파악함으로써 디자인의 방향을 구체화시킬 수 있다.

(3) 전시 디자인을 위한 5W2H

가. 누구에게(Who)

대상에 따라 전시 디자인의 방향이 달라질 수 있기 때문에 그 대상자를 명확하게 파악하는 것이 전시의 성패를 가늠한다. 대상자는 '누구나'가 아닌, 가능하면 폭을 좁혀 가는 것이 좋다.

나. 무엇을(What)

전시회를 보면 무엇을 얻을 수 있는지를 명확히 한다. 기업의 이미지를 위한 전시라면 꼭 제품을 전시하지 않고도 전시장을 꾸밀 수 있다. 그러나 제품을 보여주는 전시라면 제품에 대한 지식을 알려주고 돋보일 수 있도록 제품 위주의 전시장이 되어야 한다.

PART 5

다. 왜(Why)

전시 디자인은 세일즈 프로모션을 위한 하나의 방법이므로 보다 기업의 실리를 찾도록 계획하여야 한다. 즉 신제품 또는 새로운 기술을 소개한다든지, 또는 새로운 마케팅전개를 위한 소비자의 동향을 파악한다든지 등의 목적을 구체화하므로 전시회 참가의 목표를 달성할 수 있다.

라. 언제(When)

주로 신제품이 출시되는 시기에 전시회를 개최하는 것이 좋다. 기간 혹은 시즌에 따라 전시 디자인과 연출방법이 달라질 수 있으며, 시즌에 따라 고객의 관심도 역시 다르기 때문이다.

마. 어디에서(Where)

전시는 지역과 거리 등 장소가 어디인가에 따라 고객의 접근용이도가 달라질 수 있고, 전시회의 전체적인 이미지가 달라질 수 있기 때문에 장소선정은 중요하다.

바. 얼마나(How much)

전시품의 양과 얼마의 예산으로 진행할 것인지에 따라 전시장의 디자인과 운영의 규모가 다르다. 물론 최소의 비용으로 최대의 효과를 얻는 것이 가장 좋은 방법이라 할 수 있지만, 많은 예산지출에 비해 기대했던 효과를 얻지 못하는 경우나, 너무 작은 예산 때문에 기업의 이미지에 오히려 손상이 가는 경우도 생길 수 있으므로 주의해야 한다.

사. 어떻게(How to)

어떠한 방법으로 전시품을 전시할 것인가, 또 그에 따라 전시장은 어떠한 방향으로 디자인되어야 할 것인가, 예산에 맞는 이벤트는 어떤 것이 적절한가를 결정하게 된다.

4. 우리나라 전시산업의 현황

(1) 우리나라 전시산업의 역사

우리나라는 고종 26년 1889년 파리 만국박람회에 갓, 모시, 돗자리 등을 출품하여 국제무대에서는 처음으로 전시회에 참여했다. 그리고 1893년 5월부터 10월까지 미국 시카고에서 개최된 시카고 세계박람회에 국내 상품을 출품하였다.

1907년에 한 · 일 양국의 공동주최로 서울에서는 「경성박람회」라는 전시회를 개최하였다. 그 이후에 1915년 경복궁에서 「물산공진회」, 1929년 「조선박람회」가 개최되기도 하였다. 당시의 전시회는 일본의 정치업적과 권위를 과시하기 위해 거의 일본인에 의해 이루어졌기 때문에 순수산업전시회로 성장하지는 못하였다.

우리나라에서 순수산업전시회는 1962년 4월부터 6월까지 한국산업진흥회 주최로 경복궁에서 「산업박람회」의 개최를 계기로 토대를 마련하였다. 그 이후 1968년 한국수출산업공단에서 「한국무역박람회」가 개최되고, 그 이듬해 덕수궁에서 제1회 한국전자공업진흥협회 주최로 한국전자전을 통해서 본격적으로 시작하였다.

1970년 초반에 우리나라 수출정책과 전시회에 대한 관심이 증대되어 1976년에는 한국기계공업진흥회의 전시장이 생기게 되었다. 그 이후 1979년에 한국무역협회는 그 산하의 최초의 전문시설인 한국종합전시장을 설립하였다. 특히 1986년 전문전시컨벤션센터인 코엑스(COEX)를 개관한 이후부터 지속적으로 성장하였다. 따라서 우리나라는 위와 같은 전문전시장이 건립되면서 점차 견본전시회로 변화되어 전문전시회의 성격으로 발전되어 가고 있다.

(2) 우리나라 전시산업의 현황

우리나라 전시회 개최건수는 급격한 수준의 증가세는 아니지만 꾸준히 증가하고 있다. 1991년 74회였던 개최건수가 2001년에는 198회로 10년 정도의 기간 동

PART 5

안 2.5배 이상 증가하였다.

이는 우리나라의 무역규모와 함께 경제규모가 성장한데도 그 이유를 찾아볼 수 있겠지만, 무엇보다도 기업들이 전시회를 마케팅의 중요한 수단으로 인식하고 적극적으로 참여하고자 하는 열망의 반영으로 파악할 수도 있을 것이다.

특히 1991년에 비하여 2000년도에는 수출이 172,394,980천 달러에서 332,748,528천 달러로 두 배 가량 증가하였다. 이러한 무역규모와 전시회 규모와의 관계를 살펴보면 117% 증가하였다. 즉 전시회 규모의 성장률과 무역규모의 성장률 간에는 정의 관계가 성립하는 것으로 나타났다.

2000년도 관람객 규모별 전시회 개최현황을 살펴보면, 전체 관람객이 1~5만 명 미만의 전시회가 19건(16.24%), 5~10만 명 미만이 17건(14.53%)이 개최되어 1만 명 이상의 전시회가 총 94건으로 80.34%의 점유율을 보이고 있다. 전시참가업체수별로 개최현황을 살펴보면, 100~200개 업체 미만이 34건(39.06%), 50~100개 업체 미만이 30건(25.64%), 200~500개 업체 미만이 28건(23.83%)의 순으로 나타났다.

국내전시회의 개최지역을 살펴보면 대부분이 서울에 집중하여 개최되고 있다. 1998년부터 2000년까지 매년 86% 이상이 서울에서 개최되고 있으며, 그 이외의 지역들은 2% 미만인 것으로 나타났다.

이는 서울이라는 도시가 국제적인 도시이며 상업도시라는 점에서 기인하는 바도 크겠지만, 무엇보다도 이때까지만 해도 대부분의 전문전시장이 서울에 집중되어 건립되어져서 전문적인 전시회를 개최하기 위해서는 어쩔 수 없이 서울을 선택할 수밖에 없는 요인도 크다 하겠다. 또한 전시회와 관련되어서 필요한 하부구조, 즉 교통과 숙박 및 관람객 동원의 용이성 등으로 인해 서울에서 집중적으로 전시회를 개최할 수밖에 없게 만들었다.

표 15-1 전시참가업체별 개최 현황

구분	건수	구성비(%)
50개 업체 미만	12	10.26
50~100개 업체 미만	30	25.64
100~200개 업체 미만	34	39.06
200~500개 업체 미만	28	23.93
500개 업체 이상	7	5.98
기타(N/A)	6	5.13
계	117	100

자료: http://www.intercom.co.kr/new/pco/file/pco.doc

(3) 주요 전시컨벤션 현황

가. 코엑스

코엑스가 주요 20개국(G20) 서울 정상회의를 성공적으로 개최한 효과를 톡톡히 보고 있다. 코엑스는 2013년 열린 세계치과의사연맹총회(FDI) 유치에 성공해 2만여 명이 참가하는 이 행사의 전문 기획 및 운영자(PCO)를 맡게 됐다고 밝혔다. 코엑스는 또 3천여 명이 참가하는 2012년도 국제동양의학학술대회와 1천여 명이 초청될 2013년도 세계전자파학회 행사를 유치했다.

코엑스 관계자는 "G20 정상회의는 국제회의시설, 숙박시설, 교통시스템 등 우리나라의 컨벤션 인프라를 전 세계에 알릴 좋은 기회였다"며 "이를 십 분 활용해 세계적 컨벤션 도시로 도약할 수 있도록 글로벌 마케팅을 강화할 계획"이라고 말했다. 그는 G20 정상회의 등 국제회의에 참석하려고 코엑스를 방문한 외국인은 3만여 명에 이르고, 이들이 행사 참가기간에 우리나라에서 쓴 돈은 900억 원에 달한다고 덧붙였다.

한편, 컨벤션 관련 해외 전문지 'cei'는 12월호에서 G20 서울 정상회의 때 코엑스가 성공적으로 행사장을 운영해 PCO로서의 능력을 검증받았다고 평가했다. 코엑스측은 G20 정상회의 운영 사례는 세계컨벤션센터협회(AIPC)와 아태전시컨벤션협회연맹(AFECA) 등을 통해 전 세계 전시컨벤션업계 전문가들에게도 소개됐

PART 5

다고 전했다.

　한편, 2010년 서울 G20 정상회의장과 메인 프레스센터(MPC)가 자리한 코엑스는 온통 '한국문화의 경연장'이었다. MPC 내 대형 전광판에는 한국문화 홍보영상이 끊임없이 상영되었고, 카페테리아 옆에는 황석영, 김영하 등 주요 작가들의 작품이 프랑스어, 스페인어 등으로 번역되어 외국 기자들에게 무료로 배포되었다. 또한, 한복 체험관과 전국 문화유산을 3D 영상으로 볼 수 있는 시설을 통해 짧은 기간에 각국 대표단과 외신 기자들이 한국 문화를 접할 수 있도록 배려했다.

나. 모터쇼

　2011 서울모터쇼가 '진화, 바퀴 위의 녹색혁명'이라는 주제와 함께 프레스데이를 시작으로 화려한 막을 올렸다. 일산 킨텍스에서 열리는 이번 전시회는 총 면적 5만 9,176㎡에 8개국에서 총 139개 업체가 참여해 역대 최대 규모가 될 전망이다. 모터쇼의 꽃은 역시 자동차다. 이번 모터쇼에 전시되는 완성차는 국내 12곳과 해외 23개 업체에서 총 300여 대에 달한다. 이 가운데서도 최초로 선보이는 차량에 이목이 집중될 것으로 보인다.

　서울모터쇼 조직위원회에 따르면 세계 최초로 선보이는 월드 프리미어 차량은 5종, 아시아 및 국내 최초 공개되는 차종은 각각 22종과 27종에 달해 관람객의 눈길을 사로잡았다. 월드 프리미어 차량은 현대차 HND-6와 기아차 KND-6, 한국지엠의 미래(Miray), 르노삼성 SM7 후속 및 대우버스 BC211M 등이다. 이들 차량의 제원은 모터쇼 직전까지 철저히 비밀에 부쳐져 구체적인 내용이 알려지지 않았다. 다만 HND-6는 수소연료전지차, 기아차의 KND-6는 CUV 모양의 전기차인 것으로 전해졌다. 한국지엠 '미래'는 하이브리드 경승용차다.

　하지만, 반면 외형적 성공과 달리 세계 최초로 공개되는 모델이 6대(1대는 버스)에 불과하고 콘셉트 카는 23대만이 나와 질적인 부분에서 아쉬움을 남겼다. 특히 비슷한 시기에 열리며 경쟁관계에 있는 중국 상하이 모터쇼에 세계 주요 자동차 메이커와 중국 토종 메이커들이 무려 75개에 달하는 월드 프리미어를 출품하기로 한 것과도 비교되고 있다.

　일반적으로 모터쇼는 오랜 역사에 더해 세계 첫 공개(월드 프리미어) 차량이 몇 대인지로 권위를 평가하곤 한다. 파리모터쇼, 프랑크푸르트모터쇼, 제네바모터쇼, 디트로이트모터쇼, 도쿄모터쇼가 세계 5대 모터쇼로 불리는 이유도 여기에 있다. 특히 취객이 전시 차량을 훼손하고, 일부 수입차가 상하이모터쇼 전시를 이유로 차를 빼는 등 운영상의 문제점을 드러내기도 했다. 좁은 전시장도 시급히 해결해야 할 과제로 지적됐다. 서울모터쇼가 가야 할 길이 멀다는 점을 보여준다.

자동차 전문가들은 서울모터쇼가 '한국'이라는 시장의 한계를 뛰어넘어 성장하기 위해서는 독특한 성격을 지닌 모터쇼로 거듭나야 한다고 언급한다. 올해 처음 시도한 '세계 자동차 CEO 포럼'의 경우 주요 인사들이 빠지면서 세계 자동차 업계의 이목을 집중시키는 데는 성공하지 못했다. 전문가들을 "서울모터쇼가 세계 5대 모터쇼 규모로 성장하려면 콘셉트 카나 신차가 많이 나와야 하고, 한국적인 것을 모터쇼에 접목해 우리만의 특징적인 것을 만들어 나가야 한다"며 "선정적이라고 지적을 받고 있는 모터쇼 도우미도 우리와 중국밖에 없는 독특한 것인 만큼 이를 잘 살리고 자동차를 부각시킬 수 있는 방안을 찾아야 한다"고 말했다.

그러면서 "서울모터쇼만의 독특한 특징을 만들어내느냐가 5대 모터쇼로 올라서는 관건이 될 것이다"며 "친환경 전기차나 배터리의 경우 우리가 해외 업체에 뒤지지 않는 만큼 이런 부분을 잘 개발하면 특색 있는 모터쇼로 거듭날 수 있을 것이다"고 조언했다.

다. 전통시장과 전시이벤트

수원 팔달문시장, 정조의 숨결을 재연하고 지동 못골시장은 문전성시 최근 수원의 팔달문시장은 정조의 효심과 숨결을 재현하고자 비지땀을 흘리고 있다. 수원은 정조의 도시다. 비극적으로 죽은 아버지 사도세자가 간직했던 개혁의 꿈을 이룰 무대로 정조가 선택한 땅, 수원! 정조는 여기서 어떤 세상을 열고 싶었던 것일까? '왕이 만든 시장, 그곳에서 만난 유상(柳商)들'이 그것이다.

정조는 부국강병의 근원이 상공업에 있다고 생각했다. 하지만 한양의 상권은 이미 기득권과 손잡고 금난전권을 비롯한 막대한 이권을 확보한 상태였기 때문에 정조는 전라도, 충청도, 경상도에서 한양으로 올라오는 길목인 수원에 신도시를 건설하기로 결심했다.

PART 5

수원에 사회기반시설을 조성한 정조는 수원성(수원화성)을 짓고 그 남문인 팔달문에 시장을 열었다. 그것이 오늘날 수원의 팔달문시장이다. 그러니까 수원 팔달문시장은 '왕이 만든 시장'이다.

시장을 연 정조는 전국의 대상인들을 불러 모았고, 정조의 부름에 응한 상인들이 팔달문 시장으로 속속 모여들었다. 이들은 정조처럼 부국강병의 근본이 상공업에 있다고 보고 일찍이 상업에 투신한 선비 상인들이었다. 이처럼 뿌리가 선비에 있다 보니 수원상계는 이(利)보다는 의(義)를 따르고, 노블레스 오블리주를 중시하는 기풍이 조성됐다

한편, 수원시 지동 못골시장은 문화체육관광부로부터 선정된 '문전성시 프로젝트 사업'을 성공적으로 이끈 작가를 강사로 초빙해 전통시장별 특성에 맞는 적용기법 연구 및 문화, 관광, 여가, 복지, 비즈니스 모델을 발굴하도록 '수원전통시장 문화 학교'를 운영한다.

문전성시 프로젝트란 문화체육관광부가 침체되고 있는 전통시장에 문화의 숨결을 불어넣어 문화체험의 공간이자 일상의 관광지로 활성화하기 위해 추진하고 있는 사업으로, 지난 2008년부터 시작해서 현재 전국 16개 시장이 선정되어 활동하고 있다.

못골시장은 지난 2008년 9월부터 2011년 12월까지 총 3단계로 나눠 사업을 추진하였다. 1단계 사업으로 못골온에어, 불평합창단, 스토리텔링, 요리교실 등 19개 사업과 2단계 사업으로 못골문화축제, 홈페이지구축, 못골야외무대 설치 등 8개 사업을 추진하고 있다.

사업이 마무리되어 1, 2단계의 성공적인 사례를 지속적으로 유지·관리하고 생생체험 시장견학, 지역주민·대학생·고등학생들이 주인이 되는 공연 등의 문화활동을 활성화해 하루 방문객이 1만 명이 넘는 인기 전통시장으로 자리잡고 있다.

이에 따라 못골시장 문전성시 프로젝트 사업의 성공적인 추진을 시 관내 21개 전통시장에 전파하고자 문화학교를 추진, 14일부터 10월 18일까지 총 10회에 걸쳐 42명을 대상으로 프로그램을 운영할 계획이다. 주요 교육 내용은 급변하는 유통환경 변화에 대응하기 위한 전통시장 상인회의 역할 제고, 상인리더 역량강화를 위한 상인의식 혁신 교육, 전통시장 성공사례, 스토리텔링 기법 등 전통시장별 발

굴 가능한 문화콘텐츠 개발 및 비즈니스 모델화 기법 전수 등으로 전통시장이 성공적이고 소문난 시장으로 자리매김 하는 데 도움을 주고자 한다.

라. 가상현실과 전시컨벤션

가상현실이란 어떤 특정한 환경이나 상황을 컴퓨터로 만들어서, 그것을 사용하는 사람이 마치 실제 주변 상황·환경과 상호작용을 하고 있는 것처럼 만들어 주는 인간−컴퓨터 사이의 인터페이스를 말한다. 2016년에 들어 가상현실과 관련된 VR(virtual reality)기계들이 눈에 띄기 시작했다. 이미 해외에서는 VR게임이 출시되고 있을 정도로 각광받고 있는 산업 중 하나이다. 가상현실의 사용 목적은 사람들이 일상적으로 경험하기 어려운 환경을 직접 체험하지 않고서도 그 환경에 들어와 있는 것처럼 보여주고 조작할 수 있게 해주는 것이다.

이러한 가상현실이 사용될 수 있는 곳은 교육, 산업현장, 연구뿐만 아니라 드라마, 영화, 게임, 방송, 애니메이션 등 다양한 문화, 엔터테인먼트 산업에서 사용될 수 있다. 가상현실의 가장 큰 장점은 생생함을 넘어서 생동감 있게 만들어 준다는 것이다. 이번에 디스트릭트라는 기업이 싱가포르에서 VR과 연관된 홀로그램을 이용해서 K−POP 콘서트를 주최하였다. 이는 단순히 동영상 재생수준이 아닌 실제로 박진감 넘치고 전율이 느껴지는 무대를 느낄 수 있어 자신이 좋아하는 가수가 직접 앞에서 공연하는 것과 같은 생동감을 얻을 수 있다. 그렇기 때문에 다소 비싼 콘서트 비용을 이러한 가상 콘서트를 통해 좀 더 저렴하게 즐길 수 있고 또한 사람이 하기에 한정적인 공연의 기회를 늘려 많은 소비자들이 좀 더 쉽게 가상으로 콘서트를 즐길 수 있는 기회를 만든 VR기술은 K−POP이 세계 소비자들과 가까워 질 수 있게 만들어 주고 있다.

또한 앞으로는 문화 관람의 형태 또한 VR기술로 인해 많은 것이 변화될 것이다. 3D, 4D보다 더 생생한 가상의 공간에서 영화를 단순히 보는 것이 아니라 직접 그 공간 속에 들어가 체험할 수 있는 형태의 관람으로 바뀔 것이다. 영화뿐만 아니라 다른 문화 관람에도 적용시킬 수 있을 것이다. 영화 '박물관이 살아있다'를 보면 밤이 되면 박물관에 전시되어 있던 모든 것이 살아 움직인다. 이처럼 그림 전시회와 가상현실을 접목시켜 지루한 전시회가 아닌 직접 체험할 수 있고 생동감 넘치는 공간으로서 소비자들에게 다가갈 수 있을 것이다.

5. 전시컨벤션 서비스의 문제점 및 발전방안

(1) 전시컨벤션 서비스의 문제점

한국의 지역전시 사례 중 대다수가 지역의 전시컨벤션센터를 중심으로 개최되고 있는 각 지역의 대표적인 전시회이다. 대부분의 경우 지역전시회의 규모가 작아 적자 운영되고 있으며, 정부 및 지자체의 지원 미비, 중복 전시회 개최, 경쟁력 약화 등으로 인하여 활성화되지 못하고 있다. 전시회 개최는 일부 대도시에 한정되어 있으며, 지역별 격차가 크다. 현재 국내 전시회의 62%가 수도권에서 개최되고 있으며, 지방 전시회의 경우에도 벡스코, 엑스코 등이 있는 영남권에 집중되어 있다. 반면에 강원과 제주는 규모가 작을 뿐만 아니라, 지역적인 특수성으로 예산도 다른 권역의 절반도 채 되지 않는 지원을 받고 있다. 지역전시회의 경우 전시 시설의 부대 인프라가 미흡한 상태이다. 대중교통 및 공항, 항만 시설과의 연계가 부족하고 전시장 접근 및 전시 물품 운송에 어려움이 존재하며, 전시회 유치에 필수 요소인 숙박시설 부재로 행사 유치에 어려움을 겪고 있다. 전시장에 대한 지방세제는 일부 지원 대상에 포함되고 있으나, 여전히 높은 세율로 전시장 운영에 부담감을 준다. 전시장은 업종의 분류상 부동산임대업으로 분류되어 세제 혜택이 부족하며, 세제감면, 비과세 등의 정부 지원책 개선이 필요하다. 또한 각 지역을 대표하는 산업과 전시회를 창의적으로 표현할 수 있는 전문 인력이 필요하다. 전문 인력은 산업에 기본적으로 필요한 존재이며, 국내에는 전시 전문 인력이 현저하게 부족하다.

(2) 전시컨벤션 서비스 산업의 발전방안

가. 지역특화산업 중심의 대표 MICE 상품개발 주력

지역발전 전략과 연결하여 중점산업의 기술개발과 마케팅활동을 촉진시킬 수 있어야 한다. 각 지자체별로 특정 분야에 주력하는 차별화 전략이 필요하며, 지역의 지리적·산업적 특성을 이용한 다양한 프로그램 개발에도 힘써야 한다. 전체 국제회의 개최의 74.7%(2009년 기준)가 참가자 500명 이하의 중소형 국제회의인 점을 감안하여 대형 국제회의 외에 이들 규모의 회의 유치에 힘써야 할 것이다. 특히 MICE의 국제회의는 기존 학회, 협회회의에 비해 참가자수가 대규모이며, 일인당 지출액이 보다 크다는 점에서 MICE산업이 새로운 고부가가치 영역으로 부상하고 있다. 또한 해당 산업을 대상으로 하는 컨벤션 외에 전시회, 이벤트행사 등 다양한 엔터테인먼트 요소를 결합하여 개최함으로써 MICE산업의 현대적 특징인 지식, 교류, 흥미유발 등이 이루어져야 한다.

나. 정부 및 지자체가 연계한 지역전시회 확대 및 육성 전략이 필요

지역전시회에 대한 세제지원 및 각종 부담금 감면, 지역의 전시장 및 관련 인프라 건립 지원을 통해 정책적으로 부담감을 줄일 수 있어야 한다. 특히, 지자체가 지역특화산업 육성과 관련하여 선정하는 전시회를 우선 지원하는 방안을 마련하여 재정 지원을 통해 취약한 지방전시산업의 육성 및 지방 중소기업의 수출 확대를 위한 기회를 마련해야 할 것이다. 주요 전시 선진국들은 대부분의 전시장을 주 또는 시에서 소유하고 있다. 이들은 단기적인 손익에 연연하지 않고 장기적인 안목을 갖고 저렴한 비용으로 전시장을 대여하고 있으며, 각종 세제의 감면 및 면제로 지자체마다 전시회를 유치하기 위해 경쟁적으로 전시회를 지원하고 있다.

현재 시행하고 있는 광역경제권 정책과 연계하여 지역특화 전시회 세부육성 계획을 수립하여 특화전시회로 선정되는 전시회를 대상으로 발전기금을 조성하여 홍보비 및 기반구축비를 지원하고 세제 및 각종 부담금에 대한 지원이 강화되어야 할 것이다. 전시회와 지역특화 산업 및 관광과 연계된 발전 전략을 수립 및 추진하여야 한다. 전시회 개최에 따른 외국인 관광객 유치 증대를 위해서는 지역특화

PART 5

산업과 연계한 관광 프로그램의 개발이 중요하다. 지역 축제, 비엔날레 등 체험 프로그램을 비롯하여 지역을 대표하는 문화 관광 자원을 활용한 연계 관광 프로그램을 통하여 지역 마케팅 및 홍보를 통하여 지역 경제를 활성화 시켜야 한다. 전시장 주변의 인프라 확충을 추진하여 복합문화단지를 조성하는 것이 필요하다.

다. KTX, 항공, 항만 시설과 전시장의 교통체계 연결

지방컨벤션센터의 경우 국제노선과 전시장까지 통하는 지하철이나 버스노선이 부족해 참가업체나 관람객들이 불편을 겪고 있다. 이에 교통 접근성의 제고를 위해 전시컨벤션센터와 공항, 역 등을 연결하는 서틀버스 운행 및 전시장을 경유하는 버스 노선 증설, 경전철 등의 교통수단 설치 등의 수단이 필요하다. 또한 국제기관과의 공동교육 프로그램 개발 및 전문 인력을 양성하여야 한다.

라. 전문 인력 양성 및 역할

전시회의 유치, 기획, 준비, 개최, 운영 등의 관련 업무는 많은 경험과 지식, 정보, 능력을 가지고 있는 전문 인력이 필요하다. 따라서 유능한 인력을 확보하기 위해서는 전시회의 운영능력 제고를 위한 양성교육, 재교육 등 프로그램을 개발해야 하며, 특히 지역전시회의 특성상 유치 부문의 전문 인력 확보를 위해서는 해외교육에도 지원을 강화해야 한다.

- 강한승, 서병로, 김기홍, 「의료관광마케팅」, 대왕사, 2010.
- 김기홍, 「항공관광경영론」, 대왕사, 2004.
- 김기홍, 조인환, 윤지현, 「관광학개론」, 대왕사, 2009.
- 김연성 외 5, 「경영품질의 세계기준 – 말콤 볼드리지」, 완전개정판, 한언, 2001; 「품질경영론」, 개정판, 박영사, 2001.
- 김지회, 김기홍, 「외식경영론」, 대왕사, 2010.
- 나영선, 「외식산업 창업과 경영」, 백산출판사, 2006.
- 매일경제신문, "미 사우스웨스트항공의 성공비결", 2000.07.06.
- 박강섭, "의료관광 '한류 바람', '병원+특급 호텔' 복합 메디컬 리조트 만들어야", 국민일보, 2011.03.
- 박신영, "외식업계, 신메뉴 놓고 '속도경쟁'", 파이낸셜뉴스, 2016.05.02.
- 박신영, "커피숍이야 공연장이야. 커피전문점 영역 파괴 바람", 파이낸셜뉴스, 2015.12.23.
- 박영택, "C학점의 천재가 만든 페덱스: 서비스 품질의 원천은 종업원 제일주의", 품질 경영, 6월호, 1998; "자존심으로 승부를 건 리츠칼튼 호텔: 진정한 서비스는 자존심의 발로", 품질경영, 12월호, 1998; "세계적 품질선도기업의 베스트 프랙티스: 사우스웨스트항공의 서비스 전략을 중심으로", 한국품질경영학회 춘계학술대회 발표논문집, 2002.
- 박은진, "11번가에서 피자·치킨도 주문한다", MBN뉴스, 2016.08.18.
- 박종일, "수원관광산업, 세계속에 우뚝 서다 '2011 내나라 여행박람회' 현장에서", e-수원뉴스, 2011.
- 서병로, 김기홍, 「의료관광산업」, 대왕사, 2011.
- 서비스 경영 연구회, 「서비스 경영」, 도서출판 석정, 1999.

PART 5

- 신동설 역, 「종합적 품질경영-지속적 개선의 3단계」, 석정, 1994.
- 오문영, "SPC그룹, 강남에 플래그십스토어 오픈", SP투데이, 2014.08.25.
- 우봉식, 강한승, 「의료관관산업개론」, 2010.
- 원석희, 「서비스 운영관리」, 형설출판사, 2001.
- 유명희, 「관광학개론」, 한올출판사, 2009.
- 유한주, 「TQM에 의한 경영혁신」, 한국생산성본부, 1994.
- 은종학 역, 「초일류 서비스 기업의 조건」, 김앤김북스, 2001.
- 이데일리, "먹고 살만해진 중국, 여행업도 '폭풍성장'", 2011.07.
- 이순구, 박미선, 「호텔경영의 이해」, 대왕사, 2008.
- 이유재, 「서비스마케팅」, 2판, 학현사, 2001.
- 이훈영, 「의료서비스 마케팅」, 청람, 2008.
- 이희승, 김기홍, 「전시산업론」, 대왕사, 2008; "사원만족이 곧 고객만족이다", 기업나라, 중소기업진흥공단, 2001.
- 조선일보, "미 외식업체들 코리아 성공신화", 2002.06.11.
- 최한수, 「실전 외식사업경영론」, 한올출판사, 2007.
- 홍선의, 「전시기획실무론」, 백산출판사, 2008.
- Albrecht, K. and R. Zemke, Service America in the New Economy, McGraw-Hill, 2002.
- Blackburn, R. and B. Rosen, "Total quality and human resources management: lessons learned from Baldrige Awaed-winning companies", Academy of Management Executive, 7(3), 1993.
- Collier, D. A., The Service/Quality Solution, Irwin, 1994.
- Fitzsimmons, J. A. and M. J. Fitzsimmons, Service Management: Operations, Strategy and Information Technology, 3rd Ed., McGraw-Hill(서비스 경영연구회 편역(2000), 「서비스 경영」), 한경사, 2000.
- Fitzsimmons, J. A., M. J. Fitzsimmons, Service Management, McGraw-Hill, 2000.
- Gallagher, R., Delivering Legendary Customer Sercive, Midpoint Trade Books Inc, 2000.
- George, S. and A. Weimerskirch, Total quality management: Strategies and tech-

niques proven at today's most successful companies, New York: John Wiley & Sons, 1994.

- Haksever, C. et al., Service Management and Operations, 2nd ed., Prentice Hall, 2000.
- Haksever, C. et al., Service Management and Operations, Prentice Hall, 2000.
- Heskett, J. L. et al., The Service Profit Chain, The Free Press(서비스 경영연구회 역(2000), 「서비스 수익모델」, 삼성경제연구소), 1997.
- Hill, R. C., "When the going gets rough: A Baldrige Award winner on the line", Academy of Management Executive, 7(3), 1993.
- Huran, J. M., "Made in U.S.A.: A Renaissance in Quality", Harvard Business Review (March–April), 1993.
- Kotter, J. P. and J. L. Heskett, Corporate culture and performance, New York: Free Press, 1992.
- Lovelock, C. H. and L. Wright, Principles of Service Marketing and Management, 2nd ed., Prentice Hall, 2002.
- O' Reilly III, C. A. and J. Pfeffe, Hidden Value, Haevard Business School Press(김병두 역(2002), 「숨겨진 힘」, 김영사), 2000.
- Segel, R. and D. LaCroix, Laugh & Ger Rich, Specific House(김희진 역(2001), 「유머경영」, 북라인), 2000.
- Shelton, K., Best of Class, Executive Excellence Publishing(정성묵 역(2001), 「최고의 고객만들기」, 시아출판사), 1998.
- Strategy and Information Technology, 3rd Ed., McGraw-Hill(서비스 경영연구회 편역(2000), 「서비스 경영」, 한경사), 2000.
- Watson, L. J., Management for Service Operations, McGraw-Hill, 1999.
- Wind. J. Y. and J. Main, Driving Change: How the Best Companies Are Wiersema, F., Customer Service, Harper Business, 1998.

PART 5

DESIGN THINKING & SERVICE MANAGEMENT

PART 6
스포츠 마케팅과
SNS서비스

DESIGN THINKING & SERVICE MANAGEMENT

기업들이 스포츠 마케팅에 집중하는 이유는 해외 시장에 자사 브랜드를 알리는 데 가장 효과적이라는 판단에서다. 소득 수준이 증가하면서 각국의 스포츠 인구가 늘어나고 있는 것도 스포츠 마케팅의 중요성을 높여준다. 미국, 유럽 등 선진 시장에서 인지도를 높이기 위해선 스포츠만큼 유용한 것도 드물다. 193개국에 중계되고 갤러리만 20만 명에 달하는 '디 오픈'을 후원하는 두산그룹이 좋은 예다.

　국내 기업 중에선 삼성전자가 스포츠 마케팅을 통해 효과를 톡톡히 봤다. 서울올림픽을 전후해 매출이 70% 가까이 늘었다. 2002년 한·일 월드컵을 치를 땐 미국 경제주간지 비즈니스위크가 선정한 세계 정보기술(IT) 100대 기업 순위에서 1위에 오를 정도로 브랜드 인지도가 급상승했다.

　노키아의 아성이던 유럽에서 삼성전자 휴대폰이 날개 돋친 듯 팔린 데에는 영국 축구 프리미어리그의 간판팀 첼시를 후원한 효과가 크게 작용했다는 분석이다.

　현대자동차의 일본 시장 인지도는 월드컵을 전후해 32%에서 67%로 뛰었다. 평창동계올림픽에 기업들이 거는 기대가 남다른 이유가 여기에 있다. 한 국내 연구원에서는 "평창동계올림픽으로 국가 브랜드 이미지가 높아져 100대 기업의 브랜드 인지도가 1%포인트 상승한다고 가정할 경우 100억 달러(약 11조 6000억 원)의 경제적 효과를 거둘 수 있다"고 설명했다.

CHAPTER 16
스포츠와 서비스 경영

1. 스포츠 스폰서십

이젠 세계가 하나의 스포츠 문화권에 있고, 이는 앞으로도 모든 이들의 자연적인 삶의 방향이 될 것이 분명하다. 우리는 일상을 살면서 조그마한 변화 하나를 만들기가 얼마나 어려운지 알고 있다. 한국 사람들끼리 한국의 언어와 문화만 고집하며 대대손손 대물림하는 데 문제가 없다면 아무 상관이 없다. 하지만 지금은 다른 나라와 떨어져서 혼자 살아갈 수 없는 시대이다. 스폰서나 후원 협력도 서비스 경영이다. 우리는 우물 안 개구리처럼 더 이상 한국 안에서 안주할 수 없다.

최근 인터넷과 같은 온라인 공간의 확대로 전 세계가 글로벌화 되고 있는 가운데 후원이나 스폰서의 영역이 전 세계적으로 확대되었다. 이것은 서비스 경영적인 비즈니스 관계의 관리가 필요하다는 뜻이다.

왜냐하면 세계를 상대로 경쟁하고 영업하지 않으면 미래를 보장받을 수 없기 때문이다. 서비스 경영 스폰서십으로 생겨난 이익은 성공을 가져온다. 규모에 상관없이 기업들은 팀이나 스포츠 경기를 후원하여 얻을 수 있는 수익창출의 기회를 따져보고 있다. 기업이나 스포츠팀은 모두 팀과 운동경기 후원을 통해 우호적인 홍보효과를 거두기 위해 후원하고 있는 것이다. 하지만 글로벌 시대에서는 그 영역이 점점 넓어지고 있다.

(1) 기업의 스폰서십 효과

그럼 기업들이 스폰서십을 하는 이유는 무엇일까?

첫 번째, 판매를 늘릴 수 있다. 나이키는 맨체스터 유나이티드(맨유)팀의 로고만 부착해도 전 세계적으로 판매가 증가한다. 나이키는 맨유팀을 통해 판매를 촉진할 수 있고 맨유는 그 이름을 세계적으로 알릴 수 있으니 일석이조의 효과가 있는 것이다.

두 번째, 대규모 청중에게 새로운 제품이나 서비스를 소개할 수 있다.

세 번째, 스포츠 경기 중에 상품 노출이 많은 잠재적 소비자가 있는 시장에서 타사와의 경쟁을 유발하여 새로운 시장에 진입할 수 있다.

네 번째, 자원봉사단체 등을 돕는 등 지역사회에 대한 기여를 표출할 뿐만 아니라, 기업의 좋은 이미지를 증대시켜서 판매를 촉진할 수 있다.

다섯 번째, 스폰서십은 청중들의 선의를 창출하며 고객, 종업원, 그리고 잠재고객을 즐겁게 할 수 있다.

그럼 누구든지 아무것에나 스폰서를 할 수 있는가? 스폰서를 하는 기업들을 살펴보면 기업의 규모나 예산의 규모와는 크게 상관이 없다. 물론 일부 기업들만이 대형 리그 스포츠에 스폰서를 할 수 있기는 하지만, 비교적 새롭게 등장한 스포츠들은 규모가 작은 기업에게도 스폰서십의 기회를 제공하고 있다.

(2) 소규모 기업의 스폰서 방안

1994년 메이저리그 야구팀의 파업 이후, 그 덕분에 인기가 급상승되었던 마이너리그팀들은 스폰서를 하는 것이 하나의 대안이 되었다. 많은 팬들은 메이저리그 팀의 파업, 점차 비싸지는 입장권 가격, 새 경기장 건립에 대한 공공자금 투자, 그리고 이른바 선수와 구단주들의 거만한 태도 등에 실망하고, 항의의 표시로 좋아하는 팀을 마이너리그팀으로 바꾸어버렸기 때문이다. 스폰서들은 마이너리그 야구팀을 통해 광고를 할 수도 있고, 여전히 야구를 좋아하는 표적시장을 소구할 수 있게 된다.

규모가 작은 기업이 스폰서를 할 수 있는 또 다른 대안은 이른바 애호스포츠이다. 이는 스포츠 참여자들이 보다 전통적인 스포츠에 열성을 보였던 것처럼 정열적인 틈새시장이다. 베스낚시와 번지점프는 전국적으로 토너먼트가 개최되는 등 많은 사람들에게 각광을 받는 스포츠이다. 그러한 틈새시장은 스폰서십 목표를 달성하고자 하는 기업들에게 매우 중요한 기회이다.

또한 전 세계를 무대로 스폰서를 하는 것도 좋은 방법이다. 전 세계를 무대로 스폰서를 하면 그 기업은 글로벌 시각을 가질 수 있으며, 타문화의 지식을 습득하고 서비스 경영 시너지를 이해할 수 있다. 사실 국내에서 타문화를 이해하고 적용하는 것은 쉬운 일이 아니다. 물론 교육비도 많이 든다. 하지만 다른 나라의 기업과 스폰서를 하면 쉽게 글로벌한 마인드를 고취시킬 수 있다.

2. 스포츠 프랜차이즈 경영

일반적으로 프랜차이즈란 말은 프랜차이저(가맹본부)가 다수의 프랜차이지(가맹점)에게 자신의 상표, 상호, 서비스표, 휘장 등을 사용하게 하여 자기와 동일한 상품을 판매하고 서비스 용역을 제공하는 등 가맹점에게 일정한 영업활동을 하게 하는 유통관리의 한 방법이다.

이 말에서 파생되어 나온 프랜차이즈 스타라는 말은 축구나 야구, 농구 등의 스포츠 종목 중에서 그 팀에서 데뷔를 하거나 성장하여 그 팀에 공헌을 한 선수를 의미한다. 물론 다른 팀에서 들어와 팀을 강팀으로 이끌어 팀에 지대한 공헌을 새웠다면 이 역시 프랜차이즈 스타로 대접받을 수 있다.

(1) 프랜차이즈 스타 육성

2007년 온라인에서 화제가 된 축구 신동 레인 데이비스는 영국 프로축구 프리미어리그 맨체스터 유나이티드 유소년 팀에 입단하였다. 영국 언론은 그를 맨유의 스트라이커 웨인 루니와 비교하여 '제2의 루니'가 나타났다는 등의 발언으로 이를 큰 화젯거리로 만들었다. 영국에서 태어나 네 살 때부터 호주에서 살고 있는 데이비스는 1997년 10월 15일생으로 입단 시 만 열 살이다.

데이비스의 맨유행은 그의 할아버지가 경기 장면을 담은 UCC 동영상을 맨유에 보낸 뒤 이뤄졌다. 이 동영상은 호주 브리즈번의 10세 이하 U−10 유소년팀 경기에서 데이비스가 화려한 드리블과 무시무시한 득점력을 뽐낸 장면들을 모아 놓은 것인데, 동영상 웹 사이트 유튜브에서 이미 80만 명의 네티즌들이 조회했을 만큼 폭발적인 인기를 끌었다. 데이비스는 구단 유소년 아카데미의 멤버로서 발탁되었으며, 맨유는 데이비스처럼 어린 선수들을 해마다 약 40명씩 뽑고 있다.

세계적인 명문 축구클럽을 만드는 것의 가장 중요한 요소는 재능 있는 선수를 조기에 선발해서 세계적인 선수로 만드는 일련의 과정이다. 따라서 프로구단들은 우수한 선수를 조기에 발견하고 훌륭한 선수로 양성하거나 이미 검증된 좋은 선수들을 자신의 구단으로 이적시키는 방법이 있다. 일반적으로 축구클럽은 전체 예산에서 선수의 이적료나 연봉이 차지하는 비중이 막대하다. 기업으로서 프로구단들이 우수한 선수를 확보하기 위한 비용 경쟁력을 고려한다면, 우수 선수를 조기에 확보하고 잘 훈련시켜서 구단의 핵심 선수로 키워나가는 것이 가장 중요하다.

'맨유'는 다른 클럽과 달리 클럽 내의 유소년을 체계적으로 육성하고 양질의 선수를 충당하는 클럽으로 소문이 나 있다. 맨유의 유소년팀은 어떤 곳인가? 데이비드 배컴, 게리 네빌, 라이언 긱스, 니키 버트, 폴 스콜스 등 기라성 같은 선수들을 양성한 조직이다. 진흙 속의 보석을 찾아 연마하는 곳이랄까? 맨유는 체계적인 유소년 아카데미를 운영하여 재능 있는 선수들을 프로로 키워내고 언제나 젊고 공격적인 경기로 팬들에게 보답한다. 이는 그들의 충성고객을 유지하고 확대시키는 데 중요한 역할을 하고 있다.

이는 축구교육의 인프라가 열악한 한국으로서는 꿈 같은 이야기다. 깊은 역사와 문화를 갖춘 맨유의 축구교육 시스템은 애초에 스포츠가 정치적인 목적으로 활성화된 한국에게 무엇보다 이상적인 경영사례이다.

(2) 효율적 유소년 시스템 도입

현재 최고의 부자 구단인 맨유가 유명 선수 영입에 의존하지 않고 유소년 시스템이라는 인재 풀에 상당 부분 의존하고 있는 이유는 대략 세 가지로 압축할 수 있다.

첫 번째, 맨유의 스타일을 깊이 이해하는 선수가 반드시 필요하다. 유소년 시절부터 맨유와 달려온 선수라면 팬들이 원하는 공격적이고 활발한 게임 스타일이 몸에 배여 있을 수밖에 없기 때문에 맨유의 아이콘으로서 그 기량을 충분히 발휘할 수 있기 때문이다. 만약 맨유와 다른 스타일에 익숙해져 있는 다른 나라의 영입 선수라면 단순히 '선수'의 범주에서 벗어나지 못할 것이다. 뛰어난 능력과 함께 영국인들은 '맨유 오리지널'을 원하기 때문이다.

두 번째, 유소년 시스템에서 커온 선수는 따로 거액의 이적료가 필요 없다. 맨유는 우선 기업을 떠나 축구클럽이다. 따라서 선수를 생각하지 않을 수 없다. 일반적으로 축구클럽은 전체 예산에서 선수의 이적료나 연봉이 차지하는 비중이 막대하다. 이들이 경쟁력을 유지하는 데 비용절감을 고려한다면 이 부분이 가장 먼저 고려되어야 한다. 맨유는 다른 클럽과 달리 클럽 내의 유소년을 체계적으로 육성하고 양질의 선수를 충당하는 클럽으로 정평이 나 있다.

맨유의 경우 1군 선수 중의 70퍼센트가 자체 유소년 시스템을 통해 육성된 선수이며, 그 결과 다른 클럽의 현황과 확연한 차이를 보이고 있다. 이러한 경영을 통해 얻을 수 있는 효과는 선수의 이적료와 연봉 지불 문제를 줄일 수 있으며, 유망 선수를 다른 클럽으로 이적시키거나 임대하는 방식을 통해 수입을 얻을 수 있다.

대표적인 예로 데이비드 베컴의 레알 마드리드 이적을 언급할 수 있다. 또한 맨유의 선수 급료와 이적료 지출은 다른 클럽에 비해 많지 않다. 유소년 시스템을 통한 훌륭한 선수 육성에서 기인한다고 할 수 있다. 베컴, 스콜스, 네빌 형제, 버트, 긱스 등 우리 귀에 익은 천문학적 몸값을 자랑하는 선수들이 맨유의 유소년 출신 선수라는 점만 봐도 충분히 알 수 있다.

맨유는 이적 업무에 투입된 비용을 최대한 줄이면서 동시에 선수 매각에도 유기적으로 대처하여 수익구조를 개선했다는 평가를 받고 있다. 예를 들어 노르웨이에서 프로 선수로서의 꿈을 키워가던 나이지리아 출신의 신예 존 오비 미켈을 첼시에 넘기면서 받은 이적료와 위약금 수익만 해도 1,200만 파운드라는 거액이었다.

세 번째, 전 세계적으로 인재를 미리 양성하여 성인 선수가 해외에서 적응하는 기간을 줄이고 그 비용 또한 줄이는 것이다. 언어와 문화, 인종과 국적이 다르다는 이유로 인재를 활용하지 못한다면 그것은 서비스 경영 기업의 중대한 핸디캡이다. 서비스 경영 인재들의 다양한 문화적 배경에도 불구하고 그들이 조직 내에서 무리 없이 성장해나갈 수 있는 기반을 만들어주는 것이 필요하다. 이를 위해 조직내에서 적응할 수 있는 기반을 조성하고, 그 다음 단계로 조직 내에서 성장하고 글로벌 차원에서 최적으로 활용될 수 있도록 지원해야 한다.

지금은 서비스 경영 시대이다. 앞으로의 성공은 글로벌 인재를 얼마나 최적으로 활용하느냐에 따라 달려있다. 다국적 · 다문화 조직의 인재들이 조직에 무리 없이 적응하고 성과를 낼 수 있는 풍토의 조성이 더욱 중요해지는 이유이기도 하다.

3. 스포츠 스타의 역할

사람들은 왜 자신들이 좋아하는 팀의 로고가 새겨진 옷이나 스포츠 스타가 추천한 옷에 열광하는 것일까? 팀 로고는 팀에 대한 팬들의 충성도를 보여주고, 구매자의 관점에서 봤을 때 상품의 가치가 증가하기 때문이다. 실제로 같은 티셔츠라고 해도 로고가 없으면 가격이 절반 이상 저렴하다. 또 일부 소비자들은 성공한 사람이 추천한 제품을 소유함으로써 자기 스스로 성공했다는 대리만족을 얻는다. 이 때문에 유명 프로팀들은 해마다 이러한 추천을 통해 많은 수익을 거둬들이고 있다.

이는 한정된 곳에서의 인기가 아니라 전 세계적으로 확산되는 인기이기 때문에, 서비스 경영을 아우르는 세계적인 스포츠 스타가 필요하며 이를 양성해야 하기 때문이다.

나이키나 리복 같은 주요 의류업체들도 성공한 운동선수 및 팀과 상품 간의 관련성이 가지는 가치를 알고 있다. 실제로 마이클 조던과 시카고 불스는 나이키 사의 매출신장에 막대한 기여를 하였다. 심지어 일부 스포츠 의류 회사에서는 마이클 조던처럼 성공한 운동선수의 이름을 딴 상품을 출시하기도 했다. 실제 에어 조던의 경우 100만 달러의 수입을 추가로 안겨줄 것으로 기대되고 있다.

(1) 스타 마케팅

나이키는 스포츠계에서 글로벌 스타 마케팅의 대표적인 성공 사례로 꼽힌다. 1980년대 일반 스포츠 브랜드 중 하나였던 나이키는 그때까지만 해도 별로 유명하지 않았던 마이클 조던을 회사의 브랜드 모델로 삼았다. 그 후 조던과 계약한 나이키는 그의 성장과 함께 초고속 매출 성장을 이뤄냈다.

나이키는 신발에 에어조던이라는 이름을 붙여 조던에게 경기 때마다 신고 나갈 것을 권했고, 그의 운동화는 많은 이들에게 선망의 대상이 되었다. 자갈밭에서 농구를 할지언정 조던의 당당함을 배우고 싶었던 과거 한국의 청소년들도 그 신발에 열광을 했다. 나이키는 당시 NBA 규정상 불법이었던 검은색 농구화를 조던에게 신도록 하여 매경기마다 천 달러 정도의 벌금을 물어야 했지만 이 벌금을 지불하고도 수천, 수만 배에 이르는 광고 효과를 누렸으니 벌금 천 달러는 문제가 되지 않았다.

이렇게 나이키의 성공신화를 시작으로, 스타 마케팅의 발전은 지금도 계속되고 있다. 스타선수를 모델로 삼아 광고효과를 보는 것에서 끝나지 않고, 그 선수의 캐릭터나 유니폼 등의 관련사업과 특정 선수 영입을 통한 관중동원 효과 등 많은 곳에서 스타 마케팅이 활발하게 이루어지고 있다.

(2) 맨유와 박지성

한국 선수를 예로 들어보자. 맨유에서 뛰었던 박지성 선수가 과연 실력만으로 그 유명한 팀에 입단하고 계약할 수 있었을까? 물론 그의 실력을 폄하하는 것은 절대 아니지만, 실력 이외의 요소가 분명 존재한다.

박지성 선수 등 한국 선수들을 영입한 메이저리그의 팀들이 그들에게 기대하는 것은 단지 그들의 실력만이 아니다. 그들이 가지고 오는 부가가치 또한 중요한 기대요소이다. 박지성 선수를 영입한 맨유는 전 세계 프로 축구 구단 중 가장 공격적이고 성공적인 구단으로 잘 알려져 있다.

그들은 아시아 국가를 타깃으로 하여 한국의 박지성과 중국의 동팡저우를 영입해 그 효과를 톡톡히 보았다. 단 두 명의 선수를 영입하여 얻는 아시아권 국가에서의 구단홍보 효과와 중계권료 등의 수입은 두 선수가 받는 연봉의 몇 십 배가 넘는다고 한다.

스포츠 스타들이 끼치는 영향력은 실로 막대하다. 그리고 이러한 영향력은 팬들에게 꿈과 희망을 심어주는 동시에 스포츠를 더욱 즐길 수 있는 중요한 요소가 된다. 박지성은 우리나라 국민들에게 프리미어리그를 친숙하게 만들었으며, 이러한 영향력의 근원은 바로 강력한 서비스 경영 스타 마케팅에 있는 것이다.

(3) 데이비드 베컴 효과

미남 축구스타 데이비드 베컴의 경우를 살펴보면, 그는 스페인 레알 마드리드에서 미국의 LA갤럭시로 이적할 당시 5년간 2억 5,000만 달러의 계약서에 사인을 했다. 경기를 뛰든 안 뛰든 주당 100만 달러 이상은 받는다는 얘기이다. LA갤럭시는 이런 엄청난 돈을 투자했지만, 베컴 한 명으로 인한 엄청난 부가가치는 그 이상이다. 실제로 베컴과 계약한 후 LA의 시즌 입장권 판매율이 몇 배로 뛰었고, LA

가 뛰어야 하는 원정경기 입장권 또한 매진 사례를 기록했다. LA갤럭시 관계자들
은 베컴과 계약 후 단 며칠 동안 2,000만 달러가 넘는 돈을 베컴이 가져다줬다며
기뻐했다.

　　미국의 유명한 휴대전화 회사인 모토로라도 가장 성공한 모델인 'RAZRMS –
500' 모델의 후속 제품 광고에 베컴을 내세워 많은 효과를 거두었다. 이는 스타
마케팅이 어느 정도의 효과를 가져다주는지 보여주는 예이다.

(4) 김연아의 스타 마케팅

　　피겨 스케이트 스타인 김연아 선수에 대한 스타 마케팅이 한국의 광고 시장을
뒤덮었다. 김연아 선수는 지금까지 약 200여개의 CF를 계약을 했다고 한다. 어떤
네티즌이 김연아의 하루를 CF와 연결시켜서 재미있는 스토리로 편집한 내용이 있
다. 잠시 들여다보자.

　　"김연아는 아침에 일어나서 디오스 냉장고에
서 아이시스 워터를 꺼내 마시고, 뚜레쥬르
빵과 매일ESL 우유로 아침을 해결한다. 아침
을 먹은 후 스케이트와 P&G위스퍼를 가방에
넣고 샤프란 세제로 세탁한 나이키 스포츠 웨
어를 입고 집을 나선다. 고려대학교 아이스링
크에 도착해 발뒤꿈치가 까지지 않도록 3M넥
스케어 반창고를 붙이고 유니버설 뮤직에서
출시된 음악을 배경음악으로 훈련한다. 오후
에는 라크베르로 기초화장을 하고, 캐시캣으
로 색조화장을 한 뒤, 제이에스티나 목걸이를 하고 밖으로 나간다. 그리고
KB국민은행에 가서 현금을 찾아 친구들과 스포츠 토토를 사고 어머니가
모는 제네시스 쿠페를 타고 집으로 간다."

PART 6

물론 이 글은 김연아 선수를 아끼고 사랑하는 마음에서 쓴 글일 것이다. 많은 국내외의 광고주들이 김연아 선수를 서로 데려가려고 하는 목적은 스포츠 스타에 대한 순수한 이미지 때문이다. 이런 순수한 이미지는 특정한 나라의 사람들은 물론 서비스 경영 세상에 사는 많은 사람들에게까지 쉽게 어필할 수 있다는 장점이 있다.

4. 스포츠 서비스 기업

영국 사람들은 축구를 자기들의 전통으로 생각한다. 특히 남자들은 어릴 때부터 아버지와 함께 축구를 즐기며 배운다. 친구들끼리도 축구장을 종종 찾으며, 결혼 후에는 자녀와 함께 축구장에 가는 등 집안 대대로 응원하는 팀이 있을 정도로 축구를 관람하는 것이 집안의 전통으로 자리 잡혀 있다. 영국 사람들이 이토록 축구에 열광하는 이유는 무엇일까? 전쟁이 없었던 시대의 사람들은 남아도는 에너지를 어딘가에 쏟아내고 거기서 희열을 느끼고 싶어 한다.

(1) 서비스 기업으로서의 축구 구단

서비스 상품이란 대부분 산출물이 유형적인 제품이나 완성품이 아니라, 생산과 소비가 동시에 이루어지고 편의성, 즐거움, 적시성, 안락함, 건강 등 구매자에게 무형적인 부가가치를 제공하는 모든 경영이나 마케팅 활동들을 서비스 부문에 포함시키고 있다. 미국은 2004년 12월 국가경쟁력위원회 보고서에서 서비스 산업과 서비스 및 혁신 연구에 대한 투자 부족을 언급하면서, 향후 서비스 산업을 도약시키겠다는 의지를 천명하였다.

그렇다면 현대 축구는 단순한 스포츠인가, 아니면 기업의 서비스 상품인가? 스포츠 시장은 블루오션이며 감성마케팅 시장이라고 할 수 있다. 현재 스포츠 산업은 단순한 오락을 넘어서 엄청난 부를 창출해내는 거대 산업으로 빠르게 발전하고 있다. 그런 점에서 프리미어리그, 그 중 맨유는 블루오션 시장의 성공한 블루

칩이다.

가. 축구 구단 중 최고의 브랜드가치

스포츠 시장의 핵심인 축구산업을 얘기할 때 **빼놓을 수 없는** 곳이 바로 영국이다. 영국은 축구의 본고장이자 잉글리시 프리미어리그라는 브랜드로 전 세계 축구팬들의 이목을 사로잡고 있는 곳이다. 영국의 축구산업은 우리가 상상할 수 없는 어마어마한 부를 창출하고 있다. 이처럼 유럽의 프로축구는 그저 인기 있는 대중 스포츠가 아니라 거대한 이익 창출 집단이다.

유럽의 프로축구 구단들은 서포터즈들을 대거 확대하고 글로벌화하기 위하여, 그들에게 친숙하게 다가갈 수 있는 모든 방법을 모색하여 더욱 적극적이고 감성적인 마케팅을 펼치며 기업화하고 있다. 그 중 가장 성공적인 사례가 바로 맨유이다.

맨유의 최대 강점은 세계에서 가장 많은 팬을 보유한 최고의 인기 구단이라는 점이다. 이러한 인프라를 기반으로 세계 프로축구 구단 중에서 가장 강력한 브랜드를 만들고 있다. 이런 브랜드를 유지하기 위해서는 기업과 같은 안정적인 수입 구조를 유지해야 한다. 이를 위해서 관중 수입을 일정하게 유지하고 증가시켜야 하며 충성도 높은 팬층을 확보해야 한다. 또한 마케팅과 텔레비전 중계권료도 중요하다.

하지만 경기를 타는 마케팅과 텔레비전 중계권료에 의존하면 불황 시 수입구조가 불안정해져 재정이 악화될 수 있기 때문에 맨유에서는 특단의 조치를 취했다. 그들은 텔레비전 중계권료 수입보다는 팬 발굴에 더욱 적극적으로 나섰으며 그런 노력이 오늘날의 맨유를 만들었다고 해도 과언이 아니다.

맨유의 구단 경영은 흡사 서비스 전문기업의 마케팅 기법을 연상시킨다. 브랜딩과 상품화 사업은 서비스 마케팅의 정점이라고 할 수 있다. 로고가 찍힌 유니폼과 모자 등을 팔아서 얻는 상품들은 구단 전체 수입의 10%에 불과한데도 맨유는 브랜딩과 상품화를 중요시한다. 이런 사업을 통해 팬들의 충성도를 높이고 새로운 '팬 베이스'를 개발할 수 있기 때문이다.

구단 로고가 붙은 티셔츠 상품이 800여 가지에 육박하고, 스타 선수와의 만남이나 프로포즈 이벤트 상품도 다양하게 마련되어 있다. 경기 전에 승리팀과 스코어를 예측하고 골을 넣을 선수를 예상해 배팅을 하기도 한다.

이쯤 되면 상품이 아닌 게 없고, 상상을 초월하는 세심한 마케팅 기술에 혀를 내두르지 않을 수 없다. 그뿐만이 아니다. 맨유는 신용카드를 통해 금융업에도 손을 뻗어 예금이나 보험 등 다양한 금융상품도 판매하고 있다. 그리고 2007년 시즌에는 미국의 세계적 보험사인 AIG와 제휴하여 1년간 선수들이 유니폼에 AIG 마크를 달고 뛰는 대가로 248억 원을 받았다.

나. 최고의 선수로 구성

축구에서 최고의 상품은 최고의 선수들이 펼치는 수준 높은 경기이다. 요즘 같은 경쟁력 시대에는 수준 낮은 선수층으로 많은 고객을 이끌 수 없다. 따라서 선수라는 상품의 질을 높여야 한다. 맨유는 유소년 클럽을 통해 프랜차이즈 스타를 배출하고, 국적을 불문하고 최고의 기량을 지닌 선수를 영입해 팬들에게 최상의 경기를 보여주는 것을 목표로 한다. 맨유는 체계적인 유소년팀의 육성과 전 세계 스타 선수들을 영입하여 기본기를 확고히 지키면서 다양한 이익 분야를 끝없이 확장하고 있다.

아울러 맨유는 축구의 산업성에 대해 고민하던 다른 팀들보다 더 빠르고 적극적으로 개혁의 바람을 몰고 왔다. 축구클럽 최초로 자체 방송국 맨유 TV Manchester United Television를 개설했는가 하면, 미국시장을 개척하기 위해 야구팀인 뉴욕 양키스와 제휴를 맺었고, 아시아 투어를 통해 미지의 시장에 도전장을 내밀었다. 또한 시장을 확대하기 위해 아시아나 아프리카의 유망주들을 전략적으로 영입하기도 했다.

축구라는 매력적인 스포츠에서 새롭게 조명되는 전 세계 규모의 경쟁력은 먼 나라의 이야기가 아니다. 구매자의 심리를 충족시키면서 기꺼이 그들의 지갑을 열게 하는 고객감동을 실천하는 맨유의 효과적인 감성마케팅 기술에 대해, 한국의 경제계는 물론 모든 프로구단들도 꼭 벤치마킹해야 한다.

(2) 한국 프로스포츠의 서비스 경영

한국 프로스포츠 구단의 꿈은 자나 깨나 '홀로서기'이다. 하지만 각 구단 중 흑자를 내는 구단은 단 한 곳도 없다. 모두 모 기업의 지원으로 근근이 꾸려나간다.

문화의 진정한 가치는 사람들이 필요로 하는 제품이나 서비스, 그리고 그러한 욕구를 충족시키기 위한 금액 정도에 반영된다. 이 개념은 프로스포츠의 금전적인 측면을 잘 설명해준다. 고등학교를 갓 졸업한 일부 프로선수들은 수백만 달러짜리 계약을 하기도 한다. 프로스포츠는 서비스 경영 마케팅 측면에서 매우 큰 사업이므로 대규모의 재정적인 투자가 필요하며 그에 따라서 대규모의 수익을 올려준다. 프로스포츠팀을 유치한 도시는 그에 따른 특별한 주목을 받고, 팀이 승리하면 엄청난 금전적인 이득을 얻게 된다.

특히 씀씀이는 큰 데 비해 수입이 빈약한 프로축구는 더욱 심각하다. K 리그가 출범한 지 20년이 지났지만 팀당 한 해 적자액이 100억 원 내외에 이른다. 2002년 월드컵 4강에 빛나는 한국 축구라지만, 집안 살림은 빚에 허덕이고 있는 실정이다. 한국 축구가 질적으로 발전하고 세계적인 수준으로 거듭나기 위해서는 유소년 축구 양성 및 축구계 전반의 투자가 필요하다. 그러나 각 구단이 생계조차 꾸리기 힘든 상황에서 무슨 발전을 기대하겠는가?

'한국의 맨유가 되겠다', '맨유의 마케팅을 배우겠다'는 국내 프로팀들은 많다. 그러나 정작 무엇이 가장 중요하고 필요한 것인지에 대해 진지한 고민을 하는 팀은 많지 않다. 일부 구단들은 당장 득이 되는 것에만 혈안이 되어 근시안적인 접근에 그치고 있고, 정작 팬들이 요구하는 것에는 '시간이 필요하다'며 먼 미래의 문제로 치부해버린다.

프로스포츠 구단은 종합 엔터테인먼트 기업이 되어야 한다. 그러기 위해서는 운동장에서 연극, 영화, 뮤지컬과 같은 이벤트도 여는 열정이 필요하다. 예를 들어 드라마 〈베토벤 바이러스〉의 경우 사람들이 어려워하는 클래식을 드라마의 형식을 빌어서 재미있는 드라마로 만들었다. 많은 청소년들이 이 드라마를 시청하면서 〈베토벤 교향곡〉, 〈환희〉, 〈운명〉, 〈리베르탱고〉 같은 정통 클래식을 듣고서도 어

PART 6

렵다는 반응은 커닝 인생에 있어서 가장 감명 깊게 들은 클래식이었다고 한다.

한편 서비스 경영 기업들은 스포츠를 통해 소프트 파워를 강화해야 한다. 2009년 3월, 세계 신기록을 세우며 사람들을 깜짝 놀라게 했던 피겨의 여왕 김연아 선수를 모두 기억할 것이다. 김연아 효과는 경제, 사회에 미치는 영향력이 실로 대단하며, 그 가치는 감히 숫자로 환산할 수 없을 만큼 엄청나다. 그 예로 그녀의 옷에 붙어 있던 국민은행, 나이키, 현대자동차 등의 로고에서 유발되는 경제효과를 들 수 있겠다.

CHAPTER 17

소셜 네트워킹 서비스 경영

1. SNS 마케팅과 경영

요즘 TGIF(Twirter, Google, iphone, Facebook)의 열풍이 뜨겁다. 사람들이 몰려들고 기업가치가 치솟고 있다. 성장 속도는 과거 어느 기업보다 가파르고, 창업한지 몇 년 안 되었음에도 TGIF의 가치는 순식간에 수백조 원대를 넘어섰다. 지금까지 소비자들은 기업이 만들어주는 상품에 만족하여야 했다. 또 기업이 일방향적으로 보내주는 정보를 들어주면서 기업 브랜드들이 이미지 연출하는데 관객노릇을 해주어야 했다. 그러나 산업시대가 무르익으면서 상품에 대한 지식과 경험으로 충만해지고 스마트한 첨단기기로 무장한 소비자들은 더 이상 좋은 품질의 상품에 감동받지 않는다. 그들이 하고 싶은 것은 기업의 유전자가 담긴 상품을 소비하는 것이 아니라. 자신의 유전자를 상품에 담아 퍼트리는 일이다.[1]

글로벌 홍보 기업 버슨 마스텔러의 조사에 따르면 세계 100대 기업의 소셜 미

---

1 김용태, 「구글, 마케팅에 반하다(부제: TGIF의 마케팅 패러다임)」, 2011.01.

디어 활용률은 이미 80%를 넘어섰다. 미국의 통신업체 AT&T는 고객 서비스 부서에서 15명의 직원이 14개의 트위터 계정을 24시간 운영하고 있다. 코카콜라 역시 페이스북을 통해 2,000만 명이 넘는 팬을 보유하고 있다. 이들은 트위터와 페이스북으로 제품 출시일, 제품 이미지 등의 정보를 TV, 신문, 라디오, 잡지 등 전통 미디어보다 먼저 제공하고 있다. 또 가상의 인물이 운영하는 페이지를 통해 알짜 프로모션 정보를 제공해 화제를 모으고 재미를 창출함으로써 지상에서의 존재감과 영향력을 확대하고 있다. 페이스북을 통해 만들어진 화젯거리는 순식간에 트위터, 유튜브로 퍼져 나가고 신문, 방송을 통해 재확산된다. 사실상 0에 가까운 비용으로 기존 미디어와의 시너지를 창출하며 마케팅 효과를 극대화하는 것이다. 마케팅 기법은 계속 변화해 왔다. 그러나 어떻게 커뮤니케이션 범위를 확대하고 비용 대비 효율을 높일 것인가 하는 화두는 큰 변함이 없다. 이제 중요한 것은 미디어와 기술 발전에 따른 커뮤니케이션 변화의 본질을 꿰뚫어보고 기존 마케팅과의 적극적인 결합을 고민하는 일이다.

고객들과 만날 수 있는 대화채널은 기업홈페이지, 페이스북, 트위터, 싸이월드 등 매우 많다. 그동안 많은 기업이 새로운 소셜 미디어가 등장할 때마다 기업의 홍보 페이지로 활용해 왔다. 싸이월드가 인기를 누리자 너도나도 싸이월드에 입점했다. 블로그가 유행하자 너도 나도 비슷한 콘텐츠를 블로그에 담았다. 그러나 기업 홈페이지나 블로그는 고객이 유입되기를 기다려야 한다. 그렇기 때문에 진정한 대화채널로서 역할하기에는 부족했다. 이제 많은 기업이 트위터와 페이스북, 인스타그램으로 눈길을 돌리고 있다. 하지만 모든 기업이 트위터나 페이스북, 인스타그램에서 성공을 거두는 것은 아니다. 업종에 따라 소비자의 불만이 자주 제기될 수 있는 기업은 소셜 미디어가 그 불만을 확대, 전파시키는 불만 창구가 될 수도 있다. 그래서 소셜 미디어를 활용하고자 하는 기업은 홈페이지를 운영하듯 홍보성 글만 올려놓아서는 성공할 수 없다. 이렇게 하면 오히려 아무도 귀를 기울이지 않는 좀비 사이트가 될 가능성이 크다. 전문지식을 가진 직원이 소셜 미디어를 통해 고객들과 대화를 나누는 것이 가장 이상적이다. 물론 이렇게 하려면 아무리 비용이 들지 않는다 해도 전담팀을 구성해야 하는 등의 문제가 발생한다. 또 소셜 미디어를 활용하게 되면 기존의 기업 홈페이지의 기능이 더 약화될 가능성도 크다.

사실 기업의 홈페이지는 매우 중요한 커뮤니케이션 채널이다. 그러나 기업 대부분은 홈페이지를 고객과의 대화 창구로 바라보지 않고, 자사가 자랑하고픈 것들을 나열한 온라인 브로슈어 정도로만 기능하고 있다. 고객 게시판은 폐쇄적으로 운영되기 때문에 오히려 고객의 자유로운 소통을 방해하기도 한다.

이제 일방적으로 메시지를 전달하는 홈페이지는 더욱더 유명무실해질 것이다. 유용한 정보를 공유하고 소비자의 참여가 보장되는 이른바 '소셜 홈페이지'가 그 힘을 계속 키워갈 것이다.

(1) 소셜네트워크 서비스의 비즈니스 매력

이러한 비즈니스 모델은 언뜻 봐서는 새롭지 않다. 그런데도 페이스북, 인스타그램, 트위터 같은 SNS 업체들의 기업 가치가 천문학적인 수준에 이르는 이유는 무엇일까. 그것은 아마도 별도의 마케팅 활동 없이도 자가 증식이 되는 소셜네트워크의 속성과 사용자 개개인의 높은 수익성 때문일 것이다.

가. 바이럴 루프

SNS는 보통 사용자가 생기면 자동으로 새로운 사용자가 추가되는 바이럴 루프를 가진다. 페이스북에 회원가입을 하면 사용하고 있는 이메일 주소록을 불러와 친구를 찾아보라고 한다. 만약 주소록에 페이스북을 사용하고 있지 않은 사람이 있다면 그 사람을 페이스북으로 초대하게 만든다.

나. 네트워크 효과

SNS의 네트워크 효과는 인맥과 콘텐츠 두 가지에 걸쳐 이중적으로 발생한다. SNS는 기본적으로 인맥 관리를 위해 사용하기 때문에 사용자가 많은 페이스북과 트위터, 인스타그램 등에 더 많은 사람들이 몰려들게 된다. 게다가 이들 서비스에는 콘텐츠도 쌓인다. 인맥 관리라는 목적성이 콘텐츠를 공유하게 만드는 인센티브로 작용하기 때문이다. SNS에서 인맥을 넓히고 유지하려면 도움될만한 콘텐츠를 계속해서 공유해야 하며, 콘텐츠 자체가 이들 서비스를 이용하는 목적이 되기도

PART 6

한다.

다. 플랫폼

소셜네트워크는 모든 서비스를 자체적으로 개발하지 않는다. 사용자만 충분하다면 서드파티 개발사들이 자발적으로 추가 기능과 서비스를 만들어낸다. 비용을 들이지 않고도 서비스의 다양성을 늘려나갈 수 있는 셈이다.

라. 사용자 충성도

검색엔진 서비스는 마음에 들지 않으면 다른 서비스로 갈아탈 수 있지만 SNS에서 그러기란 쉽지 않다. 서비스를 바꾸면 처음부터 다시 인맥을 쌓아야 한다. 따라서 소셜네트워크 사용자의 수익성은 평생 고객 가치로 평가될 수 있다.

이처럼 한 번 자리잡은 SNS는 바이럴 루프와 네트워크 효과로 이용자가 계속해서 자연 증가하게 된다. 써드파티 개발자들은 서비스의 다양성을 더해주고 네트워크 효과는 더욱 강화된다.[2]

2. 트위터(Twitter): 개인 방송시대를 열다

실시간 메시징과 웹을 결합한 트위터(Twitter)의 인기가 높다. 트위터는 '지저귀다'라는 의미로, 서로 관계를 가지고 있는 사람들끼리 정보를 주고받으며 지저귀다는 뜻을 가지고 있다. 트위터는 상대방을 뒤따르는 '팔로우(Follow)'라는 독특한 기능을 중심으로 소통한다. 트위터는 140자의 짧은 단문만 입력할 수 있는데, 이것이 단점으로 작용하기 보다는 오히려 핵심만 찍어 다른 사람에게 메시지를 강력하게 전달할 수 있기에 장점으로 적용하고 있다. 140자 미만의 단문을 이용한 단순한 전달방식을 통해 이메일과 카페, 블로그로 대표되어 온 기존의 인터넷 커뮤니케이션 방식을 뿌리부터 뒤흔들고 있다. 또한 스마트폰의 보급으로 인해 언제

---

2 양윤직, 「TGIF 스토리」, 커뮤니케이션북스, 2011.

어디서든 신속하게 실시간으로 사용할 수 있어 2006년에 시작해 국내 사용자는 2012년 5월 말 642만 명[3]으로 이용자수가 급격히 증가했다.

트위터를 이용하는 이유를 들자면, 트위터는 블로그의 인터페이스에 미니 홈페이지의 친구맺기 기능, 메신저의 신속성, 이 세 가지의 특성을 갖고 있다. 개인의 일상 공유, 개인 마케팅, 기업의 이미지 홍보, 취재 등 다양한 형태로 이용되고 있다. 그 중에는 지인과 교류를 위해 사용된다는 것이 가장 많은 부분을 차지하고 있는데, 이전의 우리나라에서는 사용되는 미니 홈페이지 등이 폐쇄적인 성향을 가지고 있어 모르는 사람보다는 아는 사람과 친구를 맺어 그 안에서만 정보를 공유하는 특성을 가지고 있었다. 그러나 트위터는 정치인들이나 유명 작가, 연예인, 운동선수 등이 트위터를 통해 자신들의 이야기를 활발하게 전달하고 사람들이 관심을 가질만한 블로그나 기사, 홈페이지를 연동시켜 개인적인 의견을 첨가해 소통하는 방식으로 트위터를 사용하고 있다.

3. 페이스북(Facebook)

페이스북은 세계 최대의 인터넷 인맥 네트워크이자, 세계에서 가장 많은 사람이 찾는 인터넷 서비스이다. 점점 더 많은 글과 지식, 내 삶의 기록들이 쌓이면서 트위터와 페이스북은 세계인들의 순간순간을 축적해 모은 역사책으로 발전해가고 있다. 또한 막강한 인맥 네트워크의 힘을 빌려 방송과 인터넷 신문을 위협하는 속보 매체로 등장하고 있다.

페이스북은 2012년 2월 기준으로 전 세계에 8.3억 명의 이용자, 5월 말 기준 국내 페이스북 사용자 709만 명으로 보도된 바가 있다. 페이스북이 기업공개(IPO)용으로 미국증권거래위원회에 제출한 서류에 따르면, 2011년 페이스북의 매출액은 전년 대비 47% 증가한 37억 1천만 달러를 기록했다. 그 중 주수입원인 광고 매출은 31억 5천만 달러로 전체 매출의 약 85%를 차지한다. 특히 4분기 광고 매

---

3 강호성, "통신산업, 패러다임 못바꾸면 공룡된다", 아이뉴스24, 2012.05.13.

출이 전년 대비 44% 증가하면서 전체 매출 성장에 기여했다.[4]

이와 같이 페이스북의 광고 수익이 크게 증가하면서 온라인 광고 시장에서의 영향력이 매우 커지고 있다. 온라인 검색 광고 시장은 구글이 절대적인 위치를 차지하고 있으나, 온라인 디스플레이 광고 시장에서는 페이스북이 가장 큰 영향력을 보이고 있다. 2012년 기준 미국의 온라인 디스플레이 광고 시장에서 페이스북이 차지하는 비중은 16.8%(25.8억 달러)로 가장 높은 비중을 차지하고 있다.

페이스북의 소셜광고가 온라인 광고 시장에서 그 영향력을 확대할 수 있었던 원인으로 8억 명 이상의 가입자를 기반으로 한 낮은 광고 단가와 편리한 광고 플랫폼을 들 수 있다. 인터넷을 포함한 기존 전통매체의 광고 단가는 수십만 원에서 수억 원에 이르는 등 매우 비싸지만, 페이스북의 평균 광고 단가는 0.1~0.5달러의 매우 적은 비용으로 광고를 할 수 있다는 장점이 있다. 최근 페이스북이 기업 공개용으로 미국증권거래위원회에 제출한 서류에 따르면 최근 광고 단가가 약 24% 상승했으나, 여전히 타 매체에 비해서는 저렴한 수준인 것으로 파악된다. 특히 페이스북은 광고주 스스로가 광고를 등록하고, 관리하는 Self-serve 광고 플랫폼인 'Facebook Ads'를 2007년 선보이면서 많은 광고주들에게 각광을 받았다. 광고주들은 페이스북 홈페이지의 Facebook Ads를 통해 광고 디자인, 광고 방법, 홍보 범위 설정, 성과 관리 등을 스스로 결정해 설계할 수 있다. 특히 가입자의 프로파일 정보를 통해 타깃 광고가 가능하고, Ads Manager를 통해 노출 횟수, 클릭 수 등 상세한 광고 실적과 정보를 원하는 시기별로 제공받을 수 있다. 향후에도 페이스북은 저비용의 편리한 광고 플랫폼을 통해 소셜광고뿐만 아니라, 온라인 광고 시장 내에서도 절대적인 영향력을 행사할 것이다.[5]

---

4 안희권, "페이스북, 2011년 매출 37억 달러, 순익 10억 달러", 아이뉴스24, 2012.02.02.

5 김철환, "[Biz@SNS] ① 소셜네트워크 서비스", BLOTER.NET, 2012.05.17.

4. 카카오톡(Kakao talk)

카카오톡은 스마트폰용 어플리케이션으로, 어플을 설치한 사람들끼리 무료 메시지를 보내고 실시간 그룹채팅을 할 수 있는 모바일 메신저 서비스이다. 스마트폰이 대중화되면서 채팅과 유사한 메시징 어플리케이션인 카카오톡이 인기를 끌고 있다.

자신의 휴대전화 번호만 입력하면 언제 어디서나 와이파이나 LTE를 이용해 채팅을 즐길 수 있을 뿐 아니라, 대화 내용이 말풍선에 담겨 시간별로 정리되기 때문에 기존의 문자보다 재밌고 간편하게 메시지를 주고받을 수 있다. 또 상대방이 내게 대화를 보내면 알림 메시지가 뜨기 때문에 문자와 다를 바 없이 실시간으로 내용 확인이 가능하다.[6]

이러한 장점 때문에 카카오톡은 출시되자마자 큰 인기를 끌며 사용자 2,000만 명을 돌파하였으며, 카카오톡에서 하루 오가는 메시지는 2014년 기준 55억 건에 이를 정도로 스마트폰 사용자 대부분이 카카오톡을 설치했다고 해도 과언이 아니다. 카카오톡은 해외시장 확대까지 노리고 있다.[7]

(1) 카카오톡의 현황

2010년 3월 서비스 오픈 이후 2년 3개월만에 전 국민이 사용한다는 카카오톡의 가입자가 2013년 기준 전 세계적으로 1억 명을 넘어섰다. 비슷한 서비스인 마이피플, 틱톡, 라인 등과 같은 경쟁 제품이 있지만 MIM(Mobile Instant Messenger)의 독보적인 1인자로 지금까지 흔들림 없는 위상을 보여주고 있다.

카카오톡에 접속하는 사용자는 하루 2,000만 명이며, 하루 총 55억 건의 메시지를 작성하고 있다. 카카오는 위메이드와 텐센트로부터 각각 200억 원, 800억 원 규모의 투자를 받았으며 대형 통신사와의 대립각에서도 밀리지 않을 만큼의 시장

PART 6

---

6 김민주, 김정원 외 4, "키워드로 읽는 오늘의 세상 - 2011트렌드키워드", 미래의 창, 2010.12.20.
7 김승욱, 「경영학 콘서트」, 필통, 2012.

파급력을 가지고 있다.

(2) MIM에서 플랫폼으로의 도약

단순한 MIM 서비스에 불과한 카카오톡은 이러한 사용자수를 기반으로 플랫
폼으로의 확장을 시도하고 있다. 각종 모바일앱들과의 연동을 시도하더니 기업
커뮤니케이션 채널링인 '플러스 친구'들을 시장에 선보였다. mVoIP(Voice over
Internet Protocol)를 오픈하였고, 2012년 7월 말 '게임센터'를 오픈하였다.

최근 DMC 미디어에서 조사한 사진 기반 SNS의 선호도에서 '카카오스토리'가
51.8%라는 압도적인 비율을 차지할 정도로 카카오톡은 플랫폼으로서 매력이 있는
것을 증명해내고 있다.

(3) 카카오톡의 매력

가. 5천만 명의 사용자

서비스 특성의 한계 때문에 써드파티 사업자에게 '카카오톡'은 매력적인 플랫
폼이라고 보기는 힘들다. 그래서 카카오톡은 카카오스토리를 통한 프로파일 강화,
mVoIP를 오픈하면서 가입자 확대를 극대화하고 투자유치를 통해 플랫폼 사업자
로서의 보유 자금을 강조한 모습들에서 읽을 수 있다.

플랫폼 사업자로서의 위험요소에 대해 위에서 언급하기는 했지만, 그럼에도
불구하고 5천만 명이라는 수치는 국내 사업자에게는 여전히 매력적이다. 그만한
가입자를 확보한 서비스가 모바일에서는 없기 때문이다. 고객 프로파일이 크게 필
요하지 않거나 개인화된 메시지를 전달할 수 있는 사업자에게는 지금 현재 카카오
톡의 모습만으로도 충분히 가치가 있다. 그리고, 가벼운 제휴사를 통한 성공 사례
를 만들어 가고 MIM의 한계를 장기적으로 보완한다면 플랫폼으로서 카카오톡의
성공을 무작정 부정적으로만 볼 수는 없다.[8]

8 http://mobizen.pe.kr/1173, 「모바일 컨텐츠 이야기」, techit, 2012.06.22.

나. 카카오스토리

카카오스토리는 사진을 기반으로 카카오톡 친구끼리 일상을 공유할 수 있는 서비스다. 모바일에서 친구들의 카카오스토리를 방문해 사진을 보고 댓글을 적는 형식이다. 포토기반의 SNS의 사용자 중 50% 이상이 매일 사용하고 있으며, 응답자의 93.1%가 모바일을 통해 접속한다고 한다. 향후 포토기반 SNS는 모바일 플랫폼을 얼마나 완성도가 높고 사용자의 편의성이 뛰어난지가 서비스의 성공 여부를 결정짓는 요소이다.

카카오스토리는 출시 이후 누적 가입자 1,600만 명을 기록하며 인기를 끌고 있으며, 플러스친구는 이용자가 기업과 친구를 맺으면 기업이 쿠폰이나 할인정보 등을 메시지로 보내는 서비스로 기업들의 홍보수단으로 활용되고 있다. 카카오톡은 이모티콘과 플러스친구, 게임센터를 바탕으로 흑자전환에 도달하였다.[9]

5. 유튜브(YouTube)

'유튜브(YouTube)'는 무료 동영상 공유 사이트로, 사용자가 영상 클립을 업로드하거나, 보거나, 공유할 수 있다. 2005년 2월에 페이팔 직원이었던 채드 헐리(Chad Meredith Hurley, 현 유튜브 CEO), 스티브 첸(Steve Shih Chen), 자웨드 카림(Jawed Karim, 퇴사)이 공동으로 창립하였다.

사이트 콘텐츠의 대부분은 영화와 텔레비전 클립, 뮤직 비디오 아마추어들이 만든 것도 있다. 2006년 10월에 구글은 유튜브를 주식 교환을 통해 16억 5천만 달러에 인수하기로 결정하였다. 이후, 구글은 '구글 프레스데이 2007' 행사에서 국가별 현지화 서비스를 시작한다고 발표하고, 먼저 네덜란드, 브라질, 프랑스, 폴란드, 아일랜드, 이탈리아, 일본, 스페인, 영국 사용자를 위한 페이지를 공개했다. 샌프란시스코에 있는 유튜브 본사 한국어 서비스는 2008년 1월 23일에 시작했다.

9 정병묵. "[메신저의 진화] 카톡 '종합 모바일 플랫폼' 변신". 이데일리 종합뉴스. 2012.05.15.

유튜브가 불과 1년 만에 세계 최고의 사이트가 될 수 있었던 이유는 분산형 동영상을 선보였기 때문이다. 유튜브는 분산형 동영상 서비스를 위해 기존의 동영상이 사용하던 윈도의 미디어플레이어나 애플의 퀵타임, 리얼네트웍스의 리얼플레이어가 아닌 매크로미디어의 어도비 플래시 플레이어 7을 기반으로 한 재생기를 제작했다. 플래시를 이용한 재생프로그램은 코덱을 일일이 내려 받아 설치할 필요가 없어서 편리하며, 플래시의 다양한 기능을 이용하여 동영상 재생 기능 외에도 다양한 기능을 추가할 수 있다.

또한, 퍼가기 기능이 대표적이다. 사용자가 퍼가기 기능으로 동영상의 주소만 복사해서 자신의 블로그나 페이스북, 동아리 게시판에 올리면 주소 코드가 삽입된 블로그나 게시판 페이지에서 바로 동영상 재생이 가능하다. 이 때문에 과거의 동영상 사이트는 한 명이 방문하면 한 명이 보는 것으로 그쳤지만 유튜브 동영상은 한 명이 퍼 가면 퍼간 사이트에서 수천 명이 보는 효과를 가지면서 순식간에 트래픽이 수천배 느는 결과를 냈다. 1만 명이 방문했다면 1만 명에게 노출되고 말 동영상이지만, 1만 명이 퍼갈 경우에는 카페 게시판, 개인 블로그 등에서 다시 1만 명이 보게 될 것으로 결국 퍼가기가 가능한 동영상이라는 새로운 기법을 통해 유튜브는 폭발적인 성장을 했고 세계 최고의 동영상 사이트가 되었다.[10]

또한, 유튜브는 애플·코카콜라·맥도날드·삼성전자 같은 글로벌 기업들은 물론 미국 백악관, 로마 교황청, 청와대 등도 외부와의 소통용도로 유튜브를 필수품처럼 쓴다. 세계인에게 동일한 영상 메시지를 전달하는 가장 효과적이고 광범위한 창구라는 이유에서다.

유튜브 집계에 의하면, 140개국의 사용자들이 1조(兆)회 넘게 유튜브 동영상을 시청했다. 전 세계에서 유일하면서도 가장 신뢰할 만한 '글로벌 인터넷 방송국'이라는 방증이다.[11]

---

10 김중태, 「소셜네트워크가 만든 비즈니스 미래지도 – 세계는 폭발하는 소셜미디어에 투자중」, 한스미디어, 2010.

11 이인묵, "세계 최대 동영상 사이트 '유튜브' 이끄는 살라 카망가 대표", 조선비즈, 2012.06.22.

(1) 구글의 과감한 결단, 유튜브를 사들이다

구글은 이렇게 빠르게 커나가는 유튜브를 2006년 10월 16.5억 달러라는 정말 엄청난 금액을 지불하고 사들이는데, 이 사건은 루퍼트 머독의 뉴스코퍼레이션이 마이스페이스를 인수합병 했을 때보다 더 큰 충격을 불러일으켰다. 특히 미디어 업계에서는 가뜩이나 인터넷을 통해 광고 시장을 빼앗아가고 있는 구글이 이제는 영상부분까지 뛰어든다는 사실에 엄청난 충격을 받았다.

당시까지 유튜브를 지배하던 영상들은 대부분 UGC(User Generated Contents) 라고 불리던 짧은 영상들이었다. 애완동물들이나, 재미있는 농담 같은 가벼운 영상들이 많았는데, 날이 갈수록 스포츠 영상이나 뮤직 비디오와 같이 기존의 미디어들이 저작권을 가지고 있는 영상들이 많이 올라오면서 미디어 업체들의 심기를 슬슬 건드리기 시작했다.

향후 구글의 가장 중요한 자원이 유튜브가 되리라는 결정적인 이유로 채드 헐리와 스티브 첸이 유튜브를 매각하기로 결정하였다. 유튜브의 공동 창업자들은 유튜브 서비스를 시작할 때만 하더라도 하루에 업로드 100만 건 정도면 충분할 것으로 예상했다고 한다. 그런데, 1년이 지나지 않아 1억 건이라는 엄청난 업로드가 되자 겁이 나기 시작했으며 무엇보다 서비스의 확장성을 보장하는 기술에 있어 자본이나 기술 양쪽에서 자신들만의 역량으로는 어렵다는 생각을 하였고, 구글의 막강한 서버 운영기술과 자본의 힘을 빌지 않으면 안 되겠다는 판단을 한 것이다.

특히 두 창업자들은 구글의 사용자 중심의 철학과 장기적인 비전으로 유튜브를 사들이려고 하였고, 자신들을 믿고 지원해 준다는 말에 구글의 팬이 되면서 구글을 위해 일을 시작하였다.

PART 6

(2) 유튜브와 구글의 미래

유튜브는 엄청난 방문자수와 UGC를 가지고 있었지만, 수익은 내지 못하고 있었다. 구글의 유튜브 인수가 두려웠지만, 미디어 업계에서는 이것이 결국 실패할 것이라고 전망하며 구글을 비웃었고, 이에 화답하듯이 마이크로소프트의 CEO

인 스티브 발머는 유튜브가 저작권의 함정에 걸려서 결국에는 냅스터처럼 문을 닫게 될 것이라고 전망하였다.

　그러나, 유튜브와 구글은 흔들리지 않았다. 사용자가 제작한 콘텐츠가 돌아가는 민주적인 플랫폼이 결국에는 창의적인 사람들의 콘텐츠를 살리게 될 것이며, 방송국의 힘에 밀리지 않고 자신들이 하고 싶은 콘텐츠 제작을 만들도록 도와주는 플랫폼이 될 것이라는 믿음을 가졌던 것이다. 저작권자인 미디어 업체들과의 협상은 주로 에릭 슈미트가 담당했는데, 미디어 업체들이 과거의 방식으로 선불을 포함한 과도한 요구를 한다고 판단한 에릭 슈미트는 미디어 업체들의 막대한 저작권료를 지불하기 보다는 법정소송을 진행하는 길을 선택한다. 이런 길을 가는데 미디어 업체들 중에서 전향적으로 마음을 바꾸는 곳과는 협력을 하고, 끝까지 소송으로 나오는 곳과는 소송을 하겠다는 입장이었던 것이다.

　결국 비아콤(Viacom, MTV 등을 소유한 세계적 미디어 그룹)은 유튜브를 상대로 저작권 침해소송을 냈다. 비아콤은 유튜브가 자사의 이익을 낼 수 있는 콘텐츠를 사용자들이 무단으로 올리는 것을 방치함으로써 자사의 재산권을 침해했다는 명목으로 10억 달러(1조 2천억 원)에 이르는 배상금을 내라는 것을 주요 내용으로 한 소송을 제기하였다. 유튜브는 자신들이 저작권 침해의 여지가 있는 콘텐츠는 최대한 걸러내고 있지만 기본적으로는 저작권 침해를 당했다고 주장하는 콘텐츠에 대한 신고가 들어오면 이에 대한 조치를 하는 방식을 취하고 있었다.

　저작권을 가지고도 공유와 협업의 원리를 이해하고 유튜브와 손을 잡고 많은 사람들이 레이디 가가나 샤키라의 뮤직 비디오를 아무런 제한없이 즐길 수 있도록 하였고, 수백 만 명의 사람들이 이들의 음악을 사랑하게 되면서 자연스럽게 디지털 음원의 구매나 콘서트 및 광고 수익 등을 올리면서 잘 나가고 있는 상황은, 유튜브와 소송으로 역주행을 해버린 비아콤과 더욱 차별화가 되어 돋보이는 상황이 되었다.[12]

---

12 하이컨셉, "구글의 미래, 유튜브", 하이컨셉 & 하이터치, 2010.12.28.

(3) 유튜브와 마케팅

유튜브는 다양한 목적으로 활용할 수 있으며, 홍보나 마케팅 목적으로도 사용 가능하다. 국내 문화콘텐츠의 세계 시장 진출에 유튜브의 역할이 컸던 것으로 나타났다. 세계적인 동영상 플랫폼으로서 유튜브는 비욘세, 레이디 가가 등 해외 콘텐츠가 국내에 들어오는데 기여를 하기도 했지만, 한국의 콘텐츠가 해외로 나가나는 데에도 크게 기여했다.

한류에도 유튜브가 한몫을 하고 있는데, 대표적인 사례로 드라마 '장난스러운 키스'의 유튜브 특별판이 전 세계에서 총 1,400만이 넘는 조회수를 기록하고 수많은 댓글이 달리는 등 엄청난 인기를 얻었다.[13]

이밖에도 현재 SM엔터테인먼트, JYP엔터테인먼트, YG엔터테인먼트 등 국내 3대 음악기획사와 국내 1위 음반 유통사 로엔 등 100여 곳의 콘텐츠 파트너와 손잡고 다양한 실험을 진행하고 있다.

SM엔터테인먼트는 소녀시대, 레드벨벳, 샤이니, 슈퍼쥬니어 등 소속 가수들의 세계 시장 공략을 위한 채널로 유튜브를 활용한다. 뮤직비디오나 콘서트 동영상, 인터뷰와 미공개 동영상을 올려 해외 팬층을 넓히고 현지 진출의 토대를 다진다는 전략이다. 소녀시대는 2010년 한 해 동안 국내 유튜브 웹사이트에서 가장 많이 본 동영상 순위에서 1, 2, 9, 10위에 이름을 올리기도 했다.

JYP엔터테인먼트도 비슷하다. 2PM, 트와이스, GOT7 등 소속 아티스트의 공식 채널을 개설하고, 방송에서 볼 수 없는 뒷얘기와 일상을 올리고 공유한다. 2010년 10월 11일 공개된 2PM '아월 비 백' 뮤직비디오는 나흘만에 조회수 100만을 넘어서며 '오늘의 세계 최다 조회 동영상' 1위에 오르기도 했다.

유튜브는 한국 문화만 알리는 데 그치지 않고, 2008년 6월 한국에서 열린 OECD 장관 회의는 유튜브 공식 채널을 통해 주요 행사를 소개했고, 대통령 직속 국가브랜드위원회나 청와대 등도 유튜브 채널을 개설하고 있다.

PART 6

---

13 최용식, "세계로 뻗어가는 소녀시대·원더걸스 뒤에 '유튜브' 있다?", 뉴스토마토, 2011.02.22.

- 강호성, "통신산업, 패러다임 못바꾸면 공룡된다", 아이뉴스24, 2012.05.13.
- 김경윤, "런던올림픽은 '소셜림픽'", 연합뉴스, 2012.07.22.
- 김민주, 김정원 외 4, "키워드로 읽는 오늘의 세상 – 2011트렌드키워드", 미래의 창, 2010. 12.20.
- 김승욱, 「경영학 콘서트」, 필통, 2012.
- 김승욱, 「다문화 콘서트」, 법문사, 2009.
- 김승욱, 「섬기는 멘토 감성서비스」, 글로벌출판사, 2007.
- 김용태, 「구글, 마케팅에 반하다(부제: TGIF의 마케팅 패러다임)」, 2011.01.
- 김중태, 「소셜네트워크가 만든 비즈니스 미래지도 – 세계는 폭발하는 소셜미디어에 투자 중」, 한스미디어, 2010.
- 김철환, "[Biz@SNS] ① 소셜네트워크 서비스", BLOTER.NET, 2012.05.17.
- 문보경 외 2, 「카카오톡 이야기」, 머니플러스, 2011.
- 서민수, "경연프로그램 열풍과 시사점", SERI 경영노트 제132호, 2011.12.22.
- 안희권, "페이스북, 2011년 매출 37억 달러, 순익 10억 달러", 아이뉴스24, 2012.02.02.
- 양윤직, 「TGIF 스토리」, 커뮤니케이션북스, 2011.
- 위키백과 – 슈퍼스타 K, http://ko.wikipedia.org/wiki/%EC%8A%88%ED%8D%BC%EC%8 A%A4%ED% 83%80K_1
- 이인묵, "세계 최대 동영상 사이트 '유튜브' 이끄는 살라 카망가 대표", 조선비즈, 2012. 06.22.
- 이형근, "아이폰의 성공요인은 '소프트 파워'", 한국경제매거진, 2009.12.22.
- 이희욱, "유튜브 한국 '전입' 3년, 무엇을 얻고 잃었나", BLOTER.NET, 2011.02.22.

- 정병묵, "[메신저의 진화] 카톡 '종합 모바일 플랫폼' 변신", 이데일리 종합뉴스, 2012. 05.15.
- 정부연, "소셜광고 시장의 현황 및 전망", 정부통신정책연구원 미래융합연구실, 2012.03 16.
- 최용식, "세계로 뻗어가는 소녀시대·원더걸스 뒤에 '유튜브' 있다?", 뉴스토마토, 2011. 02.22.
- 하이컨셉, "거의 모든 IT의 역사(80) – 구글의 미래, 유튜브", 하이컨셉 & 하이터치, 2010. 12.28.
- 홍재원, 「맨유스토리」, 토털사커, 2008.
- Bounds, G. et al., Beyond Total Quality Management: Toward the Emerging Paradigm, McGraw-Hill, 1994.
- Camp, C. C., Business Process Benchmarking, ASQC Quality Press, 1995.
- Hodgetts, R. M., Measures of Quality & High Performance, AMACOM, 1998.
- http://borgus.tistory.com/404, 「TGIF(트위터/구글/아이폰/페이스북)와 게임의 동거」, A Better Tomorrow, 2010.9.8.
- mobizen, 「카카오톡, 진정한 플랫폼이 되기 위한 조건」, techit, 2012.6.22.
- Reder, A., 75 Best Pratices for Socially Responsible Companies, The Social Venture Network, 1995.
- Ritz-Carlton Hotel, Malcolm Baldrige National Quality Award Application Summary, 1992.
- Spechler, J. W., Managing Quality in America's Most Admired Companies, Barrett-Koehler, 1993.
- Wetherbe, J. C., The World on Time: The 11 Manangement Principles That Made FedEx an Overnight Sensation, Knowledge Exchange, 1996.
- Wilson, B., "Quality Training at FedEx", The Quality Yearbook 1996, Edited by J. W. Cortada and J. A. Woods, McGraw-Hill, Inc, 1996.

PART 6

1. 강한승, 서병로, 김기홍, 「의료관광마케팅」, 대왕사, 2010.

2. 강호성, 「통신산업, 패러다임 못바꾸면 공룡된다」, 아이뉴스24, 2012.05.13.

3. 권영한, 「프랜차이즈 마케팅에 주력하라」, 스포츠조선, 2008.

4. 권혁인, 「서비스모델」, 한경사, 2010.

5. 김경윤, 「런던올림픽은 '소셜림픽'」, 연합뉴스, 2012.07.22.

6. 김기홍, 「항공관광 경영론」, 대왕사, 2004.

7. 김기홍, 조인환, 유도재, 정웅용, 「고객관계중심의 서비스 경영론」, 대왕사, 2005.

8. 김기홍, 조인환, 윤지현, 「관광학개론」, 대왕사, 2009.

9. 김민주, 김정원 외 4, 「키워드로 읽는 오늘의 세상 – 2011트렌드키워드」, 미래의 창, 2010.12.20.

10. 김승욱, 「다문화 콘서트」, 법문사, 2009.

11. 김승욱, 「섬기는 멘토 감성서비스」, 도서출판 글로벌, 2007.

12. 김승욱, 강기두, 「고객관계관리(CRM)」, 법문사, 2016.

13. 김승욱, 「경영학콘서트」, 필통, 2012.

14. 김용태, 「구글, 마케팅에 반하다(부제: TGIF의 마케팅 패러다임)」, 2011.01.

15. 김중태, 「소셜네트워크가 만든 비즈니스 미래지도 – 세계는 폭발하는 소셜미디어에 투자 중」, 한스미디어, 2010.

17. 김지회, 김기홍, 「외식경영론」, 대왕사, 2010.

18. 김철환, 「[Biz@SNS] ① 소셜네트워크 서비스」, BLOTER.NET, 2012.05.17.

19. 나영선, 「외식산업 창업과 경영」, 백산출판사, 2006.

20. 나정기, 「외식산업의 이해」, 백산출판사, 2005.

21. 문보경 외 2, 「카카오톡 이야기」, 머니플러스, 2011.

22. 박문성, 「블루오션과 블루칩」, 주간동아, 2007.

23. 서민수, "경연프로그램 열풍과 시사점", SERI 경영노트 제132호, 2011.12.22.

24. 서비스사이언스연구회, 「서비스사이언스」, 매일경제신문사, 2007.

25. 시사경제, 「공정무역을 통한 커피구매, 그린마운틴 커피 로스터(GMCR)」, 2007.

26. 안희권, 「페이스북, 2011년 매출 37억 달러, 순익 10억 달러」, 아이뉴스24, 2012.02.02.

27. 양윤직, 「TGIF 스토리」, 커뮤니케이션북스, 2011.

28. 유경철, 「맨유의 다양한 이벤트」, LST미디어, 2008.

29. 윤경숙, 외식업계, 「여심잡기 마케팅 눈길」, 아시아투데이, 2010.01.14.

30. 이성근, 배수현, 「새유통관리론」, 무역경영사, 1996.

31. 이인묵, 「세계 최대 동영상 사이트 '유튜브' 이끄는 살라 카망가 대표」, 조선비즈, 2012. 06.22.

32. 이형근, 「아이폰의 성공요인은 '소프트 파워'」, 한국경제매거진, 2009.12.22.

33. 이희승, 김기홍, 「전시산업론」, 대왕사, 2008.

34. 이희욱, 「유튜브 한국 '전입' 3년, 무엇을 얻고 잃었나」, BLOTER.NET, 2011.02.22.

35. 정병묵, 「[메신저의 진화] 카톡 '종합 모바일 플랫폼' 변신」, 이데일리 종합뉴스, 2012. 05.15.

36. 정부연, 「소셜광고 시장의 현황 및 전망」, 정부통신정책연구원 미래융합연구실, 2012.03. 16.

37. 조진호, 「외식 프랜차이즈 불황 뚫는 이색 마케팅」, 스포츠칸 & 경향닷컴, 2010.

38. 진양호, "호텔·레스토랑의 메뉴엔지니어링에 관한 연구", 경기대학교 대학원 박사학위 논문, 1997.

49. 최덕철, 「서비스 마케팅」, 학문사, 1995.

40. 최용식, 「세계로 뻗어가는 소녀시대·원더걸스 뒤에 '유튜브' 있다?」, 뉴스토마토, 2011. 02.22.

41. 최원창, 「지상최대 축구기업」, 중앙일보, 2009.

42. 하이컨셉, 「거의 모든 IT의 역사(80) – 구글의 미래, 유튜브」, 하이컨셉 & 하이터치,

2010.12.28.

43. 홍재원, 「맨유스토리」, 토털사커, 2008.

44. James R., Keiser, Principles and Practices of Management in the Hospitality Industry, 2nd ed., VNR, 1989.

45. Jack D., Ninemeier, Planningand Controlfor Food and Beverage Operations, AHMA, 1987.

47. Mahmood A.. Khan, Food Service Operations, AVI Publishing co., Inc., 1987.

47. Marian C., Spears, Foodservice Organizations, Macmilan Publishing Company, 1991.

48. mobizen, 「카카오톡, 진정한 플랫폼이 되기 위한 조건」, techit, 2012.06.22.

49. 위키백과 – 슈퍼스타 K http://ko.wikipedia.org/w-ki/%EC%8A%88%ED%8D%BC%EC%8A%A4%ED%83%80K_1

50. http://borgus.tistory.com/404, 「TGIF(트위터/구글/아이폰/페이스북)와 게임의 동거」, A Better Tomorrow, 2010.09.08.

51. Report: South Korea tops in social networking, US fifth.

저자 소개

김승욱

연세대학교 산업경영연구소에서 선임연구요원으로 근무하였으며 삼일회계법인(PWC: Price Waterhouse Coopers Korea)과 안건회계법인(Deloitte Korea)에서는 경영컨설턴트로서 글로벌 기업들의 다양한 경영현안에 대한 경영자문을 수행하였으며 SAP Korea에서는 Digital Business Service에 대한 컨설팅 업무를 수행하였다.

현재 평택대학교 경영학과 정교수로 재직 중에 있으며 평생교육원장, 정보지원실장, 교수학습지원센터장 등을 역임하였다. 또한, 전통시장 특성화 추진 자문교수, 소상공인 성장전략전문가, 스마트 시티, 지역 문화향유 격차 해소에 관한 연구 및 자문 활동을 수행하고 있다.

최근에는 State University of New York(SUNY), Korea에서 Visiting Professor(방문교수)로 연구 활동을 하였으며 주요 저서로는 고객관계관리(CRM)(2016), 경영정보시스템(2017), 경영학원론(2018), 디지털 콘텐츠 비즈니스(2018) 등이 있다.

언택트(untact) 마케팅 시대의
디자인 씽킹과 서비스 경영

초판발행   2019년 6월 14일
중판발행   2021년 3월 10일

지은이   김승욱
펴낸이   안종만 · 안상준

편 집   김효선
기획/마케팅   김한유
표지디자인   조아라
제 작   고철민 · 조영환

펴낸곳   (주) **박영사**
               서울특별시 금천구 가산디지털2로 53, 210호(가산동, 한라시그마밸리)
               등록 1959. 3. 11. 제300-1959-1호(倫)

전 화   02)733-6771
f a x   02)736-4818
e-mail   pys@pybook.co.kr
homepage   www.pybook.co.kr
ISBN   979-11-303-0785-5   93320

정 가   25,000원